管理者的财务必修课

刘亚莉／著

透视企业经营，
精准管理决策

人民邮电出版社

北京

图书在版编目（CIP）数据

管理者的财务必修课 ：透视企业经营，精准管理决策 / 刘亚莉著. -- 北京 ：人民邮电出版社，2020.7
ISBN 978-7-115-53857-4

Ⅰ．①管… Ⅱ．①刘… Ⅲ．①企业管理－财务管理
Ⅳ．①F275

中国版本图书馆CIP数据核字(2020)第068319号

内 容 提 要

稻盛和夫说："不懂财务，不能成为真正的经营者。"只有真正看懂公司财务状况，才能实现科学管理。财务知识不仅仅是财会工作者的专长，也是管理者理解公司的一种"语言"。

本书根据最新企业会计准则，深入分析了10个行业的财务特征，精选大量行业标杆企业的财务数据为案例，帮助企业管理人员了解企业的财务状况与经营成果，识别企业的风险和机遇，学会运用财务思维对症下药地解决企业管理和经营中棘手的问题。本书语言通俗易懂，案例生动丰富，内容涵盖管理者在公司管理中不可不知的财务管理知识。

本书图文并茂、内容充实、逻辑严密，适合企业中、高层非财务管理人员及想要学习财务管理知识的读者阅读和学习。

- ◆ 著　　　　刘亚莉
　　责任编辑　恭竟平
　　责任印制　周昇亮
- ◆ 人民邮电出版社出版发行　　北京市丰台区成寿寺路 11 号
　　邮编　100164　　电子邮件　315@ptpress.com.cn
　　网址　https://www.ptpress.com.cn
　　涿州市般润文化传播有限公司印刷
- ◆ 开本：700×1000　1/16
　　印张：18.5　　　　　　　　2020 年 7 月第 1 版
　　字数：277 千字　　　　　　2025 年 10 月河北第 17 次印刷

定价：68.00 元

读者服务热线：(010)81055296　印装质量热线：(010)81055316
反盗版热线：(010)81055315

笔者从小怀揣着"文学青年"的梦想，最终却成了一名会计学者。本该感叹人生之无奈，没想到在这个原以为"充满铜臭、俗之又俗"的领域里，沉浸的时间越久，越感受到其中的美妙和乐趣，并越来越自得其乐。

一

会计源于管理的需要，财务管理是现代企业管理的一个分支。但这只说对了一部分。中国传统文化中处处闪烁着古人经世济用的智慧，孔子是我国古代会计思想家的杰出代表。孔子作为儒家思想的创始人，居然在会计方面很有心得并且发表过重要阐述，这是让所有财务与会计专业的学者和从业人员感到欢欣鼓舞的。在孔子生活的年代，鲁国并不是一个强国，辗转于"春秋五霸"中求得生存，但最终孔子成为中国儒家思想的代表，鲁国亦成为礼仪之邦的典范。可见，在人类文明发展史上不是看谁会打架，而是看谁有文化。

何以证明孔子是会计思想家呢？让我们一起来看看《孟子·万章下》中的这一段话。

仕非为贫也，而有时乎为贫；娶妻非为养也，而有时乎为养。为贫者，辞尊居卑，辞富居贫。辞尊居卑，辞富居贫，恶乎宜乎？抱关击柝。孔子尝为委吏矣，曰：

会计当而已矣。

这段话翻译过来就是：做官不是因为贫穷，但有时也是因为贫穷，即所谓的"为稻粱谋"；娶妻不是为了孝养父母，但有时也是为了孝养父母。古代大丈夫四海为家，有时候娶妻就是为了替代自己去孝养父母。因为贫穷，为了养家糊口去做官的，便应该拒绝高官而居于低位；拒绝厚禄而只受薄禄。为什么这么说呢？因为你就这么点情怀，只是为了赚钱养家，做大官、高官岂不是误国误民吗？那做什么合适呢？比如说做守门打更一类的小吏。孔子曾经做过管理仓库的小吏，只说：会计当而已矣——出入的账目得当就好了。孔子对会计精神的这句经典阐述现在挂在中国会计博物馆的进门处。

二

追根溯源，"会计"这个专业术语最早出现于西周。"零星算之为计，总合算之为会"，也就是"月计岁会"。据《周礼》记载，西周时期我国就设立"司会"一职，其职责就是对财务收支活动进行"月计岁会"。

无论何时，会计的一个重要职能都是记账。zhang有"帐""账"两种写法。会计"记帐"一说，起源于魏晋南北朝时期。那时候，皇帝与达官显贵热衷于巡游，每次巡游都要耗费大量人力与财力。通常沿着巡游路线每隔一定距离便要设置一帏帐，帏帐内陈设贵重精良之物，以保持日常的奢侈生活。为了保管好这些财产，每一帏帐委派一专人进行记录。记录官于巡游之前先一一登记帏帐内的财物，在巡游结束之后进行盘点清算，并将结果报告给上级主管官员。久而久之这种做法成为一种惯例——凡登记帏帐之内的财物，便简称为"记帐"，把做成的书面记录称为"帐"。唐朝时期"帐"字在官厅会计核算中得以广泛应用。

至宋代，无论官方还是民间，"帐"字的应用变得普遍且直接，其用处、用法也很多，如会计事项简称为"帐"，盈利分配称为"分帐"，往来款项称为"赊帐"，等等。而且，在宋代，"帐"字的用法回归到人们的日常生活之中，成为新方言俗语形成的出处。例如，宋代把管闲事叫做"管闲帐"，把人亡称为"了帐"，某人不讲理就斥之为"混帐"等。

"账"字的出现起源于明代后期嘉靖至万历年间。16世纪中叶至17世纪初，工场手工业在中国出现，并在雇工操作方面初具一定规模。在频繁的商品交换与货币收受支付关系处理中，人们对货币越来越重视，"账"字的出现与其字形和结构有密切关系。众所周知，"贝"是人类最早使用的一种货币，所以，自古以来一些与经济事项有关的字大体上都从"贝"字，如财、货、资、贮、贡、费、贩、购、赚、赔，以及贪、贿、赂、赃等，这些字在商业及会计账务处理中使用频繁，故很容易使人将"账"同"帐"字联系在一起进行比较，于是"账"字便在这种思想支配下在民间被创造出来。"账"字的出现比"帐"要晚一千余年。

回首历史，我们惊奇地发现，会计这个似乎只关心资金的世界，其实挺有文化。

三

现代企业投资主体的多元化以及委托代理关系导致的代理冲突，使现代会计在企业管理中的作用凸显。股东们，即所有者（委托方），一边将资本投入企业以求获利，一边担忧着经营者（管理层）会不会疏忽了为股东赚钱的职责；经营者（受托方）拿着薪酬一边勤勉工作、经营企业，一边编制财务报表力证清白与才华。靠数据说话，财务报表成为双方交流的工具。股东、经营者还有企业的其他利益相关者，都有哪些诉求呢？这些诉求最终会不会影响财务报表呢？深究下去，会计的本质就是逻辑。

这些年笔者在各种各样的课堂给各种各样的学员讲授会计学和财务管理，管理者的困惑、企业的困境在财务报表中一目了然。大家带着疑问，一起阅读分析各行各业的企业财务报表，其过程如同拨开云雾，颇有福尔摩斯破案时迷惑、推理、追踪的感觉，最终的豁然开朗让人感叹神奇且心生喜悦！会计，是计算，并不是算计。

笔者在加州理工学院攻读物理化学专业博士的女儿，科研之余记挂着她那一点点小小的钱财，不肯让自己的资金闲置，假期回国特地让我给她"开小灶"讲讲财务相关知识，她对会计学的逻辑不禁点头赞叹，理财有方的梦想似乎不再遥远。

　　借此机会，笔者颇愿意将此间心得与所有的企业管理者分享。本书浓缩了会计准则修订后的新企业财务管理知识，选择 10 个行业进行分析，提炼其财务特征，并精选了大量的行业标杆企业的财务数据，采用生动有趣的语言进行案例分析，跟您一起探讨各行各业的喜怒哀乐、成败兴衰，期待能为您的管理提供一些帮助。

　　本书中的数据资料均来自上市公司公开年报，并由笔者计算整理。

刘亚莉

2019.11

为什么管理者需要学习财务管理

一、非财务管理者的困惑

在古希腊神话里，很久很久以前，米诺斯王统治着克里特岛，为掩盖家丑，米诺斯王命令岛上最优秀的工匠代达罗斯精心修建一座迷宫，用来囚禁王后生下的牛头怪物弥诺陶洛斯。代达罗斯巧妙地建造了迷宫，以至于他本人在完成后也几乎无法从中逃脱。最终雅典王子忒修斯得到米诺斯王的女儿阿里阿德涅的帮助，公主送给他一个指引迷宫路线的线团，王子手缠着线团带着宝剑闯入迷宫，杀死了牛头怪物弥诺陶洛斯，并顺着阿里阿德涅公主的线团成功地逃出了迷宫。

在现代经济社会里，财务报表从产生之初，就是为了描述和反映企业的资金运动，帮助企业管理人员了解企业的财务状况与经营成果，识别企业的风险和机遇。但是，对于大多数非财务管理者来说，财务报表是如同地图一样使自己对企业了如指掌，还是如同迷宫一样，使自己身在其中却找不到方向呢？

以下是我们常常碰到的场景。

1. 利润与现金流，为什么总是不一致？

A 公司是中关村的一家电子产品生产及销售公司，今年产品销量不错，财务报表显示公司利润较高，总经理十分高兴，但是公司可供支配的现金却非常有限，总经理便责问财务部门负责人：你们把利润弄到哪里去了？

2. 降价促销的底线在哪里？

B 公司的张总和公司高管开会讨论如何提升企业销售业绩。大家的意见很不一致：销售总监建议对产品实行降价销售，以提升销售业绩；财务总监认为不能随便降价，产品生产是有成本的，而且随着物价上涨，企业的材料成本、人工成本都在上升，企业要保持必要的利润空间，不仅不应该降价，还应该涨价。张总感到左右为难。到底该不该降价呢？降价促销的底线到底在哪里？

3. 企业扩张，几多担忧谁能解？

2007 年，已工作 5 年的小钱博士和两位朋友共同成立了一家生物制药公司，10多年来公司业务发展迅速，主要产品销量不错，扩大规模势在必行。但多个项目同时推进，钱总感觉资金吃紧。应该首先扩大哪几个产品的产量呢？如何筹集到扩建所需要的资金？是租赁厂房还是自建厂房？是购买新设备还是购置质量较好的旧设备？公司未来想上市，需要做哪些工作呢？这些问题困扰着钱总，他有些犹豫不决。

以上所有的困惑其本质都是财务管理的问题。

对于大多数技术转型和销售转型的企业管理者而言，财务管理是那些财经专业人才的专业领域，同时也是自己管理企业时常常遭遇的瓶颈。但是，事实上，财务管理并没有想象中那么难。

会计是现代社会的商业语言，财务报表就是企业经营状况的客观描述。进行财务分析如同给企业做体检。到了医院，化验结果打印出来是长长的一张纸，如果不是专业医生很难完全把它们弄明白。但是普通老百姓通常只需要关注血压、血脂等几个常用指标就能基本判断自己的身体是否健康、是否需要进行调理。同样地，管理者如果掌握了财务管理的基本常识，就如同获得了阿里阿德涅公主手中的那个指示迷宫方向的线团，能够轻松让财务报表成为企业的地图，有效地提升经营管理的效率和效果。

二、管理者需要具备的财务管理理念

一个不懂财务管理的管理者带领企业在市场中竞争就像盲人摸象，既不知道自己长什么模样，也不知道企业在市场中处于什么位置。懂得财务管理的管理者能清晰地了解目前企业经营中存在的问题，通过财务分析了解和控制企业风险。管理者在企业经营中首先需要树立以下几个基本的财务管理理念。

1. 资金的时间价值观念

资金经合理运用一定时间后，具有盈利增值的潜在能力。即使不进行其他投资，将一定量的资金存放在银行，一定时期后至少可以得到银行利息。因此，即使不考虑风险和通货膨胀因素，同样一笔数额相同的资金在不同时点上，其经济价值也是不同的。资金的时间价值就是指货币随着时间的推移而发生的增值，是资金周转使用后的增值额，也称为货币的时间价值。

在经济增长的大环境下，通货膨胀是必然的，各国的市场经济发展实践证明，适度的通货膨胀有利于促进经济的发展。在通货膨胀情况下，资金的时间价值观念显得更为重要。

资金的时间价值说明资金只有参与资金运动才可能实现其时间价值，而闲置的资金不仅不可能创造价值，而且随着时间的推移，由于通货膨胀的影响还会丧失其原有的价值。因此，企业运作的根本目的就是充分提高资金的利用价值，使资金在有限的时间范围和空间范围内获取最大价值。

2. 合理的资本结构观念

资本结构，是指企业所获得的各种资本的构成及其比例关系。资本结构的实质是负债与所有者权益的比例关系，通常可以用负债在企业全部资本中所占的比重来衡量。资本是有成本的。一般来说，借入资金的成本可以直观地用支付的利息表示，投资者投入的权益资本成本可以用市场平均投资收益率来表示。资本成本是企业运作中必须考虑的成本之一，需要在利润中得到补偿。

资本结构是企业筹资决策的核心问题，较好的资本结构，既要考虑大股东的控制权因素，也要考虑综合资本成本，以及负债所带来的财务风险。确定最佳资本结构需要考虑的因素包括：企业财务状况、企业资产结构、企业产品销售情况、投资者和管理人员的态度、贷款人和信用评级机构的影响以及行业因素等。

3. 投资的风险管理观念

资金通过有效的投资来获利，但投资就像一枚硬币，一面是风险，一面是收益，风险和收益成正比。风险是指遭受损失的不确定性，投资风险则是指未来投资收益的不确定性。美国前财政部长鲁宾曾经说过："天下唯一确定的就是不确定性。"企业在投资中可能会遭受收益损失甚至本金损失的风险。

投资决策机制不健全、可行性研究不充分、缺乏风险意识、盲目追求"热门"产业等都可能导致企业项目投资决策出现错误，不当的投资决策可能给企业带来灭顶之灾。在进行投资决策时，不仅要关注投资项目成功带来的预期利润，更要预见到当投资项目存在风险的潜在威胁时通常造成的不利后果也很严重，应采取恰当的风险回避和控制措施。通常激进型投资者偏向于高风险投资以获得更高的利润，而稳健型投资者则着重于安全性的考虑，宁愿降低投资回报以将风险控制在可接受的水平之内。

4. 内部控制观念

在企业管理中单个管理者的精力和能力是有限的，不可能做到面面俱到。内部控制，就是在企业内部采取一系列方法、手续与措施进行自我调整、约束、规划、评价和控制，以确保实现企业经营目标，保护资产的安全完整，保证会计信息资料的正确可靠，确保经营方针的贯彻执行。

内部控制使企业从传统经验管理走向现代制度管理。内部控制的终极目标是实现企业战略目标，内部控制的过程是企业风险管理的过程。内部控制着眼于企业发展战略，致力于企业细节的管理，是帮助企业管理者大处着眼、小处着手的重要制度保障。

三、管理者财务管理的 3 个阶段

管理者作为企业领头人，需要准确判断企业运营中存在的问题，及时调整企业发展方向，带领团队实现企业目标。财务管理是必不可少的管理技能，也是现代企业管理中的核心内容之一。通过以下 3 个阶段（如图 1 所示），管理者能快速掌握企业财务管理的重点和方法。

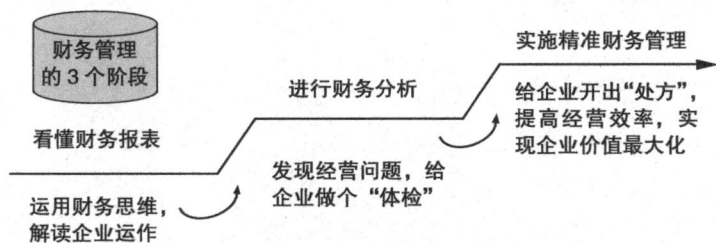

图 1 管理者财务管理的 3 个阶段

1. 看懂财务报表

企业的经营围绕资金运动展开，资金运动的过程就是财务报表形成的过程。资产负债表、利润表、现金流量表、所有者权益变动表这 4 张报表分别反映企业经营中的不同侧面，管理者要运用财务思维解读企业运作，全方位了解企业经营行为在报表中的展现。

2. 进行财务分析

给企业做个"体检"，从财务报表中了解企业的财务状况和经营成果，判断企业的财务风险，分析企业经营中存在的问题，从而对症下药。

3. 实施精准财务管理

给企业开出"处方"，针对资金运动流程对各环节财务管理的核心和重点实施精准财务管理，尤其是资产管理、投融资决策、成本控制等关键问题。了解内部控制基本规范，建立健全企业的内部控制制度，通过内部控制管理内部，确保企业财务目标的实现。

如果您觉得财务报表像迷宫，本书就如同阿里阿德涅公主手中的那个指示迷宫方向的线团，帮助您让财务报表高效地服务于企业管理！

目 录
CONTENTS

第一篇
运用财务思维，解读企业运作

第一章 企业经营的过程与终极目标

一、筹资活动：财务风险悄悄产生 002

二、生产经营活动：盈利是永恒的主题 004

三、投资活动：一切服务于企业战略 006

四、利润分配：对股东的回馈 007

五、企业经营的终极目标：企业价值最大化 008

第二章 企业经营与财务报表

一、财务报表：世界通用的商业语言 013

二、资产负债表：企业的"底子" 015

三、看看企业的家底："秀肌肉"还是"秀块头" 021

四、利润表：企业的面子 023

五、看看企业的潜力："纸上富贵"还是实力满满 027

六、现金流量表：企业的日子 028

七、看看企业的钱袋：资金充足还是"等米下锅" 031

八、所有者权益变动表：股东们的"地盘"　032

九、看看企业的股东：有哪些新的变化　036

十、4张财务报表之间的关系与财务人生　038

第二篇
发现经营问题，给企业做个"体检"

第三章　对行业的初步了解：基于行业标杆的案例分析

一、白酒行业的财务特征　042

二、食品加工行业的财务特征　045

三、纺织与服装行业的财务特征　048

四、家电行业的财务特征　050

五、房地产行业的财务特征　053

六、汽车行业的财务特征　055

七、钢铁行业的财务特征　058

八、计算机应用行业的财务特征　061

九、中药行业的财务特征　063

十、证券行业的财务特征　066

第四章　企业财务风险诊断

一、资产负债率：初识企业的负债水平　068

二、流动比率：再看企业的到期债务　070

三、无息流动负债：降低了企业的资本成本 072

四、财务杠杆是把"双刃剑" 074

第五章　企业盈利能力诊断

一、毛利率：企业的哪种产品最赚钱 077

二、营业利润率：主营业务的利润空间 080

三、净利率：一个不能轻易相信的指标 082

四、营业外收入：天上掉馅饼能长久吗？——兼论馅饼的多种掉法 084

五、会计政策与会计估计变更对企业利润的影响 088

六、关注上市公司更名现象 090

第六章　企业的现金流诊断

一、现金流：企业过冬的干粮 092

二、经营活动现金流：企业"造血"功能的体现 093

三、投资活动现金流：关注企业的自由现金流 094

四、筹资活动现金流："输血"都是有代价的 096

五、企业的生命周期与现金流特征 098

第七章　企业的资产管理水平诊断

一、营业周期与薄利多销 100

二、现金周期与资本成本 103

三、资产结构与总资产周转率 106

第八章　企业体检综合指标

　　一、国有企业绩效评价　109

　　二、净资产收益率与杜邦分析体系　112

　　三、经济增加值　115

　　四、上市公司市场价值与财务绩效　118

第三篇
企业财务管理"处方"

第九章　企业现金管理技巧

　　一、现金：企业要有"过冬的干粮"　124

　　二、"口袋"里该有多少现金呢　125

　　三、做好未来的现金流预测　129

　　四、现金还在"口袋"里吗　131

　　五、加强银行存款的管理　134

第十章　企业应收账款管理

　　一、应收账款：收回来了才是资产　138

　　二、应收账款管理技巧之一：是否该延长信用期　140

　　三、应收账款管理技巧之二：是否该对所有客户实行赊销　141

　　四、应收账款管理技巧之三：定期核对往来账　144

　　五、追讨债务也不易，谨防坏账　146

六、催账的五大技巧　147

七、其他应收款中的秘密　149

第十一章　企业存货管理

一、存货：卖出去了才能盈利　151

二、存货最佳经济订货批量　153

三、存货计价方法　156

四、存货期末计价：存货发生贬值了吗　159

五、存货还在仓库里吗　161

六、巧妙判断存货舞弊　167

第十二章　企业成本控制

一、成本、费用、支出：含义各不相同　170

二、成本流动与财务报表的关系　175

三、成本控制的基础：了解成本的计算步骤　176

四、了解成本习性，区分固定成本与变动成本　181

五、经营杠杆与企业的盈亏平衡点　182

六、创建一个快递站，如何才能实现盈利　184

七、产品价值链目标成本控制　186

第十三章　企业投融资管理

一、企业投资的类型和目标　189

二、投资决策的重要理念：风险与现金流　191

三、投资项目决策的方法　194

四、筹资管理：了解企业的资金需求　199

五、筹资起点：资金需求量预测　202

六、传统的融资渠道和方式　206

七、企业并购与商誉　216

八、四两拨千斤：抚顺特钢债务重组案例分析　218

第十四章　企业预算管理

一、预算管理的起点：企业战略目标　223

二、预算管理的过程　226

三、企业全面预算：一个案例剖析　227

四、企业预算中存在的问题　235

第十五章　企业纳税与避税管理

一、合理避税就是创造利润　239

二、企业该交哪些税　240

三、一般企业纳税筹划案例分析　243

四、房地产企业纳税筹划　249

五、科技型企业纳税筹划　251

第十六章　企业内部控制

一、内部控制：现代公司治理的核心　254

二、员工舞弊与内部控制 256

三、内部控制整体框架 257

四、控制环境：构建良好的治理结构与企业文化 259

五、风险评估：量化企业的风险水平 262

六、控制活动：让管理理念落到实处 267

七、信息和沟通：内控成败的"放大器" 270

八、内部监督：定期评价内部控制的有效性 272

第一篇

运用财务思维，解读企业运作

财务报表是企业"无声的语言"，看懂了财务报表就能了解企业的运作。资产负债表是企业的底子，利润表是企业的面子，现金流量表是企业的日子。企业的日子过得好不好关键在于手中有没有银子。

第一章 企业经营的过程与终极目标

企业运作看似复杂、千头万绪，但从本质来看，始终是围绕资金运动展开的。企业运作根据其经营活动及资金运动特征，可以分为4类：筹资活动、生产经营活动、投资活动和利润分配。企业运作的4类经济活动及相关的资金运动可以用图1–1进行综合反映。

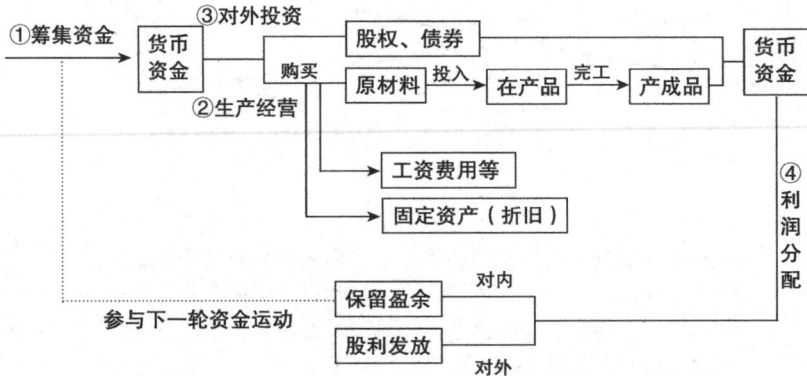

图1–1 企业运作及相关资金运动

一、筹资活动：财务风险悄悄产生

筹资活动是企业运作的起点。初创企业需要一定的注册资本，企业扩张时则需要更多的资金投入。企业的筹资渠道主要有2种。

1. 股东投入

股东投入资金是企业资金的主要渠道之一，通常称为"资本"，股份有限公司股东投入的资金及增资扩股收到的资金称为"股本"。投资者投入的资金一般不得随意抽回，这是企业运作的重要保障。咱们跟随小钱博士的创业经历一起来了解企业的筹资活动。

【案例】2007年，小钱博士和两位朋友决定创业成立思博生物制药公司（以下简称"思博公司"），3位合伙人各出资100万元作为公司的初始运作资金。思博公司收到的300万元货币资金就是"股本"（或"实收资本"）。

经过3年的经营，2010年思博公司表现出良好的发展态势，公司需要筹集更多资金以满足发展需求。这时，有位投资人吴总愿意投资入股。考虑到公司原始股东承担了公司初创期间的风险，而且公司已研发成功几项专利技术并已形成了一定的保留盈余，吴总看好公司未来发展前景，愿意以500万元溢价购买公司股票。经协商，吴总在思博公司的注册资本中占100万元（即"股本"），其余400万元为资本溢价，属于"资本公积"。

知识链接：股本（或实收资本）与资本公积

股本（或实收资本），是投资者按照企业章程或合同、协议的约定，实际投入企业的资本，它是企业注册成立的基本条件之一，也是企业承担民事责任的财力保证。

资本公积也叫准资本，是资本在运营过程中发生的增值，如资本（或股本）溢价。资本（或股本）溢价是指企业投资者投入的资金超过其在注册资本中所占份额的部分。

---

2. 向债权人借入

除股东投入以外，向银行等金融机构及其他单位或个人借入资金是企业筹集资金的另一渠道。借入资金通常称为"负债"，按借款类型和期限分为"长期借款""短期借款""其他应付款"等。借款通常需要按时归还本金及利息。借款利息可以在税前扣除，因此具有"税收挡板"作用，但借款过多会增加企业的偿债压力，在资金周转不畅时会给企业带来财务风险。

知识链接：经营风险与财务风险

企业经营过程中会面临两种风险：经营风险与财务风险。

经营风险是指企业从事产、供、销等商业活动所带来的风险，也叫商业风险。经营风险通常是企业经营决策错误导致的，如企业战略定位失误、产品定位不准确、市场判断错误、技术研发失败等。经营风险与企业管理层的经营行为直接相关。

财务风险是由企业负债融资引起的，导致企业到期不能还本付息的风险，亦称负债风险。因此，只要有负债就有财务风险。

资本都是有回报要求的。对于投入资本的股东，企业主要通过分红形式给予回报，是否分红以及分红多少取决于公司盈利状况及股东大会的决议。如果采用负债融资的方式，企业必须按照借款合同定期还本付息。分红和付息形成了企业的资本成本。相对于分红这种"软约束"，负债融资的定期还本付息就是一种"硬约束"，如果企业不能履行还本付息义务，债权人可以向法院申请强制执行。

因此，在筹资过程中，企业财务风险就悄悄产生。企业管理者需要确定企业筹资规模，选择不同的筹资方式及筹资比例，将企业资本成本及财务风险控制在合理的范围内。

二、生产经营活动：盈利是永恒的主题

马克思曾经说过："资本通过运动实现增值。资本如果不运动，即使过100年也不会增值。"因此企业运作的核心就是通过有效的投资实现盈利。广义的投资分为对内投资和对外投资，对内投资指资金在企业内部运动的过程，也就是生产经营活动。狭义的投资指对外投资，即投资行为在企业外部进行。

生产经营活动是企业运作的核心内容，主要包含以下环节。

①购买原材料及各种生产经营所需的物资。这些在生产或销售中耗用的材料物

资统称为存货，存货非常容易积压、毁损或被盗用，存货管理是企业财务管理的重要内容。

②聘请从事生产、经营、销售和管理的员工。员工薪酬是企业成本费用的重要构成内容，根据员工所在岗位分别归属于不同的成本、费用项目。

③领用原材料，组织产品生产。生产过程中会形成在产品、产成品，这些也属于存货。生产过程管理的核心是成本核算和控制，准确地核算成本是确定产品销售价格的依据。控制成本则是企业盈利的根本保证，需要具体到各成本构成项目，要深入细致地展开。

④销售产品，收回货币资金。销售收入形成企业的营业收入，在销售过程中，需要特别关注应收账款及可能产生的坏账。

对于制造业企业，上述的生产经营活动及资金运动可以用图 1-2 表示。

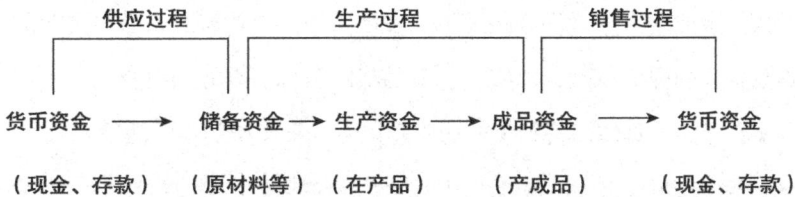

图 1-2 制造业企业的生产经营活动及资金运动

对于商品流通企业而言，其经营过程与制造业企业的经营过程基本相似，只是不涉及生产加工环节，其经营活动与资金运动相对简单一些，如图 1-3 所示。

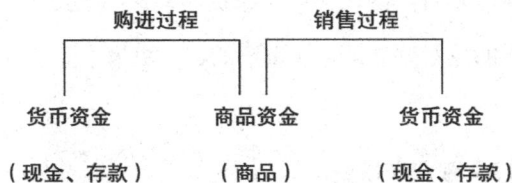

图 1-3 商品流通企业的经营活动及资金运动

企业按照其营业范围组织采购、生产、销售等一系列的经营活动，营业收入扣除营业成本后形成企业的毛利润。盈利是企业生产经营活动永恒的主题。企业实现盈利后进行利润分配，未分配完的利润保留在企业内部，企业的利润留存逐年累加，使企业规模不断扩大。亏损企业则会不断萎缩直至最终退出市场。

三、投资活动：一切服务于企业战略

企业战略是企业经营的最终理想。根据生命周期理论，所有的企业都是沿着一定的生命周期发展的，任何企业从最初酝酿进入市场到最终退出市场不可避免地存在4个阶段：初创期、成长期、成熟期和衰退期。在企业的整个生命周期里，企业不同发展阶段的发展战略可能各不相同。例如，初创企业的发展战略可能是"营业收入与营业利润翻番"，成长期企业的发展战略可能是"股票上市"，成熟期企业的发展战略可能是"成为行业领跑者"。

企业发展战略与企业性质及总经理个人特质存在显著关系。但无论企业的发展战略是什么，企业的财务管理应跟随不同发展阶段的企业特点来满足企业的投融资需求，防范企业的财务风险，以实现企业的战略目标。企业的投资活动应以实现企业战略为核心导向。具体而言，企业通常有以下几种类型的投资活动。

1. 满足经营需求的投资

为组织生产经营活动，企业需要购置生产设备、运输工具以及建造厂房等。这些使用期限超过1年的资产统称为"固定资产"。由于固定资产可以在较长期间里使用，因此企业购置固定资产的行为属于投资活动，而不是生产经营活动。购置固定资产以及固定资产的更新改造是企业重要的财务决策。

2. 利用闲散资金进行金融资产投资

企业如果资金充裕，为提高资金利用价值，可以在二级市场购买股票或债券等金融资产，通过高抛低买来获利。这种以投机为目的，能够随时变现、不准备长期持有的资产称为"交易性金融资产"。

3. 基于发展战略需要进行长期投资

长期投资是指准备长期持有的投资，包括各种股权投资、债券投资和其他长期投资等，通常是基于获得长期投资回报或基于企业发展战略考虑进行的投资。例如某服装厂生产所需的某种棉麻织品的原材料比较紧缺，企业决定对某棉麻织品制造企业进行股权投资，以保障原材料的供应。

企业基于投资目的购置房地产，以赚取租金或获取房地产买卖差价形成资本增值，通过这种投资行为持有的房地产称为"投资性房地产"。

投资行为既可能给企业带来丰厚的投资收益，也可能给企业带来投资损失。管理者一方面需要对投资的规模和期限进行决策，降低投资风险；另一方面要避免投资行为对企业生产周转资金的影响，最大限度地促进企业战略目标的实现。

四、利润分配：对股东的回馈

企业盈利后需要进行利润分配。利润分配是对股东的回馈，股利政策是企业重要的财务政策之一。过高的股利政策，会缺乏可持续性，同时也会降低企业留存的利润，影响企业的后续发展；过低的股利政策，则会降低投资者的信心，也会在一定程度上影响企业的形象。较好的利润分配方案，一方面能使投资者回报保持在适度的水平上，稳定投资者信心，另一方面可以为企业扩大规模、实现可持续发展提供必要的内部资金来源。

企业实现的利润通过利润分配，分配给投资者（通常称为"股利"或"红利"），从而退出企业，未分配完的利润保留在企业内部，称为"留存收益"，也成为企业发展和扩大规模的重要资金来源，参与下一轮的资金运动。

以上即是图1-1所示的企业运作的4类经济活动及相关的资金运动过程，也是企业财务管理的核心内容。

五、企业经营的终极目标：企业价值最大化

与手工业时期的传统作坊经济不同，现代公司制企业的最大特点就是投资主体多元化，诸多投资者的参与导致委托－受托责任的产生，委托方和受托方之间的各种利益冲突与矛盾使企业经营的目标变得复杂。

1. 企业的委托代理关系与利益冲突

企业的委托代理关系及利益冲突可以用图1-4表示。

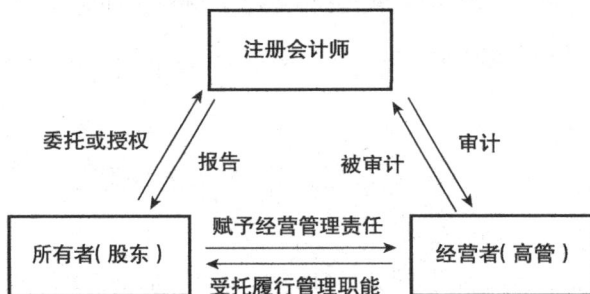

图 1-4 现代企业的委托代理关系及利益冲突

下面通过一个案例来剖析图1-4中展示的现代企业的委托代理关系及利益冲突。

【案例】程序员小白工作几年后成为本部门的一名管理人员，为提高自己的管理水平，小白考上了MBA，周末跟一群各行各业的精英同学一起学习交流。渐渐地，大家开始有了自己的想法：当我们回首往事的时候，不能因虚度年华而悔恨，也不能因碌碌无为而羞愧。身处一个万众创业、大众创新的好时代，大家要努力奋斗、艰苦创业。现在攻读MBA学位，是一个极好的机会。全班同学经过多次激烈的讨论，一致决定要不负此生、共同创业，决定成立一家名为七彩的服装公司，从事服装的生产与销售。全班一共有100人，大家决定每人投资5万元，总共筹集资金500万元。

公司顺利成立了，100位同学就是七彩服装公司的股东，也就是公司的所有者，每个人持有公司1%的股份。从法律角度来说，所有股东的权利是一样的。

公司筹集的资金到位后，接下来就要开始公司的经营活动。这涉及一系列的采购、生产、销售、投资活动的决策。不可能在进行每一项经营活动时都让100位股东来投票表决吧，这样效率太低了。因此必须选举出几位同学来代表大家经营管理公司。

经过班会（股东大会）投票表决，决定请现任班委的7位同学来担任七彩公司的高管，班长出任首席执行官（Chief Executive Officer, CEO）、学习委员是首席财务官（Chief Financial Officer, CFO）、公关委员是首席运营官（Chief Operating Officer, COO）等。

那这7位同学就成为七彩公司的经营者（高管）。所有者委托经营者来经营管理公司，经营者接受委托履行管理职能。其他同学呢？该干什么干什么去，公司后面的经营活动跟他们基本没啥关系了。

【探究·思考】当这7位班委同学成为七彩公司的高管后，心里会不会多了些"小九九"，跟其他同学的想法不完全一致了呢？所有者与经营者之间会有哪些利益冲突和矛盾呢？

首先，要不要给这7位高管同学发工资？肯定要。发多少呢？高管同学说越高越好，50万元起步。其他同学说创业初期，要艰苦奋斗，工资要越低越好。看看，矛盾产生了。

其次，公司要不要买车？买什么车？高管同学说，要买车，而且要买好车，这样能提升公司形象，方便开展业务。其实车买了也是高管同学在开。其他同学说，没必要买那么贵的车，买个能开的就行了，或者骑个自行车效果也挺好的。

【点评】这些问题其实就是委托代理关系导致的代理冲突的具体表现。"有限理性经济人"假说指出，所有经济社会的参与者都是逐利的，追求自身利益最大化。所有者、经营者都是经济社会的参与者，因此都希望在自己的利益不被侵占的同时，还能够获得最大利益。

还是回到高管的年薪问题，到底定多少合适呢？要制定一个大家都能接受的方案。假设经过股东大会多次讨论，最终确定采用基本薪酬加绩效薪酬的制度。每位高管基本年薪 10 万元，另外按每年实现利润的 20% 作为绩效薪酬。这个方案得到大家的一致认可。这就是现在流行的现代企业薪酬制度。

基本薪酬 10 万元，每年实现利润的 20% 作为绩效薪酬。那么请问，股东们如何知道企业实现了多少利润？只能通过阅读经营者编制的财务报表。因此，财务报表的一个重要作用就是证明经营者是否有效地履行了企业管理职能。财务报表是在高管团队中的 CFO 的领导下编出来的。那经营者有做高利润的动机吗？显然有，因为他们的收入直接与利润相关。有没有做高利润的方法呢？看完本书您就知道了，方法其实挺多的。那作为所有者的股东，能够简单地相信经营者提供的报表吗？当然不能。因此，股东们就委托独立第三方注册会计师对经营者编制的财务报表进行审计，注册会计师完成审计后将最终的审计结果报告给全体股东。

2. 企业经营的终极目标

现代企业的所有权与经营权的分离使企业经营目标需建立在企业长期发展的基础上。长期以来，围绕着企业目标这一命题有着种种不同的说法，主要观点有"利润最大化""股东财富最大化""企业价值最大化"等。

（1）利润最大化

在微观经济学中，利润最大化通常被列作企业财务管理的目标。利润代表了企业新创造的财富，利润越多，则说明企业的财富增加得越多，越接近企业的目标。

优点：强调了资本的有效利用。股东创办企业的目的是使其投入的资本获得尽可能大的增值。

缺点：没有考虑利润的实现时间，也没有考虑资金的时间价值；没有考虑企业获取利润所承担的风险，从而容易导致企业经营者不顾风险大小而追求短期利润的最大化，忽略企业的长期战略性发展。

（2）股东财富最大化

在两权分离的现代企业制度下，所有者与经营者作为两个独立的利益主体和财务主体客观存在着，加上信息不对称因素的影响，经营者有可能背离股东的利益，寻求个人利益最大化。例如经营者的偷懒、增加闲暇时间、职位消费、追求豪华享受、提高荣誉和社会地位、滥用资产、讨好员工、过度投资、构建"个人帝国"等逆向选择行为。

> **知识链接：逆向选择**
> "逆向选择"是经济学和管理学中一个含义丰富的词汇。"逆向选择"是指经营者为了私利而背离为股东创造价值的目标。在缺乏有效的激励机制的情况下，企业高管经常会出现"逆向选择"现象。

"股东财富最大化"将企业定位于企业权益资本的投资者——股东，股东财富最大化是指通过财务上的合理经营，为股东带来更多的财富。因为企业主要是由股东出资形成的，股东创办企业的目的是增加财富，他们是企业的所有者，企业的发展理所当然地应该追求股东财富最大化。

在股份制经济条件下，股东财富由其所拥有的股票数量和股票市场价格两方面决定，在股票数量一定的前提下，当股票价格达到最高时，则股东财富也达到最大，所以股东财富最大化又可以表现为股票价格最大化。

优点：考虑了资金的时间价值和风险因素，能在一定程度上抑制企业在追求利润上产生的短期行为，因为不仅目前的利润会影响股票价格，预期未来的利润对企业股票价格也会产生重要影响。

缺点：在单一投资主体的股权结构下，不存在股东间的利益冲突；但现代企业特征表现为投资主体的多元化，占股权投资比例最高的股东拥有参与企业经营和财务控制的权力。这样，以股东为主体，强调"股东财富最大化"就可能演变为"控股股东财富最大化"。由于控股股东的利益与中小股东的利益并不完全一致，难以避免控股股东为追求自身利益最大化而牺牲中小股东利益的情形。同股不同权、同股不同利的现象并不鲜见。

（3）企业价值最大化

企业价值是指企业资产的市场价值，而市场对企业价值的评价标准，不仅仅是看重企业目前的获利能力，更看重的是企业未来的和潜在的获利能力。从某种意义上讲，企业价值就是股东财富，企业价值最大化的最终结果当然能使股东财富最大化，但是企业价值指的是企业总资产的价值。一方面，资产是由权益资本、债务资本及其他资本投入形成的；另一方面，各种资本的投入回报又来源于对资产最有效的配置和最合理的运用，它要求的理财对象是企业的总资产。

企业价值最大化的核心在于企业价值的度量。企业价值包括股东权益和负债两个部分的价值，其中负债的价值很容易确定，股东权益价值的一个很好的衡量标准就是股票价格。

美国学者 Il. Levy 和 M. Sarmat 曾经通过严密的推理，具体证明了企业价值最大化实质上也意味着企业股东财富的最大化。

企业经营短期目标为利润最大化，终极目标为企业价值最大化，这是企业股东、经营者及利益相关者多方共赢的目标，也是实现企业长远发展的必然选择。

第二章 企业经营与财务报表

财务报表是企业"无声的语言"，你"听懂"了它就能了解企业的状况。通过资产负债表可以摸清企业的家底。利润表是企业的"面子"，不是所有的利润都变成了现金。企业的日子过得好不好关键在于手中有没有"银子"。

一、财务报表：世界通用的商业语言

财务报表是企业经营的结果，是一段充满悲伤或欢笑的财务历史。企业的财务报表透露着企业的困惑，见证着企业的成长，演绎着企业的兴衰，展示着企业的价值。财务报表是企业"无声的语言"，也是世界通用的商业语言。不同国家的投资者语言可以不通，但财务报表不可不看。全球投资者从财务报表中获取投资关注的各种信息，全面阅读年度财务报表是了解一家企业最直接、最高效、最节约成本的手段。

【案例】美国A公司长期进口钢制民用门，随着销售额的日趋扩大，拟在中国投资建厂以降低成本，通过联系找到南昌FD门业公司，双方商定共同出资200万美元（中方出资50万美元，外方出资150万美元）成立合资公司，产品全部用于出口欧美市场。中方为表示诚意，提出将自己拥有的位于郊区的、从事国内门业生产和销售的H公司无偿赠送给未来的合资公司。中方还提出中国国内门业市场巨大，进一步开拓国内市场或能成为公司未来利润的另一个增长点，H公司已有10来年的经营历史，有自己的销售网络，拥有房屋、建筑物和土地等资产，生产的国内门品牌在当地具有一定的市场知名度，未来发展潜力应当不错。

假如您是 A 公司的总经理，您觉得这个建议怎样呢？乍一听，既能开辟另一块业务，也无须进行额外的固定资产投资，您一定认为这是天上掉下的馅饼吧。

但是，美国 A 公司的财务顾问提出，需要对 H 公司的财务状况进行审查。H 公司财务报表显示，房屋、建筑物和土地等按市场价值计算后，公司资产总额 5 000 万元人民币，其中应收账款 2 000 万元人民币，估计坏账率为 60%；负债为 7 500 万元人民币，所有者权益为 –2 500 万元人民币。公司实际资不抵债。即使再入资 2 000 万元人民币，其对合资公司的贡献也为零，盘活 H 公司亦存在安置员工等诸多困难。

原来 H 公司只是个烫手的山芋！A 公司最后决定谢绝这种赠送。

【点评】"白送的资产"到底是天上掉下的馅饼还是烫手的山芋，企业管理者必须要能够准确地判断。如果只听一面之词，还以为碰上了"买一赠一"的好事。仔细调查，原来是个陷阱！合资、联营、并购是现代企业运作的常见方式。一般情况下，经理人不可能长期入驻对方企业进行深入了解，财务报表就是我们读懂企业最有效、最简捷的方式。

> **知识链接：财务报告与财务报表**
> "财务报告"和"财务报表"的概念有所区别。财务报告包括财务报表和其他应当在财务报告中披露的相关信息和资料。其中，财务报表由报表本身及其附注两部分构成，财务报表包括资产负债表、利润表、现金流量表及所有者权益变动表 4 张报表。

企业管理者通过财务报表可以全面了解自己的企业，发现企业存在的问题，及时调整经营政策。"知己知彼，百战不殆。"要做到知己知彼，让我们先从企业的财务报表开始吧。

二、资产负债表：企业的"底子"

1. "资本、资产和资金"概念辨析

通过第一章的讲解我们知道，企业的运营其实质就是资金运动，具体包括融资、生产经营、投资和股利分配。将这些资金运动的过程记录下来，进行准确的计量，最终形成财务报表。

那财务报表是如何综合反映企业的运营及资金运动的呢？资金运动的核心是资金来源和资金运用。资金来源是指企业如何取得资金，也就是融资；资金运用是指企业如何使用资金，也就是生产经营、投资以及利润分配。资金来源一定等于资金占用，这就是资金运动的本质。

我们先一起来看看3个重要的概念——资本、资产和资金。资本、资产和资金3个概念大家耳熟能详，但要准确地解释清楚并不容易。

资本。广义的资本是企业为购置从事生产经营活动所需的资产的资金来源，是投资者对企业的投入，出现在资产负债表右侧，分为债务资本与权益资本，分别归债权人和公司所有者（股东）所有，企业对其资本不拥有所有权。狭义的资本通常指企业的注册资本。

资产。资产是企业为从事经营活动所拥有或控制的各种经济资源，是资金运用的具体形式，具体表现为货币资金、存货、固定资产、股权投资等，出现在资产负债表左侧。企业的所谓法人财产权，就是指企业对其控制的资产拥有的所有权。

资金。广义上讲，资金与资产的概念是一致的；狭义的资金是指货币资金，或是特指营运资金。

资本、资产、资金3个概念及其关系可以用图2-1表示出来。

```
资金占用          =          资金来源


资产      =      债务资本        +        权益资本
                （负债）                （所有者权益）
```

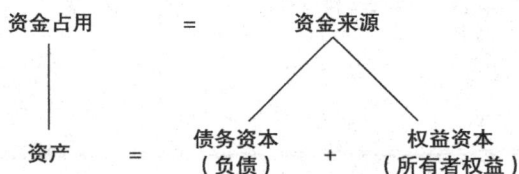

图 2-1 资本、资产、资金的概念及其关系

由资本、资产、资金之间的关系能进一步推演出资产、负债、所有者权益之间的平衡关系，这种平衡关系就是构成财务报表中资产负债表的基础。企业所有的经济业务的发生会对资产、负债、所有者利益产生影响，使它们增加或者减少，但三者之间的平衡关系不会改变。

2. 如何读懂资产负债表

资产负债表是反映企业在某一特定日期的资产、负债及其所有者权益规模和构成等财务状况的财务报表，格式见表 2-1。阅读资产负债表，能帮助您了解企业的规模、资产分布情况以及所欠的外债、内债。要了解企业的状况，首先得摸清企业的家底。

资产负债表左边的资产是资金在企业运用后形成的各项具体形态，资产负债表右边反映企业的资金来源，包括负债（向债权人借入）和所有者权益（股东投入及企业利润留存）。资金来源等于资金运用，因此资产负债表存在"资产＝负债＋所有者权益"这一恒等关系。

（1）了解资产及其分布

资产是企业拥有或者控制的各种资源。资产按其流动性可分为流动资产、长期股权投资、固定资产、无形资产等。

①流动资产。

流动资产是指可以在 1 年内变现或者耗用的资产，主要包括货币资金、交易性金融资产、应收及预付款项、存货等。

货币资金是指以货币形态存在的资产，包括库存现金、银行存款、其他货币资金。

交易性金融资产是指能够随意变现并且不准备长期持有的投资，如股票投资、债券投资、基金投资等。

应收及预付款项是指企业在日常生产经营过程中发生的各种债权，包括应收票据、应收账款、其他应收款和预付款项等。应收账款一般反映企业与客户之间的往来款；其他应收款反映企业与员工个人之间的借款，如股东、员工借款，出差预借差旅费等。

表2-1 资产负债表

编制单位：　　　　年　　　月　　　日　　　　　　　　　　　单位：元

资产	期初数	期末数	负债和所有者权益 （或股东权益）	期初数	期末数
流动资产：			流动负债：		
货币资金			短期借款		
交易性金融资产			交易性金融负债		
衍生金融资产			衍生金融负债		
应收票据			应付票据		
应收账款			应付账款		
预付款项			预收款项		
其他应收款			合同负债		
存货			应付职工薪酬		
合同资产			应交税费		
持有待售资产			其他应付款		
1年内到期的非流动资产			持有代付负债		
其他流动资产			1年内到期的非流动负债		
流动资产合计			其他流动负债		
非流动资产：			流动负债合计		

资产	期初数	期末数	负债和所有者权益 （或股东权益）	期初数	期末数
债券投资			非流动负债：		
其他债券投资			长期借款		
长期应收款			应付债券		
长期股权投资			其中：优先股		
其他权益工具投资			永续债		
其他非流动金融资产			长期应收款		
投资性房地产			预计负债		
固定资产			递延收益		
在建工程			递延所得税负债		
生产性生物资产			其他非流动负债		
油气资产			非流动负债合计		
无形资产			负债合计		
开发支出			所有者权益 （或股东权益）：		
商誉			实收资本（或股本）		
长期待摊费用			资本公积		
递延所得税资产			减：库存股		
其他非流动资产			其他综合收益		
非流动资产合计			专项储备		
			盈余公积		
			未分配利润		
			所有者权益 （或股东权益）合计		
资产总计			负债和所有者权益 （或股东权益）总计		

存货是指企业在日常生产经营过程中持有的以备出售或者仍然处在生产过程中将要消耗的，或者在生产或提供劳务的过程中将要耗用的各种材料，包括库存商品、产成品、半成品、在产品以及各类材料等。

②长期股权投资。

长期股权投资是指准备长期持有的投资，通常是基于为获得长期投资回报或基于企业发展战略考虑进行的投资。例如，生产所需的某种原材料比较紧缺，企业对某原材料供应商进行股权投资，以保障原材料的供应。

③固定资产。

固定资产是指企业为生产商品、提供劳务、出租或经营管理而拥有的有形资产。固定资产通常使用年限超过 1 年，是单位价值较高的主要劳动资料，包括房屋及建筑物、机器设备、运输工具以及其他与生产经营有关的工具、器具等。

④无形资产。

无形资产是指企业为生产商品、提供劳务、出租给他人，或为管理目的而持有的，没有实物形态的非货币性长期资产，包括专利权、非专利技术、商标权、著作权、土地使用权、特许权等。

除上述资产以外的其他资产还有长期待摊费用。长期待摊费用是指企业已经支出，但摊销期限在 1 年以上（不含 1 年）的各项费用，如开办费、固定资产大修理支出、租入固定资产的改良支出等。

【探究·思考】资产越多表示企业规模越大，企业各项资产都是越多越好吗？

并非如此。应收账款过多形成坏账的可能性就更大，存货过多可能意味着材料或产品的积压。长期待摊费用虽然是资产，但其实是一种已经支出的费用。因此，虽然资产反映企业的规模，但评估时还需要通过对各项资产的具体分析来判断其数量的合理性和对企业的价值。

（2）关注负债及其期限

负债是企业的现时义务。负债通常按其流动性进行分类，这样分类的目的在于了解企业流动资产和流动负债的相对比例，大致反映出企业的短期偿债能力，从而向债权人揭示其债权的相对安全程度。

①流动负债。

流动负债是指将在1年内偿还的债务，包括短期借款、应付票据、应付账款、预收账款、应付职工薪酬、应交税费、其他预收或应付款项、1年内到期的长期借款等。

②长期负债

长期负债是指偿还期在1年以上的负债，包括长期借款、应付债券和长期应付款等。长期负债的形式很多，主要有从金融机构和其他单位获得的长期借款，公司、企业发行的公司或企业债券，融资租赁方式下租入固定资产的长期应付款，引进设备的长期应付款，专项应付款，等等。

【探究·思考】对企业来说，流动负债和长期负债的还债压力一样吗？什么情况下企业会破产？

不一样。流动负债是1年内要偿还的债务，也是还债压力最大的负债。通常情况下，企业会保持适度的负债规模，只要企业经营稳定，通过"借新债还旧债"的方式可以偿还长期负债，但流动负债却需要用运营过程中的利润进行支付（如员工薪酬、利息费用等），或用资产进行偿还（如应付账款）。因此正常运营的企业主要面对流动负债的还债压力。如果企业需要扩大负债规模，且经营活动不能产生足够的利润，企业的财务风险将会剧增；如果长时间不能改善，那破产的风险就很大。

（3）分析所有者权益及其类型

所有者权益是指企业资产扣除负债后由所有者享有的剩余权益。企业的所有者权益又称为股东权益。所有者权益的内容包括实收资本（股份公司称作股本）、资本公积、盈余公积和未分配利润。

①实收资本（股本）。

实收资本是指投资者按照企业章程或合同、协议的约定，实际投入企业的资本，它是企业注册成立的基本条件之一，也是企业承担民事责任的财力保证。

②资本公积。

资本公积也叫准资本，是资本在运营过程中发生的增值，如资本（或股本）溢价。资本（或股本）溢价是指企业投资者投入的资金超过其在注册资本中所占份额的部分。资本公积可以用作转增资本。

③盈余公积。

盈余公积是指企业从税后利润中提取的公积金，包括法定盈余公积、任意盈余公积和法定公益金。法定盈余公积是指企业按照规定的比例（一般为10%）从净利润中提取的盈余公积；任意盈余公积是指企业经股东大会或类似机构批准后按照规定的比例从净利润中提取的盈余公积。盈余公积可以用来弥补亏损或转增资本。

④未分配利润。

未分配利润是指企业利润分配完成后剩余的部分，未分配利润留存在企业可以参与企业下一轮的资金运动，也可以参与以后年度的利润分配。

【探究·思考】前文H公司的财务报表显示公司资不抵债，所有者权益为 -2 500 万元人民币。你认为是上述4项中哪些项目造成的？

所有者权益可以分为投入资本和保留盈余两类。投入资本包括实收资本和资本公积，通常不能提走。保留盈余包括盈余公积和未分配利润。保留盈余是利润在企业内部的留存，如果利润持续为负数，那保留盈余就逐渐变为负数，日积月累，就会导致所有者权益为负数。因此，H公司所有者权益为负数是以前年度的持续亏损导致的。

三、看看企业的家底："秀肌肉"还是"秀块头"

资产负债表是"底子"。资产总额反映了企业的规模，其金额在一定程度上体现了企业的家底和实力。例如有两家公司，一家资产总额100亿元，另一家资产总额50万元，就如同远洋货轮与渔夫手划的渔船，规模不能同日而语。但仅仅看资产总额是不够的，还需要看资金来源。股东投资和举债是企业资金来源的两种渠道。我们以一家创业板上市公司为例来看看筹资对企业家底的影响。

【案例】广西博世科环保科技股份有限公司（以下简称"广西博士科"公司）成立于 1999 年，注册资本为 50 万元（人民币，本例下同），是一家从事环保设备制造及销售、环保设施运营、环保技术研究开发及服务、市政工程施工等业务的公司。公司经过多次增资和改制，2015 年 1 月公司成功在创业板上市（股票代码 300422），首次向社会公众发行普通股股票 1 550 万股，共募集资金 1.24 亿元；2015 年 4 月，公司完成工商变更，变更后注册资本为人民币 6 200 万元。

广西博世科公司 1999 年注册资本仅为 50 万元，经过多次增资及改制，2015 年成功上市发行股票，这些筹资行为使企业家底不断增长，财务报表上的所有者权益（股本）和资产（货币资金）迅速增加。

在企业经营过程中股东追加投资的次数是有限的，借款是企业更常采用的筹资手段。咱们一起来看表 2-2 所示的广西博世科公司 2018 年度的部分财务数据。

表 2-2 2018 年度广西博世科公司部分财务数据

单位：亿元

资产	2018-12-31	2017-12-31	负债及所有者权益	2018-12-31	2017-12-31
货币资金	7.32	4.58	短期借款	8.32	4.90
存货	1.49	1.21	长期借款	11.29	5.61
流动资产合计	29.01	17.15	应付债券	3.04	0
			负债合计	48.06	26.27
非流动资产合计	36.24	22.06	所有者权益合计	17.19	12.94
资产总计	65.25	39.21	负债与所有者权益总计	65.25	39.21

【分析】广西博世科公司 2018 年底的资产总计为 65.25 亿元，与 2017 年底资产总额 39.21 亿元相比，增加了 26.04 亿元，增长幅度达到 66%，企业规模（块头）明显变大。

但从报表右边来看，所有者权益仅增加了 4.25 亿元，资产的增加主要来自负债的增加，2018 年公司负债增加了 21.79 亿元，其中长期、短期借款及应付债券增加了 12.14 亿元，表明公司从银行等金融机构大量借债。公司的借债行为能使公司的负债和资产同时增加，也使公司的家底看起来更厚。

【案例】东凌粮油公司 2010 年初资产总额为 22.66 亿元，2010 年年底的资产总计为 44.55 亿元，几乎翻了一倍，公司货币资金同时增加了近 18 亿元。负债显示，2010 年公司从银行等金融机构取得的短期借款增加了 25.23 亿元。东凌粮油公司在 2010 年的"快速成长"主要来自银行的 1 年以内的短期借款。短期借款使公司的财务风险和资本成本迅速增加。

【点评】虽然股东投资和借款都能使企业的资产增加，使企业家底变厚，但股东投资可以无偿使用，也无须归还，是企业真正的家底；而借款需要定期还本付息，过度负债看起来更像是"虚胖"，"打肿脸充胖子"是有成本的，而且企业归还债务后资产就会立刻缩水。

看资产负债表，不能仅仅只看企业规模（块头）有多大，资产的大幅增长常常给人企业发展迅速的错觉，还需要进一步看看企业的资金来源，看看到底是"肌肉"还是"注水的块头"。

四、利润表：企业的面子

企业的收入抵减费用后形成利润，利润表是反映企业在一定会计期间的经营成果的财务报表。通过利润表可以了解企业实现的收入、发生的费用以及利得和损失等金额及其结构情况。

利润表就是一张反映企业利润计算过程的报表，利润表格式见表 2-3。掌握营业利润、利润总额和净利润这 3 个重要的利润指标概念就能轻松读懂利润表。

1. 营业利润是企业盈利的保障和基础

营业利润是企业通过日常经营活动取得的利润，也是企业实现盈利的保障。

（1）营业收入，企业利润计算的起点

营业收入是企业日常活动获得的收入，包括主营业务收入和其他业务收入。日常活动是指企业为完成其经营目标所从事的经常性活动以及与之相关的活动。例如，工业企业制造并销售产品、商品流通企业销售商品、保险公司签发保单、咨询公司提供咨询服务、软件企业为客户开发软件、安装公司提供安装服务、商业银行对外贷款、租赁公司出租资产等，取得的收入就是主营业务收入。

表 2-3 利润表

编制单位：　　　　　　　年　　月　　　　　　　　　单位：元

项　目	本期金额	上期金额
一、营业收入		
减：营业成本		
税金及其附加		
销售费用		
管理费用		
研发费用		
财务费用		
资产减值损失		
信用减值损失		
加：公允价值变动收益（损失以"—"号填列）		
投资收益（损失以"—"号填列）		
其中：对联营企业和合营企业的投资收益		
二、营业利润（亏损以"—"号填列）		
加：营业外收入		
减：营业外支出		
三、利润总额（亏损总额以"—"号填列）		
减：所得税费用		
四、净利润（净亏损以"—"号填列）		
五、其他综合收益的税后净额		
六、综合收益总额		

其他业务收入是企业从事与经常性活动相关的活动所取得的收入，如工业企业转让无形资产使用权、出售不用的原材料等取得的收入。

由于企业的经营活动周而复始地进行，具有很强的规律性，因此营业收入的特点是具有重复性和可预见性。

（2）为取得营业收入而发生的相关成本费用

营业成本与营业收入相对应，反映企业为取得主营业务收入和其他业务收入所发生的成本额。例如商业企业销售商品的采购成本，制造业企业销售产品的生产成本等。

税金及附加是企业经营业务应负担的各种税费，包括消费税、城市建设维护税、资源税、土地增值税和教育费附加等。

销售费用是企业在销售商品过程中发生的包装费、广告费等费用和为销售本企业商品而专设的销售机构的职工薪酬、业务费等经营费用。销售人员提成也属于销售费用。

管理费用是企业为组织和管理生产经营活动而发生的管理费用，包括行政部门的各项支出等。

研发费用即技术开发费，是企业在产品、技术、材料、工艺、标准的研究、开发过程中发生的各项费用，包括研发人员的薪酬，研发活动消耗的燃料、动力、材料，用于研发活动的固定资产的折旧以及无形资产的摊销等。

财务费用是企业筹集生产经营所需资金等而发生的筹资费用，如利息费用。

资产减值损失是企业除金融资产外的各项资产发生的减值损失，如存货因过时可能发生的跌价损失等。

信用减值损失是应收账款等金融资产发生减值导致的损失，如应收账款可能发生的坏账损失等。

（3）营业利润中包括投资收益

"投资收益"项目，反映企业以各种方式对外投资所取得的收益。例如企业在二级市场买卖股票获得的收益，对外股权投资获得的股利、分红，债券投资获得的债券利息等。

"公允价值变动收益"项目，反映企业应当计入当期损益的资产或负债公允价值变动收益。例如企业上半年以10元/股购进某公司股票10 000股，年底股票的市场价值为12元/股，但企业并不打算立即出售，每股2元共20 000元的增值就是公允价值变动收益。

【探究·思考】以股票投资为例，公允价值变动收益和投资收益的区别在哪里？

公允价值变动收益只是账上盈利，投资收益是已经实现的收益。上述购买股票的行为中，如果企业不出售股票，股票的 20 000 元增值就是公允价值变动收益，如果企业出售了股票，20 000 元就是投资收益。

2. 利润总额受非经常性业务的影响

营业利润是企业经常性、反复性经营行为形成的利润，也是企业利润的最重要组成部分。在营业利润的基础上加上营业外收入，再减去营业外支出就能得到企业的利润总额。

营业外收入是指企业发生的与经营业务无直接关系的各项收入，如接受捐赠、政府补助、变卖废弃固定资产的净收益等。企业进行债务重组获得的债务豁免也属于营业外收入。营业外收入具有偶然性，通常不具有可预见性和持续性。

营业外支出是指企业发生的与经营业务无直接关系的各项支出，包括企业的对外捐赠、罚款支出（如税款滞纳金）及出售固定资产的净损失等。

3. 净利润反映企业的最终盈利水平

利润总额扣除企业所得税之后得到企业实现的净利润，净利润可以反映企业生产经营活动的成果。股份有限公司的净利润按股本摊薄后得到每股收益，每股收益是股东获得股利的基础，据以判断资本保值、增值等情况，对企业盈利能力进行综合判断。

4. 综合收益

综合收益，包括其他综合收益和综合收益总额。其中，其他综合收益反映企业根据企业会计准则规定未在损益中确认的各项利得和损失扣除所得税影响后的净额，综合收益总额是企业净利润与其他综合收益的合计金额。

五、看看企业的潜力："纸上富贵"还是实力满满

利润表是企业的"面子"，业绩好，企业才显得漂亮。"好面子"以及来自监管层的压力是上市公司财务造假的原因之一。净利润是判断企业盈利空间的常用指标，但营业利润更能显示企业日常活动的盈利能力。企业净利润会受到各种因素及企业资本运作等行为的影响。

我们来看看抚顺特钢的盈利情况。

【案例】抚顺特钢2016年、2017年两个会计年度净利润连续为负值，2017年会计年度经审计的期末净资产为负值，2018年6月27日，抚顺特钢股票被实施退市风险警示，股票简称由"抚顺特钢"变更为"*ST抚钢"。

上市公司作为公众公司，通过资本市场发行股票筹集资金，为保证广大投资者的利益，中国证券监督管理委员会（以下简称"证监会"）对上市公司有各种监管要求，其中包括对企业盈利能力的要求。1998年，沪深证券交易所宣布将对财务状况和其他财务状况异常的上市公司的股票交易进行特别处理（Special Treatment，ST）。其中异常主要指两种情况：一是上市公司经审计两个会计年度的净利润均为负值，二是上市公司最近一个会计年度经审计的每股净资产低于股票面值。显然，ST抚钢面临着巨大的扭亏为盈的压力，否则公司将可能被暂停上市直至退市。

2019年3月29日，ST抚钢发布公告称，2018年度公司实现营业收入58.48亿元，实现归属于上市公司股东的净利润26.07亿元。截至2018年12月31日，归属于上市公司股东的净资产为41.70亿元。中准会计师事务所（特殊普通合伙）为公司2018年度财务报告出具了标准无保留意见的审计报告。因此公司申请撤销退市风险警示。

看到这则公告，您对ST抚钢的基本判断是什么？通常会认为，2018年ST抚钢

全体员工共渡难关，产品生产、销售、经营均上了新的台阶，经营活动有了质的突破，最终实现盈利26.07亿元，扭亏为盈。

但这其实是个错觉。请看ST抚钢2018年的合并利润表，如表2-4所示。

表2-4 ST抚钢2018年度合并利润表

单位：万元

项目	本期发生额	上期发生额
一、营业总收入	584 773	498 430
二、营业总成本	612 310	624 959
三、营业利润	−26 093	−124 891
加：营业外收入	288 107	103
减：营业外支出	1 304	5 663
四、利润总额	260 733	−230 451
减：所得税费用	2	3 307
五、净利润	260 731	−133 759

从表2-4可以看出，虽然ST抚钢2018年度利润总额、净利润均超过25亿元，但公司的营业利润约为−2.6亿元，也就是说公司的日常活动仍然处于亏损状态，公司的盈利主要来自营业外收入。通过查阅报表附注得知，2018年公司约28.81亿元营业外收入中，债务重组利得共28.77亿元，此外政府补助为417万元。营业外收入是ST抚钢2018年扭亏为盈的根本原因。关于ST抚钢的营业外收入我们将在第十三章详细讨论。

六、现金流量表：企业的日子

现金流量表是反映企业在一定会计期间的现金和现金等价物流入和流出的财务报表。编制现金流量表的主要目的，是为财务报表使用者提供企业一定会计期间内现金和现金等价物流入和流出的信息，以便于财务报表使用者了解和评价企业获取现金和现金等价物的能力，并据以预测企业未来现金流量。现金流量表以现金和现金等价物为基础编制，划分为经营活动、投资活动和筹资活动。现金流量表的格式见表2-5。读懂现金流量表还是要从经营活动、投资活动和筹资活动这3方面入手。

表2-5 现金流量表

编制单位： 年 单位：元

项目	本期金额	上期金额
一、经营活动产生的现金流量		
销售商品、提供劳务收到的现金		
收到的税费返还		
收到其他与经营活动有关的现金		
经营活动现金流入小计		
购买商品、接受劳务支付的现金		
支付给职工以及为职工支付的现金		
支付的各项税费		
支付其他与经营活动有关的现金		
经营活动现金流出小计		
经营活动产生的现金流量净额		
二、投资活动产生的现金流量		
收回投资收到的现金		
取得投资收益收到的现金		
处置固定资产、无形资产及其他长期资产收回的现金净额		
处置子公司及其他经营单位收到的现金净额		
收到其他与投资活动有关的现金		
投资活动现金流入小计		
购建固定资产、无形资产及其他长期资产支付的现金		
投资支付的现金		
取得子公司及其他营业单位支付的现金净额		
支付其他与投资活动有关的现金		
投资活动现金流出小计		
投资活动产生的现金流量净额		
三、筹资活动产生的现金流量		
吸收投资收到的现金		
取得借款收到的现金		
收到其他与筹资活动有关的现金		
筹资活动现金流入小计		
偿还债务支付的现金		
分配股利、利润或偿付利息支付的现金		

项目	本期金额	上期金额
支付其他与筹资活动有关的现金		
筹资活动现金流出小计		
筹资活动产生的现金流量净额		
四、汇率变动对现金及现金等价物的影响		
五、现金及现金等价物净增加额		
加：期初现金及现金等价物余额		
六、期末现金及现金等价物余额		

1. 经营活动产生的现金流量

经营活动是指企业投资活动和筹资活动以外的所有交易和事项。各类企业由于行业特点不同，对经营活动的认定存在一定差异。对于工商企业来说，经营活动主要包括销售商品、提供劳务、购买商品、接受劳务、支付税费等。

【提示】对于一家正在成长的企业来说，经营活动产生的现金流量应是正数，而且越大越好，表明企业不仅能轻松支付经营活动中的货款、员工工资及各种费用，而且还有余力为企业进一步扩张提供资金。

2. 投资活动产生的现金流量

投资活动是指企业购建长期资产的投资及其处置活动。长期资产是指固定资产、无形资产、在建工程、其他资产等持有期限在 1 年以上的资产。

【提示】对于一家正在成长的企业来说，投资活动产生的现金流量可为负数。现金流量为负数，说明企业处于投资成长阶段；如果现金流量为正数，企业可能处在规模萎缩或者战略调整阶段，正将现有资产进行处置。

3. 筹资活动产生的现金流量

筹资活动是指导致企业资本及债务规模和构成发生变化的活动。资本既包括实收资本（股本），也包括资本溢价（股本溢价）；债务主要是指对外举债，包括向银行借款、发行债券以及偿还债务等。通常情况下，应付账款、应付票据等属于经营活动产生的现金流量，不属于筹资活动产生的现金流量。

【提示】筹资活动产生的现金流量的正负取决于经营活动产生的现金流量是否能够支撑投资的需求，如果不能，那就需要在资本市场上进行相应规模的筹资。

一般而言，现金净流量越大，企业偿付债务的能力越强。通常来说，如果企业某一期现金净流量为负数，可能是企业扩张等原因造成的，但如果企业现金净流量连续几年为负数，就需要特别小心了。

七、看看企业的钱袋：资金充足还是"等米下锅"

现金流量表是"日子"，日子过得好不好关键在于手中有没有"银子"。企业在加速前进的时候，千万别只顾加速却忘了油箱里没油。

【案例】作为"华南五虎"之一的老牌房地产企业，富力地产的业绩一直不错。2018 年公司实现销售收入 877 亿元，与 2017 年的销售收入 593 亿元相比，增长幅度约为 48%；同年，公司实现净利润 99.62 亿元。销售收入与盈利能力均呈现良好态势，但公司的现金流却很紧张。富力地产 2018 年度现金流量表部分数据见表 2-6。

表 2-6 富力地产 2018 年度现金流量表部分数据

单位：亿元

项目	本年数	上年数
经营活动现金流入净额	−98.35	−72.87
投资活动现金流入净额	−66.30	−225.84
筹资活动现金流入净额	165.90	243.73
现金及现金等价物增加	1.25	−54.98

与销售收入同比大幅增长、净利润近百亿元相比，富力地产 2017 年、2018 年的现金流量都显得较为紧张。企业经营活动现金净流量为负数，并且负值越来越大，说明销售回款状况并不好，同时拿地占用了公司的大量资金。公司主要靠融资活动维持现金流，即靠向银行借款维持经营。

2019 年，房地产市场仍然困难重重，中大型房地产企业的资金问题陆续浮出水面。富力地产高负债压顶现金流紧张局面进一步加大，公司内部发文强调2019年下半年"原则上暂停拿地工作"，下半年工作重点为促销售、抓回款，"以完成项目销售目标为第一优先级"，要求各地区公司必须成立回款工作小组，提高回款率。

巨额借款也增加了公司的还款压力。2019年以来，富力地产不断借新还旧。截至2019年6月30日，富力地产借款余额达到1952.34亿元，较2018年末新增320亿元，新增借款占公司2018年年末净资产698亿元的比重达45.8%。新增借款很大部分用于偿还旧债，还有部分到期债务选择了续期。

【点评】利润只是"纸上富贵"，过日子还是要靠"真金白银"，企业到底是资金充足还是"等米下锅"，需要认真分析企业现金流的具体来源。

日子要过得宽松点，资金链条就不要绷得太紧。当企业要进行投资或新项目建设时，不能用利润来支付，现金才是维持项目持续运转的"硬通货"。现金流的不足是需要管理者高度关注和警惕的情形。

八、所有者权益变动表：股东们的"地盘"

所有者权益变动表是反映构成所有者权益的各组成部分当期的增减变动情况的报表，具体格式见表2-7。通过所有者权益变动表，可以了解所有者权益总量增减变动以及结构性信息，帮助管理层理解所有者权益增减变动的根源。其中的重要内容包括以下3部分。

1. 所有者投资的变化

所有者投入和减少资本通常基于企业发展需求或战略需要。当企业快速扩张、急需资金时，通常会采取增资扩股的形式筹集资金。所有者减少资本的原因较多，如基于改变企业股权结构的需求，或为了稳定股价。在企业财务状况恶化的情况下，通过减资以弥补累积亏损也是上市公司经常采用的一种做法。

所有者投入和减少资本会引起"股本"和"资本公积"发生变化。资本公积可以用作转增资本。虽然资本公积转增资本并不能导致所有者权益总额的增加，但资本公积转增资本，一方面可以改变企业资本结构，体现企业稳健、持续发展的潜力；另一方面，对股份有限公司而言，它会增加投资者持有的股份，从而增加公司股票的流通量，进而激活股价，提高股票的交易量和资本的流动性。

2. 利润分配

根据《中华人民共和国公司法》（以下简称《公司法》）等有关法规的规定，企业当年实现的净利润与年初未分配利润（或亏损）合并，即为当期可供分配利润。如果企业可供分配利润为正数（即本年累计盈利），则按以下程序进行分配。

①提取法定盈余公积。企业应按照税后净利润的 10% 提取法定盈余公积。法定盈余公积已达注册资本的 50% 时可不再提取。提取的法定盈余公积用于弥补以前年度亏损或转增资本。但转增资本后留存的法定盈余公积不得低于注册资本的 25%。

②提取任意盈余公积。任意盈余公积计提标准由股东（大）会确定，如确实需要，经股东（大）会同意后，也可用于分配。

③向股东（投资者）支付股利（分配利润）。企业以前年度未分配的利润，可以并入本年度分配。向股东支付股利后剩余的部分称为未分配利润。

3. 留存收益

留存收益，是指企业从历年实现的净利润中提取或形成的留置于企业内部的积累，包括盈余公积和未分配利润两个组成部分。留存收益可以用于扩充营运规模、投资新的企业、回购股票等。

所有者权益变动表反映了企业股东权益的变化，是股东们的"地盘"。

编制单位：

表2-7 所有者权益变动表（部分内容）

年

单位：元

项目	本年金额							上年金额						
	实收资本（或股本）	资本公积	减：库存股	盈余公积	未分配利润	所有者权益合计		实收资本（或股本）	资本公积	减：库存股	盈余公积	未分配利润	所有者权益合计
一、本年年初余额													
二、本年增减变动金额（减少以"－"填列）													
（一）综合收益总额													
（二）所有者投入和减少资本													
1.所有者投入资本													
2.股份支付计入所有者权益的金额													
3.股东减少资本													
4.其他													

034

项目	本年金额						上年金额					
	实收资本（或股本）	资本公积	减：库存股	盈余公积	未分配利润	所有者权益合计	实收资本（或股本）	资本公积	减：库存股	盈余公积	未分配利润	所有者权益合计
（三）利润分配												
1.提取盈余公积												
2.对所有者（或股东）的分配												
（四）所有者权益内部结转												
1.资本公积转增资本（或股本）												
2.盈余公积转增资本（或股本）												
3.盈余公积弥补亏损												
三、本年年末余额												

九、看看企业的股东：有哪些新的变化

始于 2015 年的轰轰烈烈的"宝万之争"于 2017 年尘埃落定。"宝万之争"演绎了股东们抢夺"地盘"的故事。

【案例】 2015 年 7 月以前，万科作为一家国有房地产上市公司，其股权相对分散，第一大股东华润集团持股比例不到 20%。2015 年 7 月，"宝能系"带着杠杆抄入万科，一个月内两度举牌，持股比例增至 10%。2015 年 12 月 4 日，"宝能系"再次增持 5.49 亿股，合计持股比例达到 20%，成功跻身万科第一大股东。在数次向大股东华润求助无果的情况下，万科开始自救，拟与深圳市地铁集团有限公司（以下简称"深圳地铁"）合作，计划由深圳地铁通过重组入主万科，但困难重重。2016 年恒大亦看中万科这一优质资源，蠢蠢欲动，万科花落谁家，一时错综复杂。证监会在严厉警告"守候在门口的野蛮人"（恶意投资者）后亲自出面协调，2017 年 6 月，恒大与深圳地铁签订协议，将持有的共 15.53 亿股万科 A 股股份出售，总对价约为 292 亿元，每股转让价格 18.80 元，恒大亏损 70.7 亿元后黯然出局。至此，加上此前从华润手上购买的股份，深圳地铁共计持有万科 29.38% 的股份，超越"宝能系"，稳坐第一大股东位置。

在整个抢夺"地盘"的过程中，各公司借助杠杆你方唱罢我登场，好戏不断，万科股东权益变动频繁。"宝能系"抄底万科的时机选择正好是在 2015 年"股灾"之后。2015 年 6 月"股灾"爆发，万科股价持续下跌，为维护公司形象、稳定股价，万科决定回购公司股票。万科 2016 年度的所有者权益变动表中归属于母公司的股东权益部分如表 2-8 所示。

表 2-8 万科 2016 年度合并所有者权益变动表（部分）

单位：万元

项目	股本	资本公积	减：库存股	…	所有者权益合计
一、本年年初余额	1 105 161.23	817 481.26	16 016.31		10 018 351.78
二、本年增减变动金额	−1 246.03	9 345.52	16 016.31		1 326 124.89

项目	股本	资本公积	减：库存股	...	所有者权益合计
（一）综合收益总额	—	—	—		2 096 828.04
（二）所有者投入和减少资本	−1 246.03	9 345.52	—		24 115.80
1.所有者投入资本	2	13.14			15.14
2.股份支付计入所有者权益的金额	—	—	—		—
3.股东减少资本	−1 248.03	−14 768.28	16 016.31		
4.其他	—	24 100.66	—		24 100.66
（三）利润分配	—	—	—		−794 818.94
1.提取盈余公积	—	—	—		—
2.对所有者（或股东）的分配	—	—	—		−794 818.94
三、本年年末余额	1 103 915.20	826 826.78	—		11 344 476.67

1.股东减少资本

万科的公告显示，2015 年 8 月 31 日该公司股东大会审议通过了《关于在人民币 100 亿元额度内回购公司 A 股股份的议案》，万科实际出资 1.6 亿元进行了回购。截至 2015 年 12 月 31 日，万科回购 A 股股份数量 1 248.03 万股，总金额为 16 016.31 万元，成交价格均在股东大会授权范围内。这批回购的股份成为公司 2015 年底的库存股。

万科 2015 年回购的股份于 2016 年注销并冲减公司的股本 1 248.03 万元及资本公积 14 768.28 万元。价值 16 016.31 万元的库存股注销后余额变成 0。

2.股东投入资本

此外，2016 年万科所有者投入资本 2 万元。2016 年万科的股票期权计划进入第 3 个行权期，共有 20 000 份期权行权，实际行权价格为 7.57 元 / 股，每股溢价 6.57 元。因此，公司股份总数相应增加 2 万元，资本公积增加 13.14 万元。

万科 2016 年底归属于母公司的股东权益总额约为 1 134 亿元，公司实力相当雄厚，难怪各方垂涎不已。

所有企业的股权之争，以及基于稳定股价进行的股权回购都能直观地从所有者权益变动表中体现出来。

十、4张财务报表之间的关系与财务人生

1. 4张财务报表之间的关系

4张财务报表分别反映了企业的财务状况、经营成果、现金流量及所有者权益变动情况，它们之间的勾稽与平衡关系可以用图2–2表示。

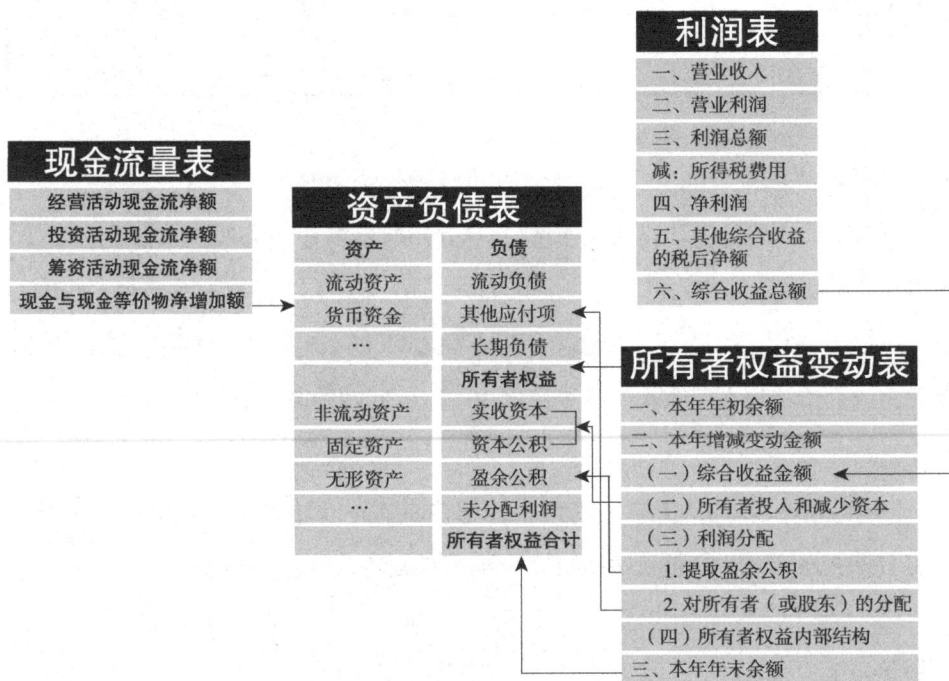

图2–2 4张财务报表之间的关系

①资产负债表是主表，始终保持"资产＝负债＋所有者权益"这一平衡关系。

②现金流量表解释了资产负债表中"货币资金"的变化情况。"现金与现金等价物净增加额"等于"货币资金"的本期增加额，即期末数－期初数。

③利润是导致所有者权益增加的重要来源，利润表的"综合收益总额"成为所有者权益变动表"综合收益金额"。

④所有者权益变动表中"所有者投入和减少资本"的本期发生额即资产负债表中"实收资本"和"资本公积"的本期增减额（期末数－期初数）。

所有者权益变动表中"提取盈余公积"的本期发生额即资产负债表中的"盈余公积"的本期增减额（期末数－期初数）。

所有者权益变动表中"对所有者（或股东）的分配"的本期发生额即资产负债表中的"其他应付项"中的应付股利的增加额（期末数－期初数）。

所有者权益变动表中"本年年初余额"和"本年年末余额"，分别对应资产负债表"所有者权益合计"的期初数和期末数。

4张财务报表就是如此巧妙地联系在一起，并通过资产负债表实现平衡。

2. 财务人生

人的一生就好比财务报表，可以分成3个阶段。

人生第一阶段：出生—初长成

我是固定资产，年龄是累计折旧，高三会加速折旧。

人生第二阶段：恋爱—结婚—生孩子

暗恋是收不回的坏账，自恋是高估资产；思念是日记账，爱情是或有事项（结果不确定）；结婚是合并报表，爱人是实收资本，孩子是应付账款。

人生第三阶段：过日子

生活是持续经营，薪水是营业收入，赚点外快是营业外收入，吵架是坏账准备，解释是会计更正，打架破皮是资产减值损失，买衣服是包装费（销售费用），自己设小金库是稳健性原则。

回忆是财务分析，旧情难忘是长期待摊费用（毫无用处），反思是内部盘点，离婚是破产清算，再婚是资产重组。白头到老则能实现企业价值最大化！

第二篇

发现经营问题，给企业做个"体检"

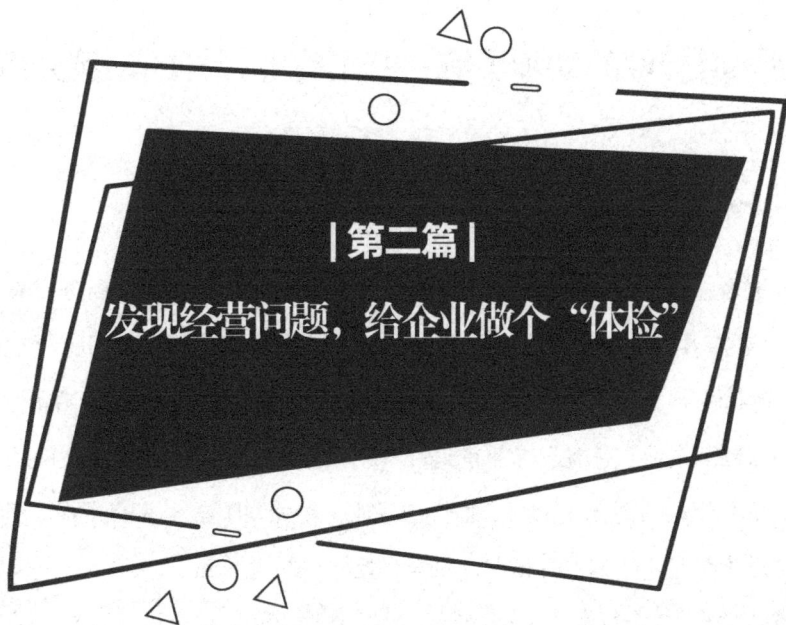

先站在行业的高度，全面了解行业特征；再深入企业内部，关注企业盈利能力、负债规模及资产管理水平。给企业把把脉，真正做到"胸中有丘壑，眼里有乾坤"。

第三章　对行业的初步了解：基于行业标杆的案例分析

　　财务报表，是企业最直接的自我陈述，报表阅读者可以从企业财务报表了解到很多信息。要想改进企业经营管理，首先需要找到企业经营中存在的问题。与企业"对话"，给企业做个"体检"，阅读财务报表是最直接有效的方式。如何给企业做"体检"，如何判断企业"体检"结果的好坏呢？需要首先了解本行业企业的特征和财务状况。站在行业的高度，全面了解行业特征，作为判断本企业的经营管理的参照标准，这样才能建立"胸中有丘壑，眼里有乾坤"的大局观。

　　本章将选择 10 个行业，并结合行业标杆企业的财务状况进行分析，帮助企业管理者了解本行业企业的财务特征及本行业标杆企业的财务状况，以作为本企业的参照物。

一、白酒行业的财务特征

　　酒是中国人民生活中的主要饮品之一，酒文化是中国文化的重要内容。我国制酒历史源远流长，杜康始作秫酒——杜康作为夏王朝的五世国王，亲自造酒。"何以解忧，唯有杜康"，酒渗透于中华文明史，从文学艺术创作、文化娱乐到饮食烹饪、养生保健等各方面，酒在中国人生活中都占有重要的位置。我国白酒行业的财务特征主要有以下几点。

1. 毛利率高，盈利能力强

白酒以粮食为主要原材料进行酿造，原材料成本较低，因此无论是生产高端白酒还是普通白酒的企业，产品毛利率都较高，企业盈利能力较强。白酒企业的盈利水平分析见表 3-1。

表 3-1 白酒企业的盈利水平分析

指标名称	2018-12-31			2017-12-31		
	贵州茅台	五粮液	老白干	贵州茅台	五粮液	老白干
毛利率（%）	91.14	73.80	61.15	89.80	72.01	62.42
营业利润率（%）	66.51	46.76	11.19	63.77	44.31	8.98
净利率（%）	51.37	35.07	9.78	49.82	33.41	6.45

3 家白酒生产企业中，贵州茅台由于其产地资源的稀缺性，其身价日益尊贵，已然成为高端品牌，成为彰显品位的象征。贵州茅台的毛利率在 90% 以上，是中国上市公司中毛利率较高的企业。五粮液作为高端白酒品牌，毛利率亦在 70% 以上。而老白干作为普通白酒品牌，毛利率也超过 60%。可见，毛利率高是白酒行业的一个普遍特征。相对于白酒行业，啤酒行业的毛利率要低得多，燕京啤酒 2018 年毛利率仅为 38.53%。

从营业利润率和净利率指标来看，3 家白酒生产企业的差距较大，尤其是老白干的营业利润率和净利率相比而言相当低下。这说明不同企业经营管理水平参差不齐，管理费用、销售费用、财务费用等各种费用在不同程度上消耗了企业的利润。白酒行业通常在产品推销方面投入较大，销售费用较高。

2. 负债规模较低，财务风险较小

白酒企业从生产工艺角度而言不需要巨额的固定资产投入，生产设备造价不高，原材料价值低，企业负债水平相对较低。白酒企业的负债水平分析见表 3-2。

表 3-2 白酒企业的负债水平分析

指标名称	2018-12-31			2017-12-31		
	贵州茅台	五粮液	老白干	贵州茅台	五粮液	老白干
资产负债率（%）	26.47	24.24	49.75	28.57	23.08	40.83
权益乘数	1.36	1.32	1.99	1.4	1.3	1.69

贵州茅台和五粮液的资产负债率均低于 30%，老白干的资产负债率亦低于 50%，可见白酒行业负债水平较低，财务风险较低。以贵州茅台为例，表 3-3 的数据显示，贵州茅台 2018 年末资产总额近 1 600 亿元，负债仅 424.38 亿元，其中预收款项为 135.76 亿元（为客户购买茅台酒预付的货款）。

表 3-3 贵州茅台部分财务数据

单位：亿元

资产	2018-12-31	2017-12-31	负债及所有者权益	2018-12-31	2017-12-31
货币资金	1 120.74	878.69	短期借款	0	0
应收票据与应收账款	5.64	12.21	应付票据与应付账款	11.78	9.92
存货	235.06	220.57	预收款项	135.76	144.29
…			…		
流动资产合计	1 378.62	1 122.49	负债合计	424.38	385.90
非流动资产合计	219.84	223.61	所有者权益合计	1 174.08	960.20
资产总计	1 598.46	1 346.10	负债与所有者权益总计	1 598.46	1 346.10

3. 流动资产占比高，货币资金充足

生产白酒的固定资产价值较低，企业资产以流动资产为主。贵州茅台 2018 年近 1 600 亿元的资产总额中，流动资产接近 1 380 亿元，非流动资产仅约 220 亿元。流动性强的资产充足。

白酒行业通常采用现销而非赊销模式，这是企业的现金流充足的原因之一。贵州茅台 2018 年货币资金高达 1 120 亿元，约占资产总额的 70%，堪称"现金为王"的典范。

二、食品加工行业的财务特征

"民以食为天"，食品加工行业是民生型行业，与老百姓的日常生活息息相关。食品加工行业，是指直接以农、林、牧、渔业产品为原料进行的谷物磨制、饲料加工、植物油和制糖加工、屠宰及肉类加工、水产品加工，以及蔬菜、水果和坚果等食品的加工行业，是广义农产品加工业的一种。因此，食品加工行业涉及的企业类型比较多。本节以牛奶生产企业为例来介绍食品加工行业的财务特征。

1. 存货周转速度快、收账期短，营业周期较短

食品具有很强的时效性，一般保质期较短，这决定了食品加工行业需要保证存货的周转速度，缩短企业生产销售的营业周期。食品加工行业的营业周期分析见表3-4。

表 3-4 食品加工行业的营业周期分析

单位：天

指标名称	2018-12-31			2017-12-31		
	伊利股份	三元股份	行业均值	伊利股份	三元股份	行业均值
应收账款周转天数	4.30	40.31	1.47	3.62	34.78	1.88
存货周转天数	37.19	40.49	71.71	38.10	42.81	66.91
营业周期	41.49	80.81	73.18	41.71	77.59	68.80

从表3-4可以看出，食品加工行业收账期短，应收账款周转天数行业均值不到2天，伊利股份平均收账期约为4天，三元股份收账期较长，需要35~40天才能收回货款，这无疑加大了公司的资本成本。伊利股份和三元股份存货周转天数比较接近，40天左右，比行业平均水平要快得多。从营业周期来看，伊利股份的营业周期较短，从购进原材料到生产出产品，再销售出去并收回货款仅需41天左右；而三元股份营业周期较长，接近81天，主要原因是收款周期较长。

2. 负债规模适中

食品加工行业的负债规模适中。表 3-5 的数据显示，2017 年资产负债率行业均值为 28.57%，2018 年上升到 37.11%，行业负债均值增幅较大。

表 3-5 食品加工行业的负债水平分析

指标名称	2018-12-31			2017-12-31		
	伊利股份	三元股份	行业均值	伊利股份	三元股份	行业均值
资产负债率（%）	41.18	55.75	37.11	48.72	33.77	28.57
权益乘数	1.7	2.26	1.59	1.95	1.51	1.4

与 2017 年相比，伊利股份 2018 年负债规模有所下降，资产负债率从 48.72% 下降到 41.18%。表 3-6 是伊利股份的资产负债表（部分）数据。数据显示伊利股份偿还了银行的短期借款 63.37 亿元，在控制财务风险方面采取了一系列的措施。2018 年公司流动资产占比下降，从 2017 年 298.45 亿元，占资产总额的 60.54%，下降到 244.55 亿元，占资产总额的 51.37%。流动资产占比下降值得关注。

表 3-6 伊利股份的资产负债表（部分）

单位：亿元

资产	2018-12-31	2017-12-31	负债及所有者权益	2018-12-31	2017-12-31
货币资金	110.51	218.23	短期借款	15.23	78.60
应收票据与应收账款	12.82	9.50	应付票据与应付账款	91.16	74.69
其中：应收账款	11.01	7.86	预收款项	44.01	41.26
存货	55.07	46.40	…		
…			负债合计	195.69	240.60
流动资产合计	244.55	298.45	…		
非流动资产合计	231.51	194.55	所有者权益合计	280.37	252.40
资产总计	476.06	493.00	负债与所有者权益总计	476.06	493.00

三元股份 2018 年的负债规模则有大幅增长，资产负债率从 2017 年的 33.77% 上升到 55.75%。这印证了前文分析——三元股份销售回款账期较长，占用了公司的

流动资金，应收账款不能及时收回，增加了企业的资金负担，企业不得不通过其他筹资方式来补充生产经营周转资金。

3. 盈利能力一般，销售费用占营业收入的比重高

食品加工行业属于竞争性行业，民生产品销售市场竞争激烈，产品的盈利能力一般。表 3-7 的数据显示，食品加工行业毛利率均值在 36% 左右，伊利股份的毛利率与行业均值基本一致，而三元股份的毛利率则低于行业平均水平。由于北京地区奶制品产品品种丰富，三元股份更需体现出价格优势才能在诸多产品中确保有市场占有率的优势。

表 3-7 食品加工行业的盈利水平分析

指标名称	2018-12-31			2017-12-31		
	伊利股份	三元股份	行业均值	伊利股份	三元股份	行业均值
毛利率（%）	37.70	33.06	36.58	37.29	29.54	36.65
营业利润率(%)	9.67	3.18	4.99	10.46	1.68	8.87
净利率（%）	8.17	2.50	0.37	8.89	1.29	5.27

表 3-8 是两家奶制品企业 2018 年营业成本和销售费用分析。伊利股份面向全国市场销售，三元股份主要针对北京市场，三元股份 2018 年营业收入为 74.56 亿元，仅为伊利股份当年营业收入的约十分之一。2018 年两家公司的营业收入均比 2017 年有所增加，说明市场份额在持续扩大。两家奶制品企业销售费用占营业收入的比重均超过 22%，进一步证明了奶制品企业在推销方面投入巨大。

表 3-8 伊利股份、三元股份 2018 年营业成本和销售费用分析

项目	伊利股份		三元股份	
	本期发生额	上期发生额	本期发生额	上期发生额
营业收入（亿元）	789.76	675.47	74.56	61.21
营业成本（亿元）	492.06	423.62	49.91	43.13
销售费用（亿元）	197.72	155.21	18.57	15.91
营业成本占营业收入比（%）	62.30	62.71	66.94	70.46
销售费用占营业收入比（%）	25.04	22.98	24.91	25.99

根据表 3-8 的数据：伊利股份 2018 年每销售价值 100 元的产品，其生产成本为 62.30 元，用于推广的销售费用为 25.04 元；三元股份 2018 年每销售价值 100 元的产品，其生产成本为 66.94 元，用于推广的销售费用为 24.91 元。盈利能力一般、销售费用占营业收入的比重高是食品加工行业的财务特征之一。

三、纺织与服装行业的财务特征

衣、食、住、行是人类生活的四大元素。"衣"居于首位，可见服装对于人们的重要性。下面以国内男装行业的标杆企业雅戈尔和中高端女装品牌朗姿为例，来介绍服装行业的财务特征。

1. 毛利率较高，销售费用高

表 3-9 的数据显示，纺织服装行业毛利率均值在 30% 左右，雅戈尔与朗姿的毛利率大大高于行业均值，均超过 50%，这与其定位是高端服装品牌有关。相对于行业标杆企业，普通服装制造企业的毛利率略低，七匹狼的毛利率始终维持在 40% 左右。

表 3-9 纺织服装行业的盈利水平分析

指标名称	2018-12-31			2017-12-31		
	雅戈尔	朗姿股份	行业均值	雅戈尔	朗姿股份	行业均值
毛利率（%）	54.84	57.95	30.76	52.14	57.35	30.62
营业利润率（%）	44.56	9	2.98	7.09	9.51	7.98
净利率（%）	38.18	7.68	0.53	2.99	8.20	6.04

朗姿的营业利润率和净利率略高于行业平均水平，雅戈尔 2017 年的利润率与净利率与行业均值接近，2018 年大大高于行业均值。下面通过两家公司 2018 年利润表中的数据进行进一步分析，见表 3-10。

表 3-10 雅戈尔、朗姿股份 2018 年度合并利润表

单位：亿元

项目	雅戈尔		朗姿	
	本期发生额	上期发生额	本期发生额	上期发生额
一、营业收入	96.35	98.40	26.62	23.53
减：营业成本	43.51	47.09	11.19	10.04
销售费用	22.00	20.21	9.57	7.72
资产减值损失	2.69	31.90	0.77	0.67
加：投资收益	34.84	31.97	3.01	1.23
二、营业利润	42.94	6.98	2.40	2.24

两家公司分别从事品牌男、女装的设计、生产与销售，主攻中高端男、女装市场。中高端成熟男、女装行业具有竞争企业众多、市场集中度低的产业特征。从表 3-10 可以看出，销售费用在两家公司的营业收入中占比都较大，2018 年两家公司销售费用占营业收入比重分别为 22.83% 和 35.95%，可见市场推广费用是服装行业的一项重要支出。

2. 主业盈利难度加大，多元化投资成为企业盈利的重要来源

从表 3-10 可知，投资收益对两家公司的营业利润均有重要贡献，朗姿 2018 年实现营业利润 2.4 亿元，其中投资收益为 3.01 亿元。投资收益是公司盈利的重要来源。

而雅戈尔在资本市场更是长袖善舞。雅戈尔 2017 年、2018 年营业利润分别为 6.98 亿元和 42.94 亿元，其中投资收益分别为 31.97 亿元和 34.84 亿元，如果扣除投资收益，其营业利润就是负值。年报资料显示，雅戈尔早就是一家多元化经营的企业了，公司从事的主要业务包括品牌服装、房地产开发和投资业务。

值得关注的是，雅戈尔 2017 年、2018 年营业利润差异巨大，其主要因素在于资产减值损失。2017 年雅戈尔计提了 31.90 亿元的资产减值损失，公司 2018 年 1 月 31 日发布的公告显示，雅戈尔 2017 年对持有的可供出售金融资产（中信股份股票资产）计提 33 亿元减值准备。这是导致 2017 年利润低下的主要原因。

2018 年雅戈尔拟变更股权投资核算方法，将使企业利润大幅提升。不过此次变更遭受到证监会的关注并下达了监管工作函，雅戈尔最终放弃了股权投资核算方法变更。

3. 存货周转速度较慢，与多元化投资有关

表 3-11 是两家公司及行业的营业周期数据。雅戈尔、朗姿的存货周转天数均超过行业均值。

表 3-11　纺织与服装行业的营业周期分析

单位：天

指标名称	2018-12-31			2017-12-31		
	雅戈尔	朗姿	行业均值	雅戈尔	朗姿	行业均值
应收账款周转天数	12.27	49.86	25.92	10.52	56.96	21.67
存货周转天数	1058.82	279.07	65.45	857.14	258.99	63.05
营业周期	1071.10	328.93	91.37	867.66	315.95	84.72

2018 年雅戈尔的存货周转天数约为 1 059 天，差不多 3 年时间才能周转一次，大大超过行业均值，这与其从事房地产经营有关，更符合房地产行业的存货周转特征，这从雅戈尔 2018 年的资产负债表中可以得到进一步证实。资产负债表数据显示，雅戈尔 2018 年期末存货为 145 亿元，其中房地产存货为 130 亿元。

2018 年朗姿的存货周转天数约为 280 天，远远超过了行业均值。存货周转较慢是纺织与服装行业的显著的财务特征之一。

四、家电行业的财务特征

受益于中国城镇化建设和居民"消费升级"的需求，家电行业发展迅速，成长出多家优秀企业，并展现出一定的国际竞争力。下面以格力电器和海尔为例，来介绍家电行业的财务特征。

1. 竞争激烈，利润空间缩小

家电行业发展迅速，也使本行业竞争日趋激烈。表3-12 的数据显示，2017 年、2018 年家电行业毛利率均值为26% 左右，格力电器和海尔的毛利率略高于行业均值，接近30%。家电行业 2018 年营业利润率和净利率亦呈现下滑趋势。

表 3-12 家电行业的盈利水平分析

指标名称	2018-12-31			2017-12-31		
	格力电器	海尔	行业均值	格力电器	海尔	行业均值
毛利率（%）	30.23	29	26.20	32.86	31.10	27.68
营业利润率（%）	15.50	6.21	3.36	17.42	6.17	5.57
净利率（%）	13.31	5.33	2.04	15.18	5.52	3.94

格力电器的营业利润率和净利率远高于行业均值。可以通过分析格力电器的利润表中的数据（见表3-13）进行进一步了解。

表 3-13 格力电器 2018 年度合并利润表及百分比分析

项目	2018 年度		2017 年度	
	本年数（亿元）	占收入百分比（%）	本年数（亿元）	占收入百分比（%）
一、营业收入	2 000.24	100	1 500.2	100
减：营业成本	1 382.34	69.11	995.63	66.37
税金及附加	17.42	0.87	15.13	1.01
销售费用	189	9.45	166.6	11.11
管理费用	43.66	2.18	24.54	1.64
研发费用	69.88	3.49	36.18	2.41
财务费用	-9.48	-0.47	4.31	0.29
资产减值损失	2.62	0.13	2.65	0.18
加：其他收益	4.09	0.20	4.02	0.27
投资收益	1.07	0.05	3.97	0.26
公允价值变动收益	0.46	0.02	0.09	0.01
二、营业利润	309.97	15.50	261.26	17.42

表3-13 的数据显示，格力电器的各项费用，除销售费用占收入百分比较高（2017

年占比 11.11%，2018 年占比 9.45%）以外，其他各项费用占收入百分比都较低，企业在控制成本费用方面非常有效。而且财务费用占收入百分比非常低，2017 年财务费用占收入百分比为 0.29%，2018 年财务费用为负值，意味着利息收入大于利息支出，这为格力电器的盈利做出了贡献。其他收益、投资收益、公允价值变动收益数额均较小，对企业利润的贡献有限。可以说，格力电器保持较高的营业利润率主要归功于对成本、费用的控制。

2. 负债水平较高

表 3-14 的数据显示，2017 年家电行业的资产负债率的均值为 66.67%，2018 年有所下降，但仍超过 50%。2017 年和 2018 年格力电器和海尔的资产负债率均超过60%，高于行业均值。虽然负债水平较高，但表 3-13 显示，2018 年格力电器的财务费用为负值，表明格力电器并未因为高负债产生较高的利息费用，说明负债中有息负债的比例较低，无息负债占比应该较高。关于无息负债，本书将在第四章进行更深入的分析。

表 3-14 家电行业的负债水平分析

指标名称	2018-12-31			2017-12-31		
	格力电器	海尔	行业均值	格力电器	海尔	行业均值
资产负债率（%）	63.10	66.89	53.05	68.94	69.51	66.67
权益乘数	2.71	3.02	2.13	3.22	3.28	3

3. 存货周转速度较快，营业周期较短

随着网络技术及智能家居的快速发展，家电产品更新换代十分迅速，这导致家电行业存货周转速度较快。家电行业的营业周期分析见表 3-15。

表 3-15 家电行业的营业周期分析

单位：天

指标名称	2018-12-31			2017-12-31		
	格力电器	海尔	行业均值	格力电器	海尔	行业均值
应收账款周转天数	12.28	22.90	29.03	10.49	27.71	26.16

指标名称	2018-12-31			2017-12-31		
	格力电器	海尔	行业均值	格力电器	海尔	行业均值
存货周转天数	47.62	62.07	65.69	46.27	60.50	65.93
指标名称	2018-12-31			2017-12-31		
	格力电器	海尔	行业均值	格力电器	海尔	行业均值
营业周期	59.90	84.97	94.73	56.76	88.22	92.10

表 3-15 的数据显示，家电行业有一定的收账期，应收账款周转天数的行业均值为 30 天左右，格力电器的平均收账期为 12 天左右；海尔的平均收账期略长，需要 23~28 天才能收回货款。存货周转天数的行业均值约为 66 天，即从购进原材料到生产出产品，再到销售出去大约需要两个月的时间。格力电器的存货周转速度比行业平均水平要快，海尔的存货周转天数与行业基本持平。总体来看，格力电器的营业周期短于行业均值，资产管理水平较高。

五、房地产行业的财务特征

近一二十年来房地产在我国经济建设中发挥了重要作用，有关数据显示，全国注册的大大小小的房地产企业有 6 万多家，有楼盘在开发或者销售的房地产企业有 2 万多家。房地产行业的财务特征主要有 3 点。

1. 负债率高，需关注企业的有息负债水平

房地产行业具有资金投入较大、建设周期较长的特征，企业通常需要依赖外部融资来满足资金周转的需求。因此房地产行业一直具有负债水平高的特征。以 A 股上市房地产公司为例，2017 年房地产上市公司有息负债余额增速虽然较 2015 年、2016 年有明显回落，但仍旧以 25% 以上的速度增长。2018 年，上市房地产公司有息债务规模已经接近 3 万亿元，平均资产负债率依旧在 70% 以上。在去杠杆的背景下，多数行业的杠杆率都有不同程度的降低，而 2017 年房地产行业整体负债率较 2016 年反而增加了 2.2%，保持高杠杆模式。

表 3–16 是房地产上市公司的负债水平分析。

表 3–16 房地产上市公司的负债水平分析

指标名称	2018–12–31			2017–12–31		
	万科 A	金地集团	行业均值	万科 A	金地集团	行业均值
资产负债率（%）	84.59	76.13	75.12	83.97	72.14	71.91
权益乘数	6.49	4.19	4.02	6.24	3.59	3.56

由表 3–16 可以看到，2017 年、2018 年房地产行业平均资产负债率均超过 70%，且呈现上升趋势。金地集团的资产负债率与行业基本持平，万科 2018 年资产负债率为 84.59%，高于行业平均资产负债率；万科 2017 年的资产负债率也超过行业平均水平，但这并不意味着其债务资本成本高。因为企业负债按其是否需要支付利息费用分为有息负债和无息负债，万科的无息负债比重大，因此并不需要对这部分负债支付利息费用，因此债务资本成本并不高。

2. 存货水平高，周转周期长

从万科的财务报表中可以看到，其存货高达 7 500 亿元，占资产总额的一半左右。存货中包含购置的用于开发的储备土地、在建的房地产项目等，这与房地产行业前期拿地成本高、生产周期长等特征相关。房地产行业的营业周期分析见表 3–17。

表 3–17 房地产行业的营业周期分析

单位：天

指标名称	2018–12–31			2017–12–31		
	万科 A	金地集团	行业均值	万科 A	金地集团	行业均值
应收账款周转天数	1.83	0.59	1.25	2.60	0.59	1.27
存货周转天数	1 285.71	1 241.38	6.26	1 200.00	1 161.29	14.01
营业周期	1 287.54	1 241.97	7.51	1 202.60	1 161.88	15.27

房地产行业采用预售制，因此回款速度快，表 3–17 的数据显示，房地产行业应收账款周转天数的行业均值仅不到 2 天。但两家公司的存货周转天数都在 1 200 天左右，大约 3 年时间，这与大型房地产企业囤地较多导致存货数额大有关。

存货占用了公司的大量资金，因此，加快销售、减少库存、回笼资金一直都是房地产企业的重要经营策略之一。

3. 盈利水平趋于平稳

我国房地产行业在发展初期经历了暴利阶段，随着市场趋于饱和以及国家宏观调控政策的影响，房地产行业盈利水平趋于正常、平稳。上市房地产公司的盈利水平分析见表3-18。

表3-18 上市房地产公司的盈利水平分析

指标名称	2018-12-31			2017-12-31		
	万科A	金地集团	行业均值	万科A	金地集团	行业均值
毛利率（%）	37.48	42.68	34.60	34.10	34.25	31.60
营业利润率（%）	22.67	29.94	2.73	20.92	30.95	22.11
净利率（%）	16.55	24.06	-16.23	15.32	25.39	11.03

从表3-18可以看出，我国上市房地产公司的毛利率在30%左右，与其他行业相比，已属于正常的盈利水平。万科的毛利率略高于行业平均水平，金地集团的毛利率水平则更高。2018年行业的平均营业利润率为2.73%、平均净利率为-16.23%，与2017年相比有大幅下降，说明行业内企业分化加剧，"房住不炒"的国家政策对房地产企业的影响仍在持续。

房地产行业是深受国家宏观政策影响的行业，近期房地产市场有新变化：一方面多地出台新一轮房地产调控政策；另一方面债券监管未松、资管新规落地，对房地产公司融资将会产生持续影响。关注国家房地产政策变化，确保资金链畅通、避免资金链断裂、加快产品销售是房地产企业在经营中需要特别关注的重点。

六、汽车行业的财务特征

随着中国经济的高速发展，大众对汽车的需求近年来一直呈现上升趋势。数据显示，我国连续8年成为全球机动车产销第一的国家。近年来，我国汽车工业趋于成熟，产业链配套趋于完善，更在技术革新上实现了突破。下面以生产传统油车的上汽集团、一汽轿车，以及生产电动车的比亚迪为例，来介绍汽车行业的财务特征。

1. 行业毛利率较低，盈利能力呈下降趋势

表 3-19 的数据显示，2017 年、2018 年汽车整车行业毛利率均值为 21% 左右，与"衣食住行"中的服装行业、食品行业相比，汽车行业毛利率偏低，其中一汽轿车的毛利率与行业平均水平基本持平，高于上汽集团和比亚迪。整体来看，汽车行业 2018 年的毛利率低于 2017 年的毛利率，3 家汽车生产企业 2018 年的毛利率、营业利润率和净利率与 2017 年相比大部分数据呈现下降趋势。这与市场趋于饱和，以及大中城市基于城市规划和环保因素开展的限购政策有一定的关系。

表 3-19 汽车行业的盈利能力分析

指标名称	2018-12-31				2017-12-31			
	上汽集团	一汽轿车	比亚迪	行业均值	上汽集团	一汽轿车	比亚迪	行业均值
毛利率（%）	13.25	20.16	16.40	20.37	13.47	22.48	19.01	21.90
营业利润率（%）	5.95	1.74	3.26	3.59	6.22	1.68	5.11	7.18
净利率（%）	5.45	0.87	2.73	2.59	5.49	1.14	4.64	5.83

汽车行业面向广大社会消费者，市场竞争激烈，同样需要通过电视广告等宣传手段扩大产品的影响力，因此销售费用是企业的一项重要费用开支。表 3-20 的数据显示：2018 年一汽轿车实现营业收入 262.44 亿元，发生销售费用 26.46 亿元，约占营业收入的 10%；2018 年上汽集团实现营业收入 9 021.94 亿元，发生销售费用 624.23 亿元，占营业收入的 6.91%。销售费用高是导致汽车行业营业利润率偏低的一个重要因素。

表 3-20 一汽轿车、上汽集团 2018 年度利润数据

单位：亿元

项目	一汽轿车		上汽集团	
	本期发生额	上期发生额	本期发生额	上期发生额
一、营业收入	262.44	279.02	9 021.94	8 706.39
减：营业成本	209.54	216.29	7 699.86	7 423.82

项目	一汽轿车		上汽集团	
	本期发生额	上期发生额	本期发生额	上期发生额
销售费用	26.46	27.48	624.23	611.21
加：投资收益	6.52	3.73	331.26	308.12
二、营业利润	4.57	4.69	536.74	541.10

与服装行业类似，汽车行业通过多元化投资获得投资收益是企业盈利的重要途径。一汽轿车 2018 年实现投资收益 6.52 亿元，超过其营业利润 4.57 亿元。上汽集团 2018 年实现投资收益 331.26 亿元，占其营业利润 536.74 亿元的 62%。

一汽轿车的毛利率比上汽集团的毛利率高，但其销售费用占营业收入的比重也比上汽集团的高，导致一汽汽车营业利润率及净利率均比上汽集团的低。

2. 负债水平偏高

表 3-21 的数据显示，我国汽车行业的资产负债率均值为 60% 左右，3 家汽车生产企业中，比亚迪的资产负债率最高，超过 66%，一汽轿车的资产负债率最低，在 56% 左右。总体来看，汽车行业的资产负债率偏高。

表 3-21 汽车行业的负债水平分析

指标名称	2018-12-31				2017-12-31			
	上汽集团	一汽轿车	比亚迪	行业均值	上汽集团	一汽轿车	比亚迪	行业均值
资产负债率（%）	63.64	56.14	68.85	59.68	62.41	56.90	66.33	61.24
权益乘数	2.75	2.28	3.21	2.48	2.66	2.32	2.97	2.58

3. 存货周转速度较快，收账期变长

表 3-22 中有关汽车行业的营业周期数据显示，2018 年该行业存货周转天数行业均值为 44 天左右，存货周转速度较快，即从购进原材料、零部件到生产组装出整车并销售出去仅需要 44 天左右的时间。其中，上汽集团的存货周转速度最快，比亚迪最慢，存货周转天数约为 76 天。

汽车行业应收账款收账期相对较长，2017 年行业平均收账期约为 38 天，2018

年约为 50 天。上汽集团和一汽轿车回款速度都大大快于行业平均水平，比亚迪 2017 年的平均收账期为 159 天左右，2018 年的平均收账期为 140 天左右，导致其营业周期大大长于行业平均水平。

表 3-22 汽车行业的营业周期分析

单位：天

指标名称	2018-12-31				2017-12-31			
	上汽集团	一汽轿车	比亚迪	行业均值	上汽集团	一汽轿车	比亚迪	行业均值
应收账款周转天数	15.17	11.83	140.08	50.21	13.70	2.24	159.29	38.01
存货周转天数	25.48	37.85	76.43	43.96	21.11	41.81	78.09	39.43
营业周期	40.65	49.69	216.51	94.17	34.82	44.05	237.38	77.45

相比而言，上汽集团和一汽轿车的营业周期都大大短于行业均值。老牌传统汽车企业在资产管理方面表现出较强的优势。

七、钢铁行业的财务特征

钢铁工业是我国重要的基础工业，是发展国民经济与国防建设的物质基础，钢产量或人均钢产量通常被认为是衡量各国经济实力的一项重要指标。在我国经济建设迅速发展的过程中，钢铁企业成长很快，钢产量持续上升。但近年受到国家环境保护等政策的影响，钢铁行业增长速度呈现下降趋势。钢铁行业作为传统重工业行业，表现出显著的规模效应特征。

1. 行业毛利率低，盈利空间有限

表 3-23 的数据显示，钢铁行业毛利率均值为 15% 左右，毛利率水平在所有上市公司行业板块中排名靠后。

表 3-23 钢铁行业的盈利水平分析

指标名称	2018-12-31			2017-12-31		
	河钢股份	沙钢股份	行业均值	河钢股份	沙钢股份	行业均值
毛利率（%）	14.30	22.41	15.62	12.37	18.17	14.91
营业利润率（%）	4.44	20.03	5.84	2.84	15.28	4.26
净利率（%）	3.62	15.42	5.71	1.95	11.41	4.28

具体来看，河钢股份的毛利率、营业利润率和净利率均低于行业均值。沙钢股份作为民营钢铁上市公司，盈利水平显著高于行业平均水平，2018年毛利率超过20%，属于钢铁行业中的佼佼者。

钢铁企业面向企业用户，一般不需要进行大量的广告投入，销售费用等期间费用占比不高。钢铁行业内企业数量众多导致市场竞争激烈，此外，钢铁行业铁矿石等原材料依赖进口，原材料价格受到国际市场价格的影响，进一步加剧了产品成本居高不下，导致钢铁行业产品毛利率低下。钢铁企业普遍注重主业经营，投资收益数额均偏小，对企业的营业利润贡献有限。

2. 负债水平偏高

表 3-24 的数据显示，我国钢铁行业的资产负债率的行业均值在 60% 左右；河钢股份的资产负债率超过 70%，企业负债水平较高；沙钢股份的资产负债率仅为 35% 左右，企业负债水平大大低于行业均值，财务风险较低。

表 3-24 钢铁行业的负债水平分析

指标名称	2018-12-31			2017-12-31		
	河钢股份	沙钢股份	行业均值	河钢股份	沙钢股份	行业均值
资产负债率（%）	71.75	34.64	60.16	74.94	36.31	57.45
权益乘数	3.54	1.53	2.51	3.99	1.57	2.35

表 3-25 的数据进一步显示，2018 年河钢股份的负债总额为 1 497.95 亿元，其中流动负债达到 1 287.21 亿元，占负债总额的 86%，企业的短期偿债压力较大。

3. 重工业行业，固定资产占比高

钢铁行业作为重工业行业，基础设施及产品生产设备的投入巨大，企业资产结构体现出明显的非流动资产占比高、流动资产占比低的特征。河钢股份合并资产负债表数据见表3-25。

表3-25 河钢股份合并资产负债表（部分）

单位：亿元

资产	2018-12-31	2017-12-31	负债及所有者权益	2018-12-31	2017-12-31
货币资金	281.5	170.15	短期借款	528.47	432.35
应收票据与应收账款	131.76	88.34	应付票据与应付账款	554.09	563.39
存货	222.48	231.47	流动负债合计	1 287.21	1 232.41
流动资产合计	660.67	523.33	长期借款	90.1	131.00
固定资产	1 183.87	1 111.10	非流动负债合计	210.74	292.48
在建工程	190.54	212.95	负债合计	1 497.95	1 424.89
非流动资产合计	1 426.80	1 379.14	股东权益合计	589.51	476.59
资产总计	2 087.46	1 901.48	负债与所有者权益总计	2 087.46	1 901.48

表3-25河钢股份的合并资产负债表数据显示，2018年公司资产总额为2 087.46亿元，非流动资产总额为1 426.80亿元，接近资产总额的70%。存货为222.48亿元，占资产总额的10.66%，与其他行业相比，存货占资产总额比重并不高。

4. 收账期短，营业周期较短

表3-26中的钢铁行业的营业周期数据显示，行业应收账款收账期短，平均收账期在2天左右，河钢股份收账期限相对较长，在8~10天。行业存货周转天数为50天左右。河钢股份的存货周转速度较慢，2017年存货周转天数约为100天，2018年缩短到约79天。

表 3-26 钢铁行业的营业周期分析

单位：天

指标名称	2018-12-31			2017-12-31		
	河钢股份	沙钢股份	行业均值	河钢股份	沙钢股份	行业均值
应收账款周转天数	9.77	1.20	2.54	7.70	1.48	1.29
存货周转天数	78.77	52.71	51.95	99.72	61.22	52.63
营业周期	88.54	53.91	54.49	107.42	62.70	53.92

相比而言，沙钢股份在盈利能力、负债水平及资产管理水平方面都显著优于河钢股份。民营钢铁企业表现出比国有企业更强的优势。

八、计算机应用行业的财务特征

计算机技术广泛应用于各行各业，计算机应用行业也成为当前发展最为迅速的行业之一。下面以科大讯飞和华宇软件为例，来介绍计算机应用行业的财务特征。

1. 毛利率较高，期间费用高

表 3-27 的数据显示，计算机应用行业毛利率均值在 40% 左右，2018 年科大讯飞与华宇软件的毛利率都高于行业均值，均超过 40%。

表 3-27 计算机应用行业的盈利水平分析

指标名称	2018-12-31			2017-12-31		
	科大讯飞	华宇软件	行业均值	科大讯飞	华宇软件	行业均值
毛利率（%）	50.02	43.42	40.15	51.38	40.59	41.78
营业利润率(%)	7.93	20.00	7.12	9.91	18.06	10.57
净利率（%）	7.81	18.05	6.28	8.80	16.03	10.22

华宇软件的营业利润率和净利率大大高于行业平均水平，科大讯飞 2018 年的营业利润率年与行业均值基本持平，净利率略高于行业均值。我们通过科大讯飞利润表数据（见表 3-28）进行进一步分析。

表 3-28 科大讯飞合并利润表及百分比分析（部分）

项目	2018 年度		2017 年度	
	本年数（亿元）	占收入百分比（%）	本年数（亿元）	占收入百分比（%）
一、营业收入	79.17	100	54.45	100
减：营业成本	39.57	49.98	26.47	48.61
销售费用	17.26	21.80	11.11	20.40
管理费用	9.47	11.96	5.81	10.67
研发费用	9.39	11.86	5.96	10.95
财务费用	−0.17	−0.21	−0.26	−0.48
加：其他收益	3.52	4.45	1.02	1.87
投资收益	0.75	0.95	0.49	0.90
二、营业利润	6.28	7.93	5.40	9.92
投资收益	1.07	0.05	3.97	0.26
公允价值变动收益	0.46	0.02	0.09	0.01
三、营业利润	309.97	15.50	261.26	17.42

结合表 3-27 和表 3-28 可以看出，科大讯飞虽然毛利率较高，营业成本占营业收入百分比不到 50%，但销售费用占营业收入百分比为 21.80%，管理费用、研发费用占营业收入百分比均为 12%。研发投入作为一项持续性的投入呈现上升趋势，这符合计算机应用等高科技行业的特征。而且，市场推广费用也是计算机应用行业的一项重要支出。

2. 负债规模较低，财务风险较小

表 3-29 的数据显示，计算机应用行业负债水平相对较低，行业资产负债率均值不到 40%。科大讯飞在 2018 年的负债水平相比 2017 年有所上升，且均高于行业平均水平。华宇软件的资产负债率较低，企业财务风险较低。

表 3-29 计算机应用行业的负债水平分析

指标名称	2018-12-31			2017-12-31		
	科大讯飞	华宇软件	行业均值	科大讯飞	华宇软件	行业均值
资产负债率（%）	46.24	25.93	39.02	40.48	26.47	35.90
权益乘数	1.86	1.35	1.64	1.68	1.36	1.56

3.收账期长，营业周期较长

表3-30计算机应用行业的营业周期数据，科大讯飞和华宇软件的收账期和存货周转天数均长于行业均值。

表3-30 计算机应用行业的营业周期数据

单位：天

指标名称	2018-12-31			2017-12-31		
	科大讯飞	华宇软件	行业均值	科大讯飞	华宇软件	行业均值
应收账款周转天数	135.34	104.05	98.09	144.00	83.33	43.64
存货周转天数	87.80	140.08	6.41	101.69	123.29	0.90
营业周期	223.14	244.12	104.50	245.69	206.62	44.53

计算机应用行业2017年应收账款周转天数行业均值约为44天，2018年增加到约98天，收账期进一步延长，科大讯飞和华宇软件的收账期都超过行业均值。2017年的存货周转天数行业均值约为1天，2018年约为6天；科大讯飞2017年的存货周转天数约为102天，2018年缩短为约88天，华宇软件的存货周转天数均超过了120天，大大超过行业均值。

【提示】行业均值仅仅是个均值。有个笑话说1个亿万富翁周边住了10个穷光蛋，经过平均后得出结论，这个区域有11个千万富翁。这就是常常提到的"被平均"。因此，行业均值容易受到极端值的影响。行业均值仅仅是个参考指标，进行分析时，对行业均值的态度是：要关注，但不要迷信。我们更需要注意被行业均值掩盖的个体企业的差异。

九、中药行业的财务特征

中药作为中国传统文化及医药技术的一部分，越来越受到世界的认可。下面以同仁堂和云南白药为例来介绍中药行业的财务特征。

1. 毛利率较高，销售费用高

表 3-31 的数据显示，中药行业毛利率均值在 50% 左右，同仁堂和云南白药的毛利率都低于行业均值。

表 3-31 中药行业的盈利水平分析

指标名称	2018-12-31			2017-12-31		
	同仁堂	云南白药	行业均值	同仁堂	云南白药	行业均值
毛利率（%）	46.75	30.55	52.07	46.24	31.19	51.91
营业利润率（%）	16.03	14.35	13.11	16	14.89	12.91
净利率（%）	12.83	12.32	10.14	13.02	12.88	9.83

但同仁堂和云南白药的营业利润率和净利率都高于行业平均水平，说明两家中药企业在企业管理方面优于其他中药行业企业。

2. 货币资金充足，存货较多，流动资产比重高

中成药炮制过程复杂，原材料呈现明显的季节性特征，企业通常需要保持一定库存以维持生产需要，一般采用现金销售方式，企业现金流充足。同仁堂合并资产负债表数据见表 3-32。

表 3-32 同仁堂合并资产负债表数据

单位：亿元

资产	2018-12-31	2017-12-31	负债及所有者权益	2018-12-31	2017-12-31
货币资金	68.58	59.07	短期借款	3.65	3.78
应收票据与应收账款	22.79	23.48	应付票据与应付账款	28.51	27.02
预付款项	2.72	2.60	预收款项	3.45	2.70
存货	62.89	59.12	长期借款	1.16	1.30
流动资产合计	160.14	146.83	应付债券	7.99	7.98
			负债合计	59.48	55.40
非流动资产合计	44.63	40.25	股东权益合计	145.29	131.68
资产总计	204.77	187.08	负债与所有者权益总计	204.77	187.08

表 3-32 中的同仁堂合并资产负债表数据显示，公司 2018 年资产总额为 204.77 亿元，其中流动资产为 160.14 亿元，占资产总额的比重为 78.2%，流动资产中金额最大的两项分别是货币资金和存货。货币资金为 68.58 亿元，占资产总额的 33.49%；存货总额为 62.89 亿元，占资产总额的 30.71%；两项合计占资产总额的 64% 以上，流动资产占比相当高。

3. 负债水平较低，财务风险较小

表 3-33 的数据显示，中药行业负债水平相对较低，行业资产负债率均值不到 40%。同仁堂和云南白药 2018 年的资产负债率与 2017 年基本持平，且都低于行业平均水平。企业财务风险较低。

表 3-33 中药行业的负债水平分析

指标名称	2018-12-31			2017-12-31		
	同仁堂	云南白药	行业均值	同仁堂	云南白药	行业均值
资产负债率（%）	29.08	34.21	39.39	29.58	34.64	37.89
权益乘数	1.41	1.52	1.65	1.42	1.53	1.61
净利率（%）	12.83	12.32	10.14	13.02	12.88	9.83

从表 3-32 中的同仁堂合并资产负债表数据还可以看到，同仁堂不仅负债规模小，而且负债最大金额来自应付票据与应付账款，即无息流动负债；公司的短期借款、长期借款及应付债券等有息负债总额仅 13 亿元左右。公司债务资本成本低，财务费用低。

4. 存货周转速度慢，营业周期较长

表 3-34 是同仁堂、云南白药及中药行业的营业周期数据。两家公司的收账期较短，低于行业均值，但存货周转天数均长于行业均值。

表 3-34 中药行业的营业周期分析

指标名称	2018-12-31			2017-12-31		
	同仁堂	云南白药	行业均值	同仁堂	云南白药	行业均值
应收账款周转天数	30.00	20.81	39.34	28.24	16.63	44.23
存货周转天数	290.32	180.90	17.07	281.25	167.44	3.88

指标名称	2018-12-31			2017-12-31		
	同仁堂	云南白药	行业均值	同仁堂	云南白药	行业均值
营业周期	320.32	201.71	56.41	309.49	184.07	48.10

中药行业 2017 年应收账款周转天数的均值约为 44 天，2018 年缩短到约 40 天，同仁堂、云南白药的收账期都短于行业均值，分别在 30 天和 20 天左右。存货周转天数行业均值 2017 年约为 4 天，2018 年约为 17 天，云南白药 2017 年的存货周转天数约为 167 天，2018 年约为 181 天；同仁堂 2018 年的存货周转天数超过了 290 天，大大超过行业均值。

十、证券行业的财务特征

金融与证券行业与以上九大行业不同，金融企业遵循《金融企业会计制度》编制财务报表，其报表格式与其他企业也不一样。但金融与证券行业在全球各国经济中发挥着越来越重要的作用，所有经济社会的参与者都与金融有着或多或少的联系。接下来以中信证券和国泰君安为例，来介绍证券行业的财务特征。

1. 盈利能力不稳定，受宏观经济环境及市场行情影响大

证券公司的传统通道类业务包括经纪业务、承销和保荐业务、资产管理业务、投资咨询业务、财务顾问业务等。经纪业务是指证券公司利用自己的交易通道代理客户进行相关证券的买卖，是典型的交易通道型业务。证券公司利用其拥有的"各类通道"为客户提供服务并获得经营收入，通过扩大客户规模可获得收入的大幅增长。这类传统的盈利模式受市场行情影响较大。证券行业的盈利水平分析见表 3-35。

表 3-35 证券行业的盈利水平分析

指标名称	2018-12-31			2017-12-31		
	中信证券	国泰君安	行业均值	中信证券	国泰君安	行业均值
营业利润率（%）	32.34	40.88	10.62	37.53	56.54	35.88
净利率（%）	26.53	31.12	-241.93	27.67	44.04	76.49

表 3-35 的数据显示，2017 年证券行业的营业利润率均值为 35.88%，2018 年则降至 10.62%。2017 年净利率行业均值为 76.49%，2018 年则为负值。这与 2017 年股市行情较平稳，2018 年受宏观经济影响、股市下跌这一大背景紧密相关。2018 年中信证券与国泰君安的营业利润率和净利率均大大高于行业均值，表现出很强的盈利能力。

2. 负债水平高，财务杠杆高

证券公司的收入结构主要以经纪、承销和自营这三大传统业务为主，融资融券等资本中介业务也开始逐渐成为其主要的收入来源。

证券公司在开展经纪业务、承销业务、融资融券等业务时会形成相应的负债。例如，在开展经纪业务的过程中，证券公司不会垫付资金，而且收到来自客户的代理买卖证券款，并按照相关规定将收到的款项全部存入指定的商业银行。证券公司收到的款项即"代理买卖证券款"，属于证券公司的负债。由此可见，证券公司的这部分负债并不同于一般企业的负债，证券公司不能自主决定其资金用途，也不能将客户的代理买卖证券款挪作他用，并且应该与证券公司的资产严格区分。证券行业的负债水平分析见表 3-36。

表 3-36 证券行业的负债水平分析

指标名称	2018-12-31			2017-12-31		
	中信证券	国泰君安	行业均值	中信证券	国泰君安	行业均值
资产负债率(%)	75.96	69.42	85.96	75.49	69.04	86.61
权益乘数	4.16	3.27	7.12	4.08	3.23	7.47

表 3-36 的数据显示，证券行业的资产负债率均值达到 85% 以上，可见传统经纪业务仍然是证券企业的主要收入来源。中信证券与国泰君安的资产负债率均低于行业均值，说明传统经纪业务在这两家公司中所占比例在缩小，资产管理、融资融券等创新业务的比重逐渐加大。

值得说明的是，对于证券公司，财务杠杆高并不一定意味着财务风险大。事实上，证券公司通过收取佣金来获利，经纪业务的亏损风险仍然由客户承担。

第四章 企业财务风险诊断

第三章选择了 10 个行业来分析行业财务特征。行业，是企业生存的背景，行业特征及本行业标杆企业的财务特征，能在一定程度上提供判断本企业经营管理的标准。本章首先介绍如何诊断企业的财务风险。

财务风险，通俗地讲，就是企业不能偿还到期债务的风险。如果企业不能到期偿还债务，债权人可以向法院申请债务人破产清算以清偿债务。财务风险，是悬在企业头顶的一把剑。

一、资产负债率：初识企业的负债水平

企业的负债水平也是企业的资本结构。资本结构，就是企业各种资本的构成及其比例关系，如资产和负债的比例关系以及负债和所有者权益的比例关系等。对于正常经营的企业来说，企业会保持适度的负债水平，维持企业一贯的资本结构。对企业资本结构的分析也是对企业长期偿债风险的判断，企业的长期偿债风险就是企业资产偿还全部债务的风险。

1. 资产负债率

资产负债率也称为负债比率，其计算公式如下。

资产负债率＝负债总额÷资产总额

资产负债率反映债权人提供的资本占全部资本的比例，也叫举债经营能力。从长期来看，企业的负债都是企业未来需要以资产偿还的义务，因此资产负债率也反映了公司的长期偿债风险。

对于资产负债率，从债权人角度来看，企业的该指标值越低越好，这样企业还账就更有保障。从股东的立场看，在全部资本利润率高于借款利率时，负债越大越好，这样企业可以利用财务杠杆提高资本收益率。一般而言，企业会保持适度借债，资产负债率为 50% 左右比较合适，资产负债率高于 70% 时企业的长期偿债风险就较高了。

资产负债率有两个变形的指标：产权比率和权益乘数，也同样反映了企业的资本结构。

2. 产权比率

产权比率＝负债总额÷所有者权益总额

产权比率是负债总额与所有者权益总额的比率，是评估资本结构合理性的一种指标。一般公认的资产负债率为 50% 比较合适，因此产权比率的公认标准值为 1。产权比率高，是高风险、高报酬财务结构的表现；产权比率低，是低风险、低报酬财务结构的表现。

3. 权益乘数

权益乘数是反映财务风险的另一个常用指标。"乘数"即"倍数"，权益乘数表明资产对净资产的倍数。其计算公式如下。

权益乘数＝资产总额÷所有者权益总额

从计算公式可以看出，权益乘数和产权比率之间存在以下关系。

权益乘数＝产权比率＋1

权益乘数越大，资产与净资产差额越大，负债总额就越大，企业的财务风险就越高，财务杠杆的作用也越大。反之亦然。

接下来以纺织与服装行业为例进行分析。纺织与服装行业的负债水平分析见表4-1。

表 4-1 纺织与服装行业的负债水平分析

指标名称	2018-12-31			2017-12-31		
	朗姿	雅戈尔	行业均值	朗姿	雅戈尔	行业均值
资产负债率（%）	41.18	62.41	36.71	45.65	63.50	40.12
产权比率	0.70	1.66	0.58	0.84	1.74	0.67
权益乘数	1.7	2.66	1.58	1.84	2.74	1.67

表 4-1 的数据显示，纺织与服装行业的平均负债水平较低，2017 年的资产负债率为 40.12%，2018 年的资产负债率下降到 36.71%；朗姿的负债水平略高于行业平均水平；雅戈尔的资产负债率则大大高于行业均值，其产权比率和权益乘数也同样大大高于行业均值。这与雅戈尔开展多元化经营、从事房地产业务有一定的关系。

【点评】公司的资本结构显示了总经理对风险的态度，通常与总经理性格等相关。稳健型（风险厌恶型）总经理通常会选择低负债、低财务风险的资本结构，激进型总经理通常会选择高杠杆、高负债的资本结构。需要特别提醒的是，即使是爱好冒险的激进型总经理，也一定要时刻注意公司的负债规模，避免在不确定经济环境中过高的财务风险给公司带来灭顶之灾。

二、流动比率：再看企业的到期债务

资产负债率反映了企业的资本结构，即企业资产总额中负债所占的比重。企业负债按偿还期限分为流动负债和长期负债。通常，企业通过"借新债还旧债"可以偿还长期负债，但流动负债却需要在短期内偿还。流动负债是 1 年内到期的债务，因此会带给企业更大的还款压力。

企业的短期偿债风险主要来源于企业的流动负债。短期偿债能力也称为变现能力。流动比率、速动比率、现金比率是通常用来判断企业短期偿债风险的财务指标。

1. 流动比率

流动比率 = 流动资产 ÷ 流动负债

一般认为，流动比率越高，企业偿还短期债务的能力越强。但是流动资产过多，也会影响资产的使用效率。因此，综合考虑，流动比率也不是越高越好，合理的流动比率是2。

企业流动资产中存货变现能力差，容易发生损坏，当存货积压时，成本可能会与市价之间存在较大差距。例如服装厂的服装如果不能及时卖出去，过季之后就只能"挥泪大甩卖"，其售价常常不及成本的一半。因此在评价企业短期偿债能力时可以扣除存货后再进行计算。

2. 速动比率

速动比率 =（流动资产 – 存货）÷ 流动负债

一般地，存货约占流动资产的一半，因此，合理的速动比率为1。

但是该指标也因行业不同可能存在差异。例如大量使用现金销售的商店，几乎没有应收账款，大大低于1的速动比率也是正常的。纺织与服装行业的短期偿债能力分析见表4-2。

表 4-2 纺织与服装行业的短期偿债能力分析

指标名称	2018-12-31			2017-12-31		
	朗姿	雅戈尔	行业均值	朗姿	雅戈尔	行业均值
流动比率	1.54	1.09	2.17	0.73	0.75	2.34
速动比率	1.14	0.62	1.51	0.46	0.48	1.7
现金比率（%）	11	35	—	7	18	—

从表4-2的分析中可以看出，朗姿和雅戈尔两家公司的流动比率和速动比率都偏低，低于行业平均水平。

3. 现金比率

现金比率 =（货币资金 + 有价证券）÷ 流动负债

现金比率反映企业即时偿还流动负债的能力。现金比率越高，说明企业的短期偿债能力越强。一般认为现金比率在20%以上为好。而现金比率偏低，说明企业短期偿债能力较弱，应缩短收账期，加大应收账款催账力度，以加速应收账款资金的周转。

雅戈尔2017年的现金比率为18%，2018年的现金比率为35%，均高于朗姿的现金比率，说明雅戈尔货币资金较充足。与2017年相比，两家公司2018年的现金比率均有较大幅度的增长。

三、无息流动负债：降低了企业的资本成本

从第三章关于房地产行业的财务特征分析中可以知道，万科2018年资产负债率为84.59%，高于行业平均资产负债率75.12%，2017年的资产负债率也超过行业平均水平。但这并不意味着万科的财务费用高，因为负债中预收账款、应付账款等项目属于无息负债，企业并不需要因此支付利息费用。

1. 无息流动负债的构成

企业的负债项目中，短期借款、长期借款、应付债券等向银行或金融机构借入的款项以及企业对外发行的债券，都是有明确的利息成本的，即通常所说的有息负债。应付票据与应付账款是企业欠供应商的货款，预收款项及合同负债是企业预收业主的购房款项，均不需要支付利息，是典型的无息流动负债。

【提示】2017年7月，财政部修订并发布了《企业会计准则第14号——收入》（财会〔2017〕22号），要求境内上市企业自2020年1月1日起施行新收入准则，允许企业提前执行。新收入准则较2006年版收入准则发生了显著变化。在新收入准则下，"预收账款"换了个新的"马甲"，名字叫"合同负债"。"合同负债"是指企业已收或应收客户对价而应向客户转让商品的义务。根据新收入准则，原报表中和客户相关的"预收账款"，一般都需要转到"合同负债"中来。

表4-3为万科合并资产负债表数据。

表 4-3 万科合并资产负债表（部分）

单位：亿元

资产	2018-12-31	2017-12-31	负债及所有者权益	2018-12-31	2017-12-31
货币资金	1 884.17	1 741.21	短期借款	101.02	161.09
应收票据与应收账款	15.89	14.33	应付票据与应付账款	2 295.97	1 767.70
预付款项	759.51	683.16	预收款项	2.54	4 077.06
			合同负债	5 047.11	
存货	7 503.03	5 980.88	流动负债合计	11 219.14	8 473.55
			长期借款	1 209.29	960.29
流动资产合计	12 950.72	10 175.53	应付债券	470.95	323.23
			非流动负债合计	1 710.44	1 313.18
			负债合计	12 929.58	9 786.73
非流动资产合计	2 335.07	1 477.94	所有者权益合计	2 356.21	1 866.74
资产总计	15 285.79	11 653.47	负债与所有者权益总计	15 285.79	11 653.47

表 4-3 中万科合并资产负债表数据显示，万科 2018 年负债总额接近 13 000 亿元，但短期借款、长期借款、应付债券 3 项有息负债总额仅为 1780 亿左右，占负债总额的比重仅为 13.69%。万科在 2018 年已提前执行新收入准则，预收款项仅为 2.54 亿元，合同负债为 5 047.11 亿元。万科的应付票据与应付账款、预收款项、合同负债等无息流动负债总额约 7 300 亿元，约占负债总额的 56.46%，可见万科虽然负债水平高，但债务资本成本并不高。这可以从万科的利润表数据中得到证实（见表 4-4）。

表 4-4 万科合并利润表（部分）

单位：亿元

项目	2018 年	2017 年
财务费用	59.99	20.75
其中：利息费用	81.81	40.60
利息收入	38.40	25.03
利润总额	674.60	511.42

2017 年万科的财务费用仅 20.75 亿元，其中利息费用 40.6 亿元；2018 年万科的财务费用为 59.99 亿元，其中利息费用 81.81 亿元。相对于万科近 13 000 亿元的负债中约 11 220 亿元的流动负债而言，万科的利息费用支出的确非常低。无息流动负债会大大降低企业的利息费用，以致企业的利息保障倍数比较可观。

2. 利息保障倍数

一个正常经营的企业通常会保持着一定规模的负债。因此通过"借新债还旧债"可以偿还债务本金，企业需要通过利润支付的是债务利息部分。利息保障倍数通常被用来反映企业的经营所得保障支付负债利息的能力。

利息保障倍数 =（利润总额 + 利息费用）÷ 利息费用

利息保障倍数足够大，企业就有充足的能力偿付利息。一般情况下该指标值应大于 1，同时应选择 5 年中最低的比率作为最基本的偿付利息能力指标，因为经营好的年头要偿债，经营不好的年头也要偿还大约同量的债务，否则就难以偿还债务及利息。但从短期看，由于折旧费、摊销费及折耗费等短期内不需要支付资金，所以当利息保障倍数小于 1 时，企业通常也能偿还其利息债务。

根据表 4-4 的数据可以计算出万科 2017 年、2018 年的利息保障倍数。

万科 2018 年利息保障倍数 =（674.60+81.81）÷ 81.81= 9.25

万科 2017 年利息保障倍数 =（511.42+40.60）÷ 40.60 = 13.60

万科的利息保障倍数较高，可见其支付利息的能力很强，短期偿债风险并不高。

四、财务杠杆是把"双刃剑"

企业利用债务资本进行举债经营具有双重作用，负债通常也被称为财务杠杆。财务杠杆对企业而言是一把"双刃剑"，既可发挥"税收挡板"作用，但同时也增加了企业的财务风险。负债的"税收挡板"作用在一定程度上能增加企业的留存收益。让我们通过一个案例进行进一步分析。

【案例】甲公司打算融资5 000万元以备企业扩张需要。公司有两种方案：①以公司现有资产做抵押向银行贷款，年利率为6%；②向职工及联营各方定向发行股份。为鼓励大家积极购买股份，公司承诺年分红比例不低于7%。经准确测算，扩张后公司明年的息税前利润能达到2 000万元。公司所得税税率为25%。哪种方案对公司更有利呢？

通常情况下，由于股权投资承担的风险更高，因此股东会要求比债权人更高的投资回报，所谓风险与报酬成正比。因此，甲公司制定的7%的分红比例是合情合理的。两种不同的融资方案对甲公司的留存收益会产生怎样的影响呢？我们一起来看一看。表4-5为不同融资方式对企业留存收益的影响分析。

表4-5 不同融资方式对企业留存收益的影响分析

单位：万元

项目	债务融资方案	股权融资方案
息税前利润	2 000	2 000
减：财务费用	300	0
税前利润（利润总额）	1 700	2 000
减：所得税（25%）	425	500
净利润	1 275	1 500
减：股利分配	0	350
未分配利润	1 275	1 150

在债务融资方案下，利息费用300万元在税前扣除，导致企业利润总额减少300万元，这项费用进一步使企业的所得税减少75万元，这体现了"税收挡板"作用。支付利息后，企业的净利润可全部留存在企业内部。

在股权融资方案下，企业的红利支出不是费用，不能在税前扣除，息税前利润即企业利润总额，需全额缴纳所得税。股利分配只能用缴纳所得税后的净利润进行分配，由于股权融资支付的成本较高，最终导致留存在企业的未分配利润为1 150万元。

显然，举债可以使企业少交税，增加留存在企业内部的利润，即体现了"财务杠杆"作用。而且，负债会改变企业的资本结构，负债水平高会提高企业的净资产收益率。当然，如果企业不能到期偿还债务，企业的财务风险就增大了。因此，财务杠杆虽然能给企业带来节税的利益，也增加了企业的财务风险。因此，权衡财务风险和资本成本的关系、确定最佳的资本结构是企业管理层需要做出的重大决策。

第五章　企业盈利能力诊断

盈利能力就是企业赚取利润的能力，也是管理者最关注的内容之一。反映盈利能力的指标包括毛利率、营业利润率、净利率等，下面进行进一步分析。

一、毛利率：企业的哪种产品最赚钱

毛利率 =（营业收入 – 营业成本）÷ 营业收入 ×100%

毛利是企业利润的基础，企业没有足够高的毛利率便不能实现盈利。与毛利率对应的指标是营业成本率。二者之间的关系如下。

毛利率 + 营业成本率 =1

毛利率与企业所属行业密切相关，我们先看看本书第三章部分所分析行业的毛利率情况，见表 5–1。

表 5–1　各行业的毛利率分析

行业	2018 年	2017 年
食品加工行业（%）	36.58	36.65
纺织与服装行业（%）	30.76	30.62
家电行业（%）	26.20	27.68
房地产行业（%）	34.60	31.60
汽车行业（%）	20.37	21.90
钢铁行业（%）	15.62	14.91
计算机应用行业（%）	40.15	41.78

行业	2018 年	2017 年
中药行业（%）	52.07	51.91
证券行业（%）	10.62	35.88

从表 5-1 可以看出，就 2018 年数据而言，中药行业、计算机应用行业、食品加工行业是毛利率较高的行业，其中中药行业毛利率最高，钢铁行业是毛利率最低的行业，汽车行业的毛利率也较低。

在判断企业盈利能力时，应重点分析毛利率的变动原因，可以分部门、分产品、分顾客群、分销售区域或分推销员进行分析，以判断哪些区域盈利高。

以上汽集团为例，表 5-2 是上汽集团主营业务的毛利率分析。从表中可以看到，上汽集团 2018 年主营业务的毛利率并不高，只有 13.21%。具体细分来看，上汽集团 2018 年整车业务的毛利率更低，只有 11.45%，零部件业务毛利率超过 20%，是企业毛利率最高的业务。这为广大车主感叹"买得起车换不起零件"提供了佐证。上汽集团其他业务收入包括材料及废料销售、劳务、租赁，其毛利率也高于整车业务的毛利率。

表 5-2 上汽集团主营业务毛利率分析

单位：亿元

项目	2018 年			2017 年		
	营业收入	营业成本	毛利率	营业收入	营业成本	毛利率
主营业务合计	8 673.81	7 527.77	13.21%	8 387.16	7 249.73	13.56%
其中：整车业务	6 673.08	5 909.19	11.45%	6 568.23	5 791.56	11.82%
零部件业务	1 754.6	1 400.44	20.18%	1 585.23	1 258.2	20.63%
贸易	95.21	88.61	6.93%	115.35	108.21	6.19%
劳务及其他	150.92	129.53	14.17%	118.35	91.76	22.47%
其他业务合计	202.45	172.09	15.00%	192.61	174.1	9.61%
营业收入总计	8 876.26	7 699.86	13.25%	8 579.77	7 423.83	13.47%

下面以家电行业为例进一步分析企业主要产品的毛利率情况。从表 5-3 可以看出，空调是格力电器的主要产品，空调的销售额占营业收入的比重超过 91%，

而且毛利率为 36% 以上。2017 年空调的毛利率为 37.07%，2018 年空调的毛利率为 36.48%，毛利率维持在较高水平，说明主营产品的优势被很好地保持。格力电器其他产品的市场份额及毛利空间则十分有限，其空调优势一览无余，这也符合其空调巨头的消费者印象。

表 5-3 格力主要产品毛利率分析

单位：亿元

项目	2018 年			2017 年		
	营业收入	营业成本	毛利率	营业收入	营业成本	毛利率
空调	1 556.82	988.9	36.48%	1 234.1	776.67	37.07%
生活电器	37.94	31.02	18.24%	23.01	18.26	20.64%
智能装备	31.09	29.07	6.50%	21.26	20.02	5.83%
其他	80.07	75.05	6.27%	43.53	33.76	22.44%
合计	1 705.92	1 124.04	34.11%	1 321.9	848.71	35.80%

对于毛利率的分析，还可以通过报表附注的信息分析企业在不同销售市场的盈利水平，见表 5-4。

表 5-4 格力电器不同地区的毛利率分析

单位：亿元

项目	2018 年			2017 年		
	营业收入	营业成本	毛利率	营业收入	营业成本	毛利率
内销	1 483.23	931.04	37.23%	1 136.96	683.25	39.91%
外销	222.7	193	13.34%	184.94	165.46	10.53%
合计	1 705.93	1 124.04	34.11%	1 321.9	848.71	35.80%
其他	80.07	75.05	6.27%	43.53	33.76	22.44%

由表 5-4 可知，国内市场是格力电器的主要市场，国内销售额占企业销售额的 85% 以上，而且国内市场的产品毛利率远远高于国外市场的产品毛利率。可以说，国外市场只是锦上添花，增加了企业的知名度和影响力，企业盈利还得要靠国内市场。

我们可以比较一下海尔的主要产品的毛利率，见表 5-5。

表 5-5 海尔主要产品毛利率分析

单位：亿元

项目	2018 年			2017 年		
	营业收入	营业成本	毛利率	营业收入	营业成本	毛利率
空调	317.72	216.95	31.72%	287.45	196.08	31.79%
电冰箱	543.39	378.41	30.36%	471.13	319.85	32.11%
厨卫	249.51	172.23	30.97%	285.61	172.05	39.76%
热水器	79.24	43.11	45.60%			
洗衣机	362.68	239.67	33.92%	308.95	199.03	35.58%
装备部品	14.78	12.88	12.86%	30.25	28.34	6.31%
渠道综合服务及其他	257.62	236.51	8.19%	203.88	183.02	10.23%
合计	1 824.94	1 299.76	28.78%	1 587.27	1 098.37	30.80%

从表 5-5 可知，就 2018 年而言，海尔销售量较大的产品是电冰箱、洗衣机和空调，占海尔销售额的比重分别为 29.78%、19.87%、17.41%，与格力空调独大的产品结构相比，多种产品并重是海尔的产品结构特征。海尔毛利率最高、盈利空间最大的产品是热水器，毛利率达到 45.6%，但销售额仅为 79.24 亿元，市场占有份额有限。其他产品如洗衣机、空调、电冰箱和厨卫的毛利率均超过 30%。

二、营业利润率：主营业务的利润空间

营业利润率反映了企业经营范围内主营业务的利润空间。对营业利润率有重要影响的是企业的销售费用、管理费用、财务费用等期间费用以及投资收益。

营业利润率的计算公式如下。

营业利润率 = 营业利润 ÷ 营业收入 × 100%

营业利润率是企业日常经营活动获利水平的表现，也是判断企业持续经营能力的重要指标。

1. 期间费用会"吃掉"企业的不少利润

在第三章的分析中可以看到，食品加工行业的广告投入较大，会导致企业的销售费用增加。表5–6为食品加工行业的盈利水平分析。

表5–6 食品加工行业的盈利水平分析

指标	2018–12–31			2017–12–31		
	伊利股份	三元股份	行业均值	伊利股份	三元股份	行业均值
毛利率（%）	37.70	33.06	36.58	37.29	29.54	36.65
营业利润率（%）	9.67	3.18	4.99	10.46	1.68	8.87
净利率（%）	8.17	2.50	0.37	8.89	1.29	5.27

表5–6的数据显示，2018年伊利股份和三元股份的毛利率均达到30%以上，但企业的营业利润率并不高，其中一个重要原因就是销售费用太高。伊利股份2018年的销售费用为197.72亿元，占营业收入789.76亿元的25.04%，意味着伊利股份2018年每销售价值100元的产品，用于推广销售的费用就达到25.04元；三元股份销售费用占营业收入的百分比为24.91%，也非常高。中药行业也具有类似的特征。

如果企业期间费用管理得好，则能使企业的营业利润大幅提高。在第三章中，我们曾经分析了格力电器各费用项目占营业收入的百分比，其营业利润率和净利率大大高于行业均值，格力电器保持较高的营业利润率主要归功于对成本、费用的控制。

2. 投资收益对营业利润的贡献不可忽视

在第三章关于纺织与服务行业的分析中，我们知道雅戈尔的营业利润主要来自投资收益。雅戈尔2017年、2018年营业利润分别为6.98亿元和42.94亿元，其中投资收益分别为31.97亿元和34.84亿元，如果扣除投资收益的贡献，其营业利润则为负值。

华谊兄弟2017年实现营业利润8.16亿元，其中投资收益为7.7亿元，其他收益为1.27亿元，两项合计8.97亿元，如果没有这两项收益，公司2017年营业利润就为负了。2018 年年报显示公司营业利润、净利润均为负。

在多元化经营成为大多数公司的经营战略的情况下，对营业利润的分析要关注投资收益对利润的贡献，以进一步判断企业主营业务的获利能力。

三、净利率：一个不能轻易相信的指标

净利率，又称营业净利率或销售净利率，是用来衡量企业营业收入给企业带来利润的能力，可以用来衡量企业总的盈利水平，其计算公式如下。

净利率 = 净利润 ÷ 营业收入 ×100%

通常情况下，该指标值越大表明企业的盈利能力越强。对于正常经营的企业来说，一般毛利率最大，营业利润率次之，净利率最小。但是也有异常情况，请看沈阳机床的盈利指标分析，见表 5-7。

表 5-7 沈阳机床盈利指标分析

指标	毛利率（%）	营业利润率（%）	净利率（%）
2017 年	25.88	-2.06	2.59
2016 年	23.02	-24.38	-23.03

从表 5-7 可以看出，沈阳机床毛利率一般超过 23%，2016 年营业利润率和净利率均为负数，企业处于亏损状态。2017 年沈阳机床净利率为 2.59%，企业实现了扭亏为盈，但 2017 年营业利润率仍然为负数。

【探究·思考】沈阳机床 2017 年营业利润率为负数，净利率为正数，公司的利润究竟来自哪里？

在营业利润和净利润之间还存在营业外收入和营业外支出，显然营业外收入是沈阳机床盈利的主要来源。沈阳机床利润表显示，2017 年营业利润为 -8 610 万元，而营业外收入高达 1.52 亿元，为企业盈利做出了"重要贡献"，扣除 1 323 万元的营业外支出后，公司利润总额为 5 267 万元。沈阳机床的营业外收入主要是怎样取得的呢？我们一起看看公司报表附注中对营业外收入的说明，见表 5-8。

表 5-8 沈阳机床 2017 年度营业外收入明细

单位：万元

指标	本期发生额	上期发生额
债务重组利得	14 269.02	355.48
政府补助	734.08	3 339.11
其他	240.86	242.10
合计	15 243.96	3 936.69

从表 5-8 可知，公司 2017 年因债务重组获得收益约 1.42 亿元，取得政府补助 734.08 万元，这是沈阳机床 2017 年盈利的主要来源。

对于上市公司而言，除了一般企业的盈利需求外，还面临着监管风险。上市公司的监管风险主要来自证监会等监管层的要求，当企业经营状况不好时，通常会面临被 ST 甚至退市风险。

知识链接：上市公司的监管风险

1998 年 4 月 22 日，沪深交易所宣布，将对财务状况或其他状况出现异常（公司经营连续两年亏损）的上市公司股票交易进行特别处理（Special Treatment，ST），公司经营连续 3 年亏损，将被进行退市预警，标注为 *ST。

公司股票交易实行退市风险警示后，上述状况仍不能改变的，其股票直接终止上市。

中小企业板"上市公司最近 36 个月内累计受到深交所 3 次公开谴责的，其股票直接终止上市"。

显然，关于盈利能力、净资产、营业收入等指标以及信息披露的要求成为上市公司面临的重要监管风险。这就不难理解为什么沈阳机床在 2017 年需要扭亏为盈了。

【点评】分析企业盈利能力时，不能仅关注净利率，毛利率和营业利润率也是非常重要的评价企业经营活动盈利能力的指标。营业外收入是一个神奇的项目，经营不佳的企业扭亏为盈常常靠的就是非主营的"旁门左道"。

四、营业外收入：天上掉馅饼能长久吗？——兼论馅饼的多种掉法

营业外收入是指与生产经营过程无直接关系，应列入当期利润的收入，是企业财务成果的组成部分。营业外收入主要包括固定资产处置利得、无形资产处置利得、因债权人原因确实无法支付的应付款项、政府补助、罚款收入、捐赠利得、债务重组利得、企业合并损益等。

由于营业外收入是非正常生产经营活动产生的，具有偶发性、不可预见性的特点，因此又称为"利得"。取得营业外收入通常被看作"天上掉馅饼"的好事。但是，在对企业盈利能力进行分析时可不能忽视营业外收入，它常常成为企业扭亏为盈的重要来源。下面我们一起来看看"馅饼"的多种掉法。

【案例】ST 新天 2005—2006 年已经连续两年亏损，2007 年该公司营业利润为 -32 415.5 万元，营业外收入为 33 095.2 万元，营业外支出为 158.4 万元。公司实现利润总额 519.3 万元，净利润为 488.9 万元。

ST 新天虽然在 2007 年成功地扭亏为盈，但其贡献主要来自 3 亿多元的营业外收入，营业外收入不具有重复性和可预见性，且该公司经营行为取得的利润仍然为负数。因此，虽然该公司实现了扭亏为盈，但如果不改善和提高公司经营活动创造利润的能力，公司未来的发展前景仍然让人担忧。

【案例】ST 新天 2008 年、2009 年的年报显示，营业利润与净利润均为负数。这进一步证实了靠营业外收入扭亏为盈只是短暂行为，很难持续。2009 年中信国安开始对 ST 新天进行一系列的重组——加强葡萄基地建设和管理，进军葡萄酒生产领域，定位中高端葡萄酒市场。自 2009 年 6 月 25 日起，公司证券简称由"ST 新天"变更为"ST 中葡"。为彻底改善财务结构，ST 中葡进行了金额达 20 亿元的定向增发计划，其中对中信国安以不低于 10 亿元现金认购 6 亿股。

【点评】20 亿元的定向增发增加了公司的股本和资本公积，使公司的所有者权益总额增加，改变了负债水平过高的资本结构。

ST 中葡 2010 年年报显示，公司成功地实现了扭亏为盈。

看到这里，你一定认为公司在生产经营方面进行了重要调整，使公司的盈利能力取得了重大突破。但这也是个错觉。我们还是一起来看看公司 2010 年年报。

ST 中葡 2010 年营业利润为 −25 840.79 万元，营业外收入为 35 544.64 万元，营业外支出为 192.6 万元。公司实现利润总额 9 511.25 万元，净利润为 9 044.32 万元。

ST 中葡 2010 年营业外收入有约 3.5 亿元，这些营业外收入是如何取得的呢？报表附注为我们提供了解释。

1. 天上掉馅饼之一——固定资产处置利得

公司报表附注显示：公司第 4 届董事会第 36 次会议审议通过了《关于公司出售资产的议案》。公司于 2010 年 12 月 6 日与民生金融租赁公司签订了《买卖合同》，出售公司所有的玛纳斯酒厂、阜康酒厂、西域酒厂、霍尔果斯酒厂、山东新天金创酒厂的部分资产。资产转让价款为 45 000 万元。转让在用生产设备账面价值 14 099.21 万元。交易完成后确认转让收益 29 951.92 万元。此笔交易已经获得 2010 年度公司第 1 次临时股东大会的通过。

ST 中葡 2010 年的营业外收入来自出售公司所拥有的酒厂，转让价格高于账面价值的部分被确认为固定资产处置利得。现在你应该有个疑问，公司不是刚刚转型为葡萄酒生产企业吗，把酒厂都卖了如何进行生产呢？同一则公司公告给出了答案。

公司第 4 届董事会第 36 次会议审议通过了《关于公司租用设备的议案》。根据公司发展的实际需要，公司与民生金融租赁公司签订《租赁合同》租用其所有的相关设备（即上述出售给民生金融租赁公司的设备），每年的租赁金额为 4 300 万元，租期 4 年，保证人为中信国安集团公司。此笔业务已经获得 2010 年度公司第 1 次临时股东大会的通过。

也就是说，ST 中葡在把设备卖给民生金融租赁公司的同时，就将设备给租回来了。因此，丝毫不影响公司正常的生产经营。

2. 天上掉馅饼之二——无法支付的应付款项

【案例】ST中葡2013年年报显示，公司营业利润为-14 234.06万元，营业外收入为16 057.15万元，营业外支出为484.31万元。公司实现利润总额1 338.78万元，净利润为880.08万元。

ST中葡2013年营业外收入有约1.6亿元，这又是如何取得的呢？我们继续看报表附注。

报表附注显示，2013年，ST中葡约1.6亿元的营业外收入主要来自两项。第一，无法支付的应付款项4 265万元，是欠下属公司新疆新天西域酒业销售有限公司的货款，2013年新疆新天西域酒业销售有限公司注销导致该货款无法支付。第二，出售阜康分公司产生收益9 442万元。此外，公司还有固定资产处置利得及政府补助等营业外收入。

3. 天上掉馅饼之三——无形资产处置利得

【案例】ST中葡2015年年报显示，公司营业利润为-1 010.45万元，营业外收入为5 271.23万元，营业外支出为1.8万元。公司实现利润总额4 259.7万元，净利润为2 768.83万元。

ST中葡2015年营业外收入为5 271.23万元，这又是如何取得的呢？我们继续看报表附注。

报表附注显示，2015年，ST中葡5 271.23万元的营业外收入主要来自无形资产处置利得。公司将持有的9项商标使用权及2项外观专利出售给喀什发展商业投资管理有限公司，经中同华资产评估有限公司评估，出具中同华评报字〔2015〕第833号资产评估报告，确定9项商标使用权及2项外观专利所有权评估价值合计为3 900万元，协议交易标的转让价款为4 250万元，处置收益为4 005.55万元。

4. 天上掉馅饼之四——接受捐赠

【案例】珠海市博元投资股份有限公司于2015年5月28日因连续亏损被暂停

上市，公司名称变更为 *ST 博元，面临终止上市风险。2015 年 12 月 12 日，*ST 博元发布公告称，已与自然人股东郑伟斌签署《资产捐赠协议》，郑伟斌将其持有的福建旷宇建设工程有限公司 95% 的股权无偿捐赠给上市公司，福建旷宇建设工程有限公司全部权益评估值为 9.04 亿元，95% 股权对应评估值约 8.59 亿元。

公开数据显示，自然人郑伟斌持有 *ST 博元 1400 股股份，而公司总股本为 1.9 亿股。这起 A 股史上罕见的小股东赠予上市公司大额资产事件不仅引起市场的"惊呼"，更引起了监管部门的注意。

2015 年 12 月 14 日，上海证券交易所发出问询函，要求 *ST 博元就郑伟斌与公司"董监高"和第一大股东的关系、捐赠理由，以及福建旷宇建设工程有限公司的资产评估依据等具体问题进行解释。*ST 博元解释称，赠予人郑伟斌是 *ST 博元董事长许佳明的中学同学，赠予原因则是不愿意看到公司退市。

2016 年 3 月 21 日，上海证券交易所终止珠海市博元投资股份有限公司股票上市，*ST 博元成为证券市场第一家被强制退市的上市公司。

5. 天上掉馅饼之五——政府补贴

政府补贴涉及农业、林业、畜牧业、民生、养老、环保、高新技术、电子商务等方面的项目。政府补贴对企业而言越来越成为一项重要的收益来源。

2018 年 TCL 集团获得政府补贴 13.77 亿元，其年报显示，除计入当期损益的政府补助外，报告期内还收到研发补助 18.52 亿元。深天马 A 共收到政府补贴 9.58 亿元。

2018 年有 7 家公司的政府补贴均超过其净利润，也就是说，如果没有政府补贴，该年度这些公司将亏损。其中，阳光股份当年净利润为 0.11 亿元，而政府补助达到 1.17 亿元，是净利润的 10 余倍。凯盛生物、厦门港务分别收到政府补贴 1.27 亿元和 0.61 亿元，均超过其净利的两倍。

2017 年我国持续对 LED 行业进行补贴，以 36 家 LED 上市公司补贴为例，总共获得补贴 17.46 亿元。细分到上中下游来看，LED 芯片产业无疑是政府补贴的重要部分。2017 年，三安光电等 5 家芯片企业，共获得政府补贴 9.96 亿元，占总补贴的 57.05%；2016 年获得补贴 8.83 亿元，占总补贴的 69.93%；2015 年获得补贴 7.98 亿元，占总补贴的 69.88%。政府对于芯片企业的补贴力度仍在持续加强。

此外，债务重组收益也是企业营业外收入的一个重要来源，也是"天上掉馅饼"的渠道之一。本书将在第十三章进行详细介绍。

五、会计政策与会计估计变更对企业利润的影响

1. 会计政策变更

会计政策，是指企业进行会计核算和编制财务报表时所采用的具体原则、方法和程序。只有在对同一经济业务所允许采用的会计处理方法存在多种选择时，会计政策变更才具有实际意义。因此会计政策存在一个"选择"问题。

会计政策涉及收入确认、存货计价方法选择等诸多领域，对企业利润会产生重大影响。

知识链接：会计规范中对"收入确认"的解释

通常情况下，转移商品所有权凭证（即发票）并交付实物后，商品所有权上的主要风险和报酬随之转移，如大多数零售商品。

有时，已交付实物但未转移商品所有权凭证，商品所有权上的主要风险和报酬未随之转移，如采用支付手续费方式委托代销的商品。

一般销售情况下，在签订合同时由于存在违约的可能性并不能确定收入，企业应该在发出商品时确认收入。但有的企业会为了增加收入而改变收入确认的时间。例如，美国生产芭比娃娃的玛蒂尔公司为满足资本市场对公司的盈利预期，将还未执行的合同提前确认收入，以避免当年发生亏损。

2008 年 5 月福建证监局向冠福家用（002102）发出了《关于限期整改的通知》（闽

证监公司字〔2008〕14 号），对该公司随意变更会计核算方法等问题提出整改要求。冠福家用于 2006 年 12 月在深圳证券交易所中小企业板上市，主营业务为日用工艺美术品加工制造，主要采用经销商销售模式。该公司在 2007 年之前一直采用"委托代销"方式确认销售收入，2007 年实施新会计准则后改为"一般销售"，此举使企业当年利润增加了三分之一，媒体质疑冠福家用变更收入确认政策是为了配合当时获得解禁的"小非"出售解禁股。

2. 会计估计变更

会计估计是指对结果不确定的交易或事项以最近可利用的信息为基础做出的判断。

在报表中需要进行会计估计披露的项目通常有：坏账，遭受损毁、全部或部分陈旧过时的存货，固定资产的使用年限与净残值等。

2013 年对重工业行业而言是严峻的一年，不少制造业企业亏损，钢铁企业更是全面亏损。鞍钢股份在 2011 年和 2012 年连续两年亏损后，2013 年被证监会处罚，成为"ST 鞍钢"。为实现企业扭亏为盈，2013 年该公司年报称："根据本集团固定资产的实际情况，相关部门对各类固定资产重新核定了实际使用年限，决定从 2013 年 1 月 1 日起调整固定资产折旧年限，并经本公司第 5 届董事会第 39 次会议表决通过。"

该公司 2013 年年报显示，公司实现净利润 7.7 亿元，顺利实现扭亏为盈。

在固定资产折旧年限上，鞍钢股份将企业的房屋、建筑物的预计使用年限从 30 年增加到 40 年，机械设备和传导设备的预计使用年限从 15 年增加到 19 年，这次会计估计变更对集团业务范围无影响，减少该公司 2013 年度固定资产折旧额 12 亿元，增加股东权益及净利润 9 亿元。显然，如果不进行固定资产折旧年限的变更，鞍钢股份就不能实现扭亏为盈。

六、关注上市公司更名现象

上面我们介绍的 ST 新天在 2009 年进行重组，重组完成后更名为中葡股份。更名现象一直是资本市场上的一道特殊风景。2016 年包括莲花味精在内的 144 家上市公司更名，2017 年，剔除 ST、*ST 因素外，沪深两市上市公司证券简称更名的有 97 家。

上市公司更名现象也引起了证监会的关注。2016 年 9 月，上海证券交易所制定了《上市公司变更证券简称业务指引》；2016 年 11 月，深圳证券交易所发布了《变更公司名称备忘录》。2017 年 10 月，深圳证券交易所又对相关规定进行修订，增加"上市公司拟变更证券简称的，应当提前 5 个交易日向本所提交书面申请"的条文。在一定程度上加强了对更名现象的管理。

而更名在我国也是有"传统"的，"变脸"行为在各领域广泛存在。

柳永是北宋著名婉约派词人，家喻户晓，原名柳三变。在当时被称为"凡有水井处，皆能歌柳词"，水井是当时人们信息交流的重要场所，可见柳永的知名度，换在今天柳永就是大众流行歌手了。不过柳三变也要考功名，而且并不顺利。大比之年柳三变落选，这其实很正常，诗词和论文是两种不同的体裁，词填得好不一定论文写得好。柳永第一次科举考试，失败了。没关系，卷土重来。没承想，第二次科举考试又失败了。年少气盛心中郁闷，才子随口发个牢骚就是一首《鹤冲天》，"黄金榜上，偶失龙头望……才子词人，自是白衣卿相……忍把浮名，换了浅斟低唱"，意思是要把一世做官的名换作与歌伎一起喝酒唱歌。词填得太好了，皇帝也看到了。

大丈夫扬名立万，平静下来细细思量还得再考。3 年后再次参加大比，这次被录取了，名单报到皇帝那里，皇帝看到柳三变的名字，说"不是不要浮名吗"，把名字给划了。柳三变再次名落孙山。

51 岁那年，柳三变更名柳永，最终考中进士。书生总是爱直言，不讨皇上的欢心，当官自然也是不能长久的。柳永后来得罪皇帝，皇帝命他"且填词去"，柳永因此刻了一枚章"奉旨填词柳三变"。61 岁，柳永与世长辞。死时一贫如洗，无钱安葬。

歌伎们集资埋葬了他。

对于亏损企业来说，更名可能是无奈的选择。否则长着一张亏损的"脸"，如何给资本市场留下好印象呢？对于投资者来说，应该在较长时期里观察一家上市公司的财务报告，以得出准确的判断。

第六章 企业的现金流诊断

利润是"纸上富贵",现金流才是"真金白银"。当企业要进行投资或新项目建设时,利润不能用来支付,现金才是维持项目持续运转的"硬通货"。企业的整个发展阶段都需要特别关注现金流,日子要过得宽松点,资金链条就不要绷得太紧。在企业不同的生命周期,现金流表现出不同的特征。

一、现金流:企业过冬的干粮

在经济环境良好的情况下,什么样的企业都能挣到钱,所谓"台风来了猪都会飞"。但经济危机或经济下行时期,现金是企业过冬的干粮,所谓"只有当潮水退去的时候,才知道是谁在裸泳"。无数的人和事证明,保守主义者能活得长久。

近两年中国经济面临着严峻的考验,中国企业尤其是出口企业经历着寒冷的冬天,现金流就是企业过冬的干粮。现金之于企业,犹如血液之于人体,面对经济低增长的大环境,保证企业的血液畅通就非常重要了,买设备、租写字楼、购材料、请人工,样样都需要付出"真金白银"。好好守住现金流,一切以现金为基础来进行规划,不能及时收回现金的项目不要轻易去碰,这样才能度过冬天,生存下去,迎接企业新的机遇。现金对企业来说犹如士兵之子弹,"弹尽粮绝"是经济危机时代最需要避免的首要风险。

中国传统文化中也蕴含着防范风险的理念。曾国藩是晚清时期的名臣，其家书被后人视为家训的典范。我们一起来看看下面这封家书。

"……去年年内各族戚之钱，不知如数散给否？若未给，望今春补给，以免我时时挂心。……既买竹山湾，又买庙台上，银钱一空，似非所宜。以后望家中无买田，须略积钱，以备不时之需。"

曾国藩1849年的第一封家书中询问了对家族中贫弱亲戚的资助是否落实，体现出其"众乐乐"的大家族情怀，同时还包含了一个重要的财务理念——无买田，须略积钱，以备不时之需，即控制固定资产投资、保持良好的现金流，其实这也是现代企业风险管理的理念，是企业居安思危、未雨绸缪的重要保障。

二、经营活动现金流：企业"造血"功能的体现

经营活动是企业最重要的资金运动，也是企业存续的手段与方式。经营活动是指企业投资活动和筹资活动以外的所有交易和事项。各类企业由于行业特点不同，对经营活动的认定存在一定差异。对于工商企业来说，经营活动主要包括销售商品、提供劳务、购买商品、接受劳务、支付税费等。

经营活动现金流体现了企业的自我造血功能，对于一家正在成长的企业来说，经营活动产生的现金流量应是正数，而且越大越好，这表明企业不仅能轻松支付经营活动中的货款、员工工资及各种费用，而且还有余力为企业进一步扩张提供资金来源。

下面我们来看看贵州茅台、万科及格力电器的现金流情况，见表6-1。

表6-1 企业现金流量表分析

单位：亿元

指标名称	贵州茅台		万科		格力电器	
	2018年	2017年	2018年	2017年	2018年	2017年
经营活动现金净流量	413.85	221.53	336.18	823.23	269.41	163.38
投资活动现金净流量	−16.28	−11.21	−673.64	−516.13	−218.46	−622.54
筹资活动现金净流量	−164.42	−88.99	447.98	552.65	25.14	−22.48

指标名称	贵州茅台		万科		格力电器	
	2018 年	2017 年	2018 年	2017 年	2018 年	2017 年
汇率变动对现金的影响			2.90	− 11.39	−1.96	−17.98
现金及现金等价物净增加额	233.15	121.33	113.42	848.36	74.13	−499.62

贵州茅台、万科及格力电器的经营活动现金净流量都为正数，且金额很大，说明 3 家企业对经营活动的现金流量控制得都较好，企业的造血功能强大。如果经营活动现金净流量为负数，则需要引起管理层关注，这表明企业的主营业务在收现方面可能存在一定的困难。因此，不仅仅要考虑项目的利润空间，还要考量现金回收的可能性及时间周期。可别让自己赚的利润都装在别人的口袋里。

三、投资活动现金流：关注企业的自由现金流

投资活动是指企业购建长期资产的投资及其处置活动。长期资产是指固定资产、无形资产、在建工程、其他资产等持有期限在 1 年以上的资产。

对于一家正在成长的企业来说，投资活动净现金流量可为负数，这说明企业处于投资成长阶段。如果投资活动净现金流量为正数，企业可能处在规模萎缩或者战略调整阶段，正将现有资产进行处置。

我们仍以表 6-1 为例，分析 3 家企业的投资活动现金流量。与经营活动现金净流量相比，贵州茅台投资活动现金净流量非常小，完全在企业的可控范围内。万科的投资活动现金净流量较高，主要是购买理财产品等投资行为支付的现金。格力电器的投资活动现金净流量较高，尤其是 2017 年为 −622.54 亿元，主要是将流动资金转为定期存款，2017 年定期存款净增加额高达 508 亿元。可见，万科和格力电器都在努力提高企业货币资金的投资价值。

投资活动使现金流出企业，如果投资规模控制不当，会对企业的经营周转资金产生影响。对企业投资活动现金流的分析，通常应该关注企业的自由现金流量。

1. 自由现金流量

经营活动现金流是企业自由现金流的来源。自由现金流，即自由现金流量，是指企业经营活动产生的现金流量扣除资本性支出的差额，就是企业产生的、在满足了再投资需要之后剩余的现金流量，这部分现金流量是在不影响企业持续发展的前提下可供分配给企业资本供应者的最大现金额。因此，自由现金流量可以用来衡量企业实际持有的能够回报股东的现金。

2. 资本性支出

> **知识链接：资本性支出**
>
> 资本性支出是指受益期超过一年或一个营业周期的支出，即发生该项支出不仅是为了取得本期收益，而且也是为了取得以后各期收益。企业购买各项资产的行为就是资本性支出。资本性支出首先计入企业资产，然后再按使用年限分期计提折旧转化成成本或费用。
>
> 与资本性支出相对应的是收益性支出，又叫期间费用。收益性支出的效益仅与本会计年度相关，具体包括财务费用、管理费用和销售费用等。

在企业的经营活动中，供长期使用的、其经济寿命将经历许多会计期间的资产（如固定资产、无形资产、递延资产等）都属于资本性支出所形成的。支付广告费用、购买办公用品支出等则为收益性支出，形成企业的费用。

自由现金流量是企业经营活动产生的现金流量扣除资本性支出后的净额。其公式如下所示。

自由现金流量 =（税后净营业利润 + 折旧及摊销）– 营运资本追加 – 资本性支出

【案例】好控公司是一家生产、销售矩阵切换器的公司，本月购买了用于生产产品的电子元器件，合计价值 25 万元，购买了纸笔等办公用品，价值 3 000 元，支付广告费用 1 万元，购买了供员工使用的笔记本电脑，价值 5 万元，购买了小轿车一辆，价值 20 万元。请问，上述采购行为中，哪些属于资本性支出，哪些属于收益性支出？这些采购行为如何影响企业的现金流？

好控公司支付广告费用、购买纸笔等办公用品属于收益性支出；购买的电子元器件等原材料属于存货，当其生产的产品完工并销售出去时形成企业的营业成本。这些行为都直接导致好控公司的经营活动现金流出。好控公司购买笔记本电脑和小轿车属于资本性支出，不属于经营活动现金流出，属于投资活动现金流出。

自由现金流量最大的特色也就在于其"自由"，它是以企业的长期稳定经营为前提，是指将经营活动所产生的现金流用于支付维持现有生产经营能力所需资本支出后，余下能够自由支配的现金，它旨在衡量企业未来的成长机会。如果自由现金流量丰富，则企业可以偿还债务、开发新产品、回购股票、增加股息支付。

【提示】自由现金流量不受会计方法的影响，受到操纵的可能性较小。因此，该指标越来越成为衡量企业扩张性发展、偿还债务、支付股利和股票回购能力的重要指标，该指标在美国财务分析界一直广为使用。陷入财务困境的企业通常情况下其当前的收益和自由现金流量均为负数，说明企业的盈利能力和自由现金流量都存在较大困难。

自由现金流量是股东评估企业价值的一个重要测量工具。它是企业给付所有现金开支以及运营投资后所持有的剩余资金，它是企业为各种求偿权者尤其是股东所能提供的回报。

企业价值与企业自由现金流量正相关，也就是说，同等条件下，企业的自由现金流量越大，它的价值也就越大。

当企业拥有未被利用资产的公司，或未利用的专利时，其价值未体现在现金流中，会导致企业的自由现金流量偏低。企业可以通过改善现金流提高资产的利用效率，加强对资本性支出的可行性论证和谨慎投资，使企业自由现金流量最大化。

四、筹资活动现金流："输血"都是有代价的

筹资活动是指导致企业资本及债务规模和构成发生变化的活动。资本既包括实

收资本（股本），也包括资本溢价（股本溢价）；债务主要指对外举债，包括向银行借款、发行债券以及偿还债务等。通常情况下，形成应付账款、应付票据等的活动属于经营活动，不属于筹资活动。

筹资活动的现金流量的正负取决于经营活动产生的现金流量是否能够支撑投资的需求，如果不能，企业就需要从资本市场上进行相应规模的筹资。筹资活动现金净流量通常正负相间，表明企业有借款发股行为，也有还款支付股利行为。

筹资活动是企业从外部"输血"，借款、发债和发行股票是常见的筹资活动。所有的筹资活动都是有成本的，借款和发行公司债都需要支付利息，发行股票则需要支付股利。也就是说，"输血"都是有代价的。

我们继续分析表6-1的3家公司。贵州茅台2017年、2018年的筹资活动现金流入为零，没有借款、发债及发行股票筹资的情况。2017年、2018年用于分配股利、利润或偿付利息支付的现金分别为88.99亿元和164.42亿元。其筹资活动的现金净流出量，基本都用于分配股利。当然，贵州茅台有较高的毛利率和强大的经营现金流做后盾，回馈投资者显得底气很足。而且，高股利政策能帮助公司在资本市场维持良好的"良心企业"形象。万科2018年增加借款及发行债券高达1 250亿元，公司一直通过维持较高规模的借款、发行债券的方式归还前期债务等，这也符合房地产公司的特征。格力电器则主要通过无息流动负债降低筹资成本，谨慎地维持着低水平的有息负债率，公司的银行借款占比较低。与经营活动现金净流量相比，格力电器筹资活动现金净流量占比较低。

对于上市公司而言，融资渠道相对而言更为多元化，但也存在现金流吃紧的问题。对于中小企业来说，融资可就没那么容易了。一旦资金链断裂，企业可能就会面临灭顶之灾。

一般而言，现金净流量越大，企业偿付债务的能力越强。通常地，如果企业某一期现金净流量为负数，可能是企业扩张等原因造成的，但如果企业现金净流量连续几年为负数，就需要特别小心了。

五、企业的生命周期与现金流特征

生命周期理论认为，所有的企业都是沿着一定的生命周期发展的，任何企业从最初的酝酿进入市场到最终退出市场不可避免地存在 4 个阶段：初创期、成长期、成熟期和衰退期。在企业的整个生命周期里，在不同发展阶段企业的现金流表现出不同的特征。企业在不同的成长阶段中现金流的表现特征如表 6-2 所示。

表 6-2 企业的生命周期与现金流特征

企业生命周期	经营活动现金净流量	投资活动现金净流量	筹资活动现金净流量
初创期	–	–	+
成长期	+	–	+
成熟期	+	+/–	+/–
衰退期	–	+	–

1. 初创期

在企业生命周期初始阶段，企业表现为两大特征。首先，在经营方面，需要大量的前期资金投入，而来自销售收入的现金非常有限，产品能否为客户所接受、市场能够扩大到何种规模、企业能否获得足够的市场份额，这些都具有很大的不确定性，因此企业经营活动现金流量通常为负数。其次，本阶段需要进行企业生产经营的必要的固定资产投资，如购置设备、购建厂房等，企业投资活动现金流量为负数。在筹资方面，由于企业盈利能力尚未稳定，很难获得股东投资以外的其他资金，企业的融资渠道主要来源于股东投入，筹资活动现金流量为正数。

2. 成长期

成长期的企业表现出来的主要特点是：在经营方面，产品生产开始稳定，为满足企业发展的需要，企业需要在市场拓展方面投入资金，以扩大企业的市场占有率、提高知名度，企业销售规模快速增长，并能产生更充裕的现金流。因此，成长期企业的经营活动现金流量为正数。这一阶段还需要及时扩大企业的生产规模以满足市场的需求，生产规模的扩大也需要企业投入大量的资金。企业的投资活动现金流量为负数。这一阶段，企业经营风险有所下降，但依然较高。在财务方面，企业资金需求加大，对融资提出新的要求，企业的稳步成长为企业融资提供了一定的保证，企业可以通过取得银行借款扩大融资。这一阶段企业的筹资活动现金流量为正数。

3. 成熟期

企业进入成熟期，在经营方面，企业产业稳定、销售可观而稳定且利润空间合理。企业经营风险较低，企业保持现在的市场份额和提高效率，维持已经达到的销售利润率水平，企业经营活动现金流量为正数。这一阶段，企业需要开拓新的投资渠道，寻找新的利润增长点，如果有良好的投资机会则企业投资活动现金流量为负数；如果缺乏良好投资机会，企业的投资活动现金流量可能为正数，因此，投资活动现金流量呈现正负相间的特征。企业对筹资的需求与投资规模紧密相关，企业的筹资活动现金流量亦表现出正负相间的特征。

4. 衰退期

企业成熟期几乎不可能永远持续下去（除非它能创造巨大的市场，并能无限地持续下去），因为市场的多变及新产品的出现等使之对产品的需求逐渐衰退。百年老店已非常不易，千年老店则更加罕见。企业的衰退是必然的！衰退期的企业产品市场份额下降，企业的经营活动现金流量可能为负数；投资缩小使企业的投资活动现金流量为正数；同时企业对筹资的需求下降，企业的筹资活动现金流量为负数。

【提示】无论企业在哪一阶段，财务管理始终要服务于企业的战略，其核心任务不外乎3个：第一，满足企业的筹资需求，寻找合适的筹资方式，降低财务风险；第二，对投资项目进行评价，确保项目风险在可接受的范围内；第三，始终不忘成本控制，确保企业的利润空间。这3个目标始终是财务管理的核心任务，只是在企业的不同成长阶段其重要性有所不同而已。

第七章　企业的资产管理水平诊断

资产管理水平反映了企业运用资产的能力，通常可以通过资产周转速度进行评价。资产管理水平会影响企业的资产结构以及企业的资本成本，资金周转的有效提升会最终影响企业的盈利能力。

一、营业周期与薄利多销

营业周期是企业从购买原材料到销售产品直至收回货款的期间。因此，营业周期由平均存货周转期和平均收账期两部分组成。完成一个营业周期，企业通常就会销售产品获利一次，因此营业周期越多，一年内获利的次数越多，企业的盈利能力越强。所谓薄利多销就是通过缩短营业周期的方式来提高企业的利润额。图 7-1 为企业营业周期示意。

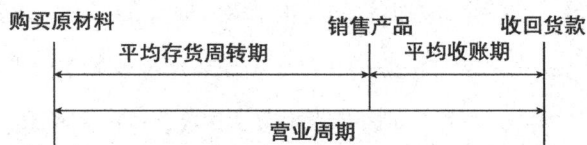

图 7-1 企业营业周期示意

从图 7-1 可以看出，企业营业周期的计算公式如下。

营业周期 = 存货周转天数 + 应收账款周转天数

1.存货周转次数与薄利多销

对于存货管理的评价,主要采用存货周转天数和存货周转次数指标。企业购进存货或自制存货的成本通过销售形成营业成本,因此存货周转与营业成本有关。具体计算公式如下。

存货周转次数 = 营业成本 ÷ 存货平均余额

其中:存货平均余额 = (期初存货余额 + 期末存货余额) ÷ 2

存货周转天数 = 360 ÷ 存货周转次数

一般地,存货周转速度越快,存货的占用水平越低,流动性越强,转换为现金或应收账款的速度越快。

【案例】某超市每次购进价值 2 000 万元的商品,以 2 500 万元价格销售,平均3 个月周转 1 次。该超市最近准备进行战略调整。根据市场调研的情况,如果超市实行降价销售,每次购进价值 2 000 万元的商品,以 2 400 万元的价格销售,将在价格上打败周边的超市,商品将能在 2 个月周转 1 次。超市该不该降价呢?

我们先来做个财务分析。

①目前超市商品每 3 个月周转 1 次,则全年可周转 4 次,该超市的毛利率计算过程如下。

全年营业收入 = 2 500 × 4=10 000(万元)

全年营业成本 = 2 000 × 4=8 000(万元)

全年毛利润 = 10 000–8 000=2 000(万元)

毛利率 = 毛利润 ÷ 营业收入 = 2 000 ÷ 10 000 × 100%=20%

②如果降价后超市商品每 2 个月周转 1 次,则全年周转 6 次,毛利率计算过程如下。

全年营业收入 = 2 400 × 6=14 400(万元)

全年营业成本 = 2 000 × 6=12 000(万元)

全年毛利润 = 14 400–12 000=2 400(万元)

毛利率 = 毛利润 ÷ 营业收入 = 2 400 ÷ 14 400 × 100%=16.67%

从以上分析可以得知,降价销售后,虽然超市的毛利率从 20% 下降到

16.67%，但超市的全年销售额能从 1 亿元增加到 1.44 亿元，毛利润将从 2 000 万元增加到 2 400 万元。显然，这对超市来说是有利的。这正是通常所说的"薄利多销"。薄利多销的理论基础就是通过降低企业存货单次周转的毛利率，来加快存货的周转速度。薄利多销即加速资产的周转，带来利润绝对额的增加。

2. 应收账款周转次数与应收账款周转天数

对于应收账款管理的评价，主要采用应收账款周转天数和应收账款周转次数指标。应收账款是销售行为产生的，与企业的销售收入有关。相关计算公式如下。

应收账款周转次数 = 营业收入 ÷ 应收账款平均余额

其中：应收账款平均余额 =（期初应收账款余额 + 应收账款期末余额）÷2

应收账款周转天数 =360÷ 应收账款周转次数

一般地，应收账款周转次数越多，平均收账期越短，说明应收账款的收回越快。

3. 营业周期

下面我们以第三章的伊利股份和三元股份为例分析两家公司的营业周期。两家公司 2018 年简要的资产负债表和利润表见表 3-6 和表 3-8。两家公司 2018 年的营业周期及与家用食品行业的行业均值的比较见表 7-1。

表 7-1　伊利股份和三元股份 2018 年营业周期与现金周期分析

	伊利股份	三元股份	行业均值
存货周转次数	9.68	8.89	5.02
存货周转天数（1）	37.19	40.49	71.71
应收账款周转次数	83.66	8.93	245.04
应收账款周转天数（2）	4.30	40.31	1.47
营业周期（3）=（1）+（2）	41.49	80.80	73.18

【分析】从存货管理水平来看，两家公司的存货周转次数相差不大，三元股份存货周转天数约 40 天比伊利股份的约 37 天略长，两家公司的存货周转速度均超过行业平均水平。在应收账款方面，伊利股份收款能力很强，平均约 4 天就收回应收账款，而三元股份需要约 40 天才能收回应收账款，几乎是伊利股份的 10 倍。而行业的应收账款周转天数更短，不到 2 天。从营业周期来看，伊利股份的营业周期大大短于三元股份的，营业周期约为 41 天，也大大低于行业平均水平约 73 天。而三元股份的营业周期约为 81 天，高于行业平均水平，主要受收款较慢的影响。

二、现金周期与资本成本

1. 现金周期

现金周期是指现金每周转一次所需要的时间，即从支付购货款到收回货款的时间。企业在购买原材料时可以采用赊购方式，从而导致购买原材料的时间与支付货款的时间并不一致。因此，现金周期不等同于营业周期。图 7-2 是现金周期与营业周期示意。

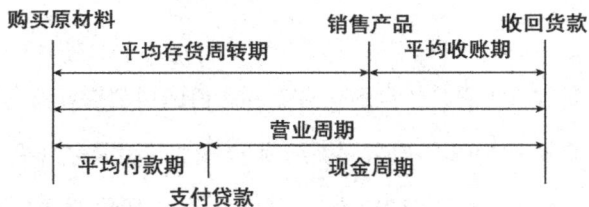

图 7-2 企业现金周期与营业周期示意

从图 7-2 可以看出，企业营业周期和现金周期之间的关系如下。

现金周期 = 营业周期－平均付款期

2. 应付账款周转次数与应付账款周转天数

应付账款是企业采购行为产生的，因此与营业成本有关。应付账款周转天数又称平均付现期，是衡量公司需要多长时间付清供应商的欠款的指标。具体计算公式如下。

应付账款周转次数 = 营业成本 ÷ 应付账款平均余额

应付账款周转天数（平均付款期）=360 ÷ 应付账款周转次数

通常应付账款周转天数越长越好，说明公司可以更多地占用供应商货款来补充营运资本而无须向银行短期借款。在同行业中，该比率较高的公司通常是市场地位较高，在行业内采购量巨大且信誉良好的公司，因为这类公司在占用货款上拥有主动权。

我们继续以伊利股份和三元股份为例分析两家公司的现金周期，见表7-2。

表7-2 伊利股份和三元股份2018年营业周期与现金周期分析

	伊利股份	三元股份	行业均值
营业周期（3）	41.49	80.80	73.18
应付账款周转次数	6.11	5.85	—
应付账款周转天数（4）	58.92	61.54	—
现金周期（5）=（3）-（4）	-17.43	19.26	—

注："—"表示缺乏公开的行业数据。

从支付供应商货款来看，伊利股份和三元股份的付款周期差异不大，基本为2个月的账期。三元股份2018年现金周期约为19天，也就是企业要垫付流动资金的时间，导致三元股份2018年财务费用为1.5亿元。而伊利股份的现金周期约为-17天，这意味着，公司从客户处收到的现金后约17天才支付给供应商，公司生产经营活动不需要垫付资金。伊利股份2018年利息收入大于利息费用，财务费用为-6 027万元，这从现金周期为负数可以得到解释。可见，在生产经营活动中占用供应商的资金是"非常划算"的"无息"融资渠道。

3. 资本成本

资本成本是财务管理中的重要概念。资本成本是指企业为筹集和使用资本而付出的代价，包括筹资费用和占用费用。

筹资费用，是指企业在资本筹措过程中为获取资本而付出的代价，如向银行支付的借款手续费，因发行股票、公司债券而支付的发行费，包括发行股票、债券支付的印刷费、发行手续费、律师费、资信评估费、公证费、担保费、广告费等。筹资费用通常在资本筹集时一次性发生，在资本使用过程中不再发生，因此，视为筹资数额的一项扣除。

占用费用，是指企业在资本使用过程中因占用资本而付出的代价，如向银行等债权人支付的利息，向股东支付的股利等。占用费用是因为占用了他人资金而必须支付的，是资本成本的主要内容。

对于企业筹资来讲，资本成本是选择资金来源、确定筹资方案的重要依据，企业力求选择资本成本最低的筹资方式。对于企业投资来讲，资本成本是评价投资项目、决定投资取舍的重要标准。资本成本还提供了企业经营活动及投资行为的最低报酬水平。

> **知识链接：资本成本的计量方式**
> 资本成本有多种计量方式。在比较各种筹资方式中，使用个别资本成本，包括普通股成本、留存收益成本、长期借款成本、债券成本；在进行资本结构决策时，使用加权平均资本成本；在进行追加筹资决策时，则使用边际资本成本。对于投资项目而言，资本成本是投资本项目（或本企业）的机会成本。

企业在生产经营活动中借入资金的成本构成了债务资本成本。企业借入资金即债务资本，需要履行负债义务即定期付息、到期还本，利息是企业债务资本成本的重要组成部分。

债务资本成本率 = 利率 × （1 − 所得税税率）

股权资本成本则由筹资费用和股利分红构成。与债务资本必须支付利息、归还本金相比，股利属于利润分配环节，实行"无利不分"原则，因此支付利息对企业而言属于"硬约束"，分红则属于"软约束"，是否分红及分红多少取决于股东大会的决定。负债要定期还本付息，对企业而言财务风险较大。股权资本不用还本付息，企业的财务风险较小。

企业总的资本成本由上述股权资本成本和债务资本成本两部分组成。其计算公式如下。

加权平均资本成本率 = 债务资本利息率 ×（1– 所得税税率）（债务资本 ÷ 总资本）+ 股权资本成本率 ×（股权资本 ÷ 总资本）

【提示】现金周期影响企业的债务资本成本。伊利股份现金周期为负数，其负债水平就低，利息费用及财务费用也低，从而降低了公司的综合资本成本。现金周期长的公司需要垫付流动资金，通常负债高，利息费用及财务费用也较高，提高了公司的综合资本成本。

三、资产结构与总资产周转率

1. 资产结构

资产结构，是指各种资产占企业资产总额的比重，主要是指固定投资和证券投资及流动资金投放的比例。

资产结构与企业性质密切相关。制造业企业尤其是重工业企业，固定资产占资产总额的比重很高，如钢铁冶金制造企业。轻工业企业、商品流通企业、软件行业等固定资产占比则较低。表 7–3 为部分企业 2018 年资产结构数据。

表 7-3 部分企业 2018 年资产结构数据

单位: 亿元

资产	贵州茅台		格力电器		河钢股份	
	金额	比重	金额	比重	金额	比重
流动资产合计	1 378.62	86.25%	1997.11	79.49%	660.67	31.65%
非流动资产合计	219.84	13.75%	515.23	21.51%	1426.80	68.35%
资产总计	1 598.47	100%	2512.34	100%	2087.46	100%
资产	华宇软件		伊利股份		同仁堂	
	金额	比重	金额	比重	金额	比重
流动资产合计	32.40	55.57%	97.16	25.37%	160.14	78.20%
非流动资产合计	25.91	44.43%	285.77	74.63%	44.63	21.80%
资产总计	58.31	100%	382.94	100%	204.77	100%

从表 7-3 可以看出,贵州茅台、格力电器、同仁堂、华宇软件的流动资产占比均超过 50%,属于轻资产类型企业。河钢股份和伊利股份的非流动资产占比在 70% 左右,流动资产占比较低,属于重资产类型企业。重资产类型企业的资产变现能力较差,轻资产类型企业的资产变现能力强。

2. 总资产周转率

存货周转率和应收账款周转率是反映企业两种典型的流动资产周转情况的指标。在此基础上,可以进一步计算企业的总资产周转率,以综合反映企业整体资产的营运能力。

总资产周转率(次)=营业收入净额 ÷ 资产平均余额

总资产周转天数 = 360 ÷ 总资产周转率(次)

公式中:

营业收入净额是营业收入减去销售折扣及折让等后的净额。

资产平均余额 =(资产总额年初数 + 资产总额年末数)÷2

总资产周转率是考察企业资产营运效率的一项重要指标,体现了企业经营期间全部资产从投入到产出的流转速度,反映了企业全部资产的管理质量和利用效率。

通过该指标的对比分析，可以反映企业本年度以及以前年度总资产的营运效率和变化，发现企业与同类企业在资产利用上的差距，促进企业挖掘潜力、积极创收、提高产品市场占有率、提高资产利用效率。一般情况下，该指标值越高，表明企业总资产周转速度越快、销售能力越强、资产利用效率越高。

一般来说，资产的周转次数越多或周转天数越少，表明其周转速度越快，营运能力也就越强。总资产周转率越高，说明企业销售能力越强，资产投资的效益越好。在此基础上，应进一步从各个构成要素进行分析，以便查明总资产周转率变化的原因。

运用总资产周转率分析评价资产使用效率时，还要结合销售利润一起分析。关于总资产周转率的分析将在第八章的杜邦分析体系中展开。

第八章　企业体检综合指标

一、国有企业绩效评价

绩效评价本质上是一种过程管理，由绩效目标设定、绩效要求达成、绩效实施修正、绩效面谈、绩效改进等诸多环节构成，其中绩效目标设定是企业的指南针，企业的绩效管理与控制都建立在绩效目标设定上。企业绩效评价分为总体绩效评价和部门绩效考评。

1. 国有资本金绩效评价

长期以来国有企业受到的政府管理部门的监管，是企业重要的经营导向。1999年，财政部、国家经济贸易委员会、人力资源和社会保障部和国有资产监督管理委员会联合颁布了《国有资本金绩效评价规则》及其操作细则，2002年3月又进行了修订。这套绩效评价规则经过多年的实践运用，国有资本金绩效评价指标体系已得到很大程度的认可，具体如表8-1所示。

表8-1　国有资本金绩效评价规则

	财务效益状况	资产运营状况	偿债能力状况	发展能力状况
基本 指标	净资产收益率； 总资产报酬率	总资产周转率； 流动资产周转率	资产负债率； 已获利息倍数	销售增长率； 资本积累率

	财务效益状况	资产运营状况	偿债能力状况	发展能力状况
修正指标	资本保值增值率； 销售利润率； 成本费用利润率； 盈余现金保障倍数	存货周转率； 应收账款周转率； 不良资产比率	速动比率； 现金流动负债比率	3年销售平均增长率； 3年资本平均增长率； 技术投入比率
评议指标	经营者基本素质； 产品市场占有能力（服务满意度）； 基础管理比较水平； 在岗员工素质状况；		技术装备更新水平（服务硬环境）； 发展创新能力； 企业经营发展策略； 综合社会贡献	

可见，对国有企业资本金的绩效评价主要从财务效益、资产运营、偿债能力和发展能力4个方面综合开展，具体分析可结合本书第四章的相关内容。其中，基本指标是最重要的评价标准，均属于财务绩效指标，净资产收益率是这一评价体系中最核心和最关键的指标，也成为国有企业最关注的综合财务绩效指标。

2. 企业内部二级部门绩效考评

满足企业整体绩效考评目标是制定企业内部二级部门绩效考评规则的依据，企业内部由于各二级部门的性质和功能不同，其部门绩效考评指标则各有差异。一般情况下，应根据企业下属单位及部门的性质分以下几种类型分别制定绩效考评指标。

（1）投资中心

投资中心是指对投资负责的责任中心，该中心对于营运资本和实物资产都具有责任与权力，既要对成本、收入和利润负责，又要对投资的效果负责。投资中心是分权管理的最突出表现，它一般是独立的法人，通常具有最大的决策权，也承担最大的责任。如大型集团所属的子公司、分公司、事业部等都是典型的投资中心。对投资中心不仅要考评其获利能力，还要将其获利能力与其所使用的创造利润的资产相联系，因此经济增加值可以用于对投资中心进行绩效考评。关于经济增加值的内容将在本章第三节详细解释。

（2）利润中心

利润中心是指管理人员有权对其供货的来源和市场的选择进行决策的单位，通常该中心直接向企业外部出售产品，在市场上开展购销业务。利润中心是既对成本负责又对收入和利润负责的责任中心，它有独立或相对独立的收入和生产经营决策权。分厂、分公司或具有独立经营权的各部门就是典型利润中心。

在评价利润中心业绩时，至少有 3 种选择，即边际贡献、部门可控边际贡献、部门营业利润。

【提示】投资中心是最高层次的责任中心，它拥有最大的决策权，也承担最大的责任。投资中心必然是利润中心，但利润中心并不都是投资中心。利润中心没有投资决策权，而且在考核利润时也不考虑所占用的资产。

（3）收入中心

收入中心主要组织营销活动，典型的收入中心通常是从生产部门取得产成品并负责销售和分配的部门，如公司所属的销售分公司或销售部。如果收入中心有权制定价格，则应对收入中心获取的毛收益进行考评；如果收入中心无制定价格的权力，则主要对销售量和销售结构进行考评。

（4）成本中心

成本中心是只对成本负责的部门，企业的生产部门是典型的成本中心。成本中心可以采用标准成本进行考评，即考核既定产品质量和数量条件下生产产品的标准成本。

（5）费用中心

费用中心仅对费用发生额负责，是以控制经营费用为主的责任中心。企业的行政管理部门是典型的费用中心。一般使用费用预算来评价其费用控制绩效，目的在于在支出预算内提供最佳的服务。

表 8-2 为结合平衡计分卡（Balance Score Card，BSC）和关键绩效指标（Key

Performance Index，KPI），从财务指标、客户指标、业务流程指标、学习与发展指标 4 个方面分别设计的一些针对不同责任中心的绩效考评指标，可供企业二级单位参考。

表 8-2 企业二级单位绩效考评指标体系

	财务指标	客户指标	业务流程指标	学习与发展指标
投资中心（子公司）	投资报酬率；经济增加值	市场占有率；新客户增长率	投资回收期；不良资产控制率	发展创新能力；新投资项目收益率
利润中心（分厂）	边际贡献总额；平均资金利润率	客户平均利润率；平均毛利率	成品库存额增长率；财务支持能力	科研经费投入比率；新课题完成增长率
收入中心（销售部门）	收入目标完成率；收入现金比率	坏账发生率；客户增长率	按时交货率；客户满意度	新产品销售额增长率；新市场销售额
成本中心（生产部门）	标准成本完成率；生产计划完成率	退货率	产品批次合格率；质量事故率	安全生产；投入产出比
费用中心（管理部门）	目标费用节约率；费用控制率	投诉率	服务满意度；资质认证合格率	员工流失率；员工接受培训比例

二、净资产收益率与杜邦分析体系

1. 净资产收益率：绩效评价综合指标

如上所述，净资产收益率（Return on Equity，ROE）是《国有资本金绩效评价规则》中的核心指标，此外，我国证监会 2006 年 5 月颁布的《上市公司证券发行管理办法》第十三条的规定如下：

向不特定对象公开募集股份（简称"增发"），除符合本章第一节规定外，还应当符合下列规定：最近三个会计年度加权平均净资产收益率平均不低于百分之六。扣除非经常性损益后的净利润与扣除前的净利润相比，以低者作为加权平均净资产收益率的计算依据。

因此，净资产收益率不仅是对国有企业进行绩效评价的指标，也是我国证监会对上市公司进行考核、确定上市及配股资格的重要指标，还是企业管理层应特别关注的绩效指标。

我国企业净资产收益率指标情况如何？图 8-1 是对我国沪深上市公司净资产收益率（ROE）的调查结果。

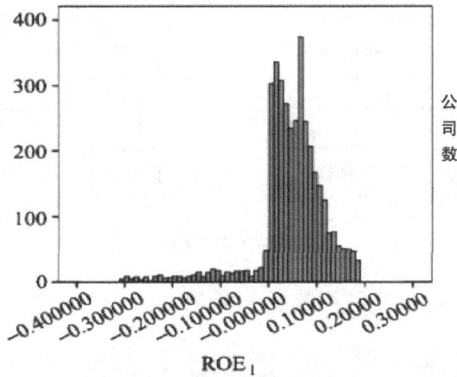

图 8-1 沪深上市公司净资产收益率情况

图 8-1 中最高的直方柱对应的是 6%~7%，也就是说，我国上市公司的净资产收益率最集中的区间为 6%~7%，这一现象被称为净资产收益率现象。结合前面的绩效考核体系和相关监管规则不难理解这一现象出现的原因，即上市公司有很强的满足配股资格的动机和避免亏损的动机。关于企业的盈余管理，本书将在第十三章详细分析。

如何解释企业净资产收益率集中分布的现象？企业的净资产收益率受哪些因素的影响？接下来我们进行进一步分析。

2. 杜邦分析：影响净资产收益率的因素

净资产收益率反映了企业利用净资产获取利润的能力，该指标受企业资本结构、盈利能力和资产管理水平的综合影响，因此，当使用该指标对企业进行综合评价时，需要通过杜邦分析体系对该指标进行分解，从而对企业状况进行全面判断。杜邦分析体系如图 8-2 所示。

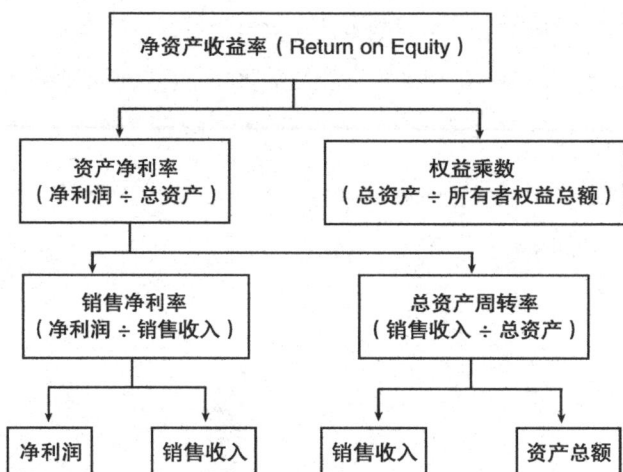

图 8-2 杜邦分析体系

首先，引入总资产，净资产收益率分解为资产净利率和权益乘数的乘积。其中，权益乘数反映了负债规模，该指标值越大，企业负债越高，财务风险也越大。接下来，引入销售收入，资产净利率分解为销售净利率和总资产周转率。销售净利率反映了企业的盈利能力，总资产周转率反映了企业的资产管理水平。

分解过程如下。

①净资产收益率 = 净利润 ÷ 平均净资产

②净资产收益率 = 资产净利率 × 权益乘数

③净资产收益率 = 销售净利率 × 总资产周转率 × 权益乘数

这个分析过程是由美国杜邦公司首次提出的，因此也称为杜邦分析体系。下面我们以表 8-3 中的几家公司为例，来看看该指标的综合运用。

表 8-3 不同企业 2018 年净资产收益率的杜邦分析指标

公司名称	净资产收益率	销售净利率	总资产周转率	权益乘数
贵州茅台	31.20%	51.37%	0.447	1.36
格力电器	28.69%	13.31%	0.795	2.71
万科	21.68%	16.55%	0.202	6.49
河钢股份	6.43%	3.62%	0.502	3.54

贵州茅台净资产收益率最高，综合绩效最好，其销售净利率为51.37%，表明企业的盈利能力很强；权益乘数仅为1.36，说明企业负债水平低，资本结构稳健。

格力电器的销售净利率为13.31%，企业的盈利能力并不高，但企业的资产管理水平高，总资产周转率为0.795，在5家公司中最强；同时较高的财务杠杆发挥作用，企业的净资产收益率为28.69%，达到较高水平。

河钢股份净资产收益率在5家公司中最低，销售净利率为3.62%，说明企业盈利能力较差，这符合钢铁企业属于微利行业的特征；权益乘数为3.54，即企业的资产负债率达到71.75%；通过权益乘数的作用，企业的净资产收益率也达到6.43%，并不是特别低。因此，高负债能提高企业的净资产收益率。

【提示】当采用净资产收益率对企业进行综合绩效评价时，不能仅仅看这一个指标，净资产收益率受盈利能力、资产管理水平及资本结构3方面的影响，负债水平高能提高企业的净资产收益率，但这并不是一个稳健的企业应该提倡的。

招商银行净资产收益率为14.92%，综合绩效还不错，销售净利率为32.52%，也很高，但公司权益乘数为12.41，表明企业的负债规模特别大，因此也导致资产周转速度慢，仅为0.037。是否可以因此说招商银行财务风险高呢？

我们并不能如此轻易地下此结论。因为招商银行是金融企业，而其他4家企业属于制造业企业。判断招商银行财务风险的高低需要与其他金融企业进行比较。

【题外话】金融企业的特点是负债经营，银行吸收的所有存款都形成银行的债务。也就是说，我们大家都是银行的债权人。

三、经济增加值

自2006年以来，经济增加值就成为企业考评的一个重要指标，也是企业经理人需要特别关注的指标。

我国针对中央企业负责人实施考核制度，2003年国有资产监督管理委员会（以下简称"国资委"颁布《中央企业负责人经营业绩考核暂行办法》，对国资委直接监管的189家中央企业分为9类进行考核，包括军工、工业、电信、电力、建筑、交通、贸易、科研和其他。基本指标有4个，包括利润、净资产收益率、主营业务增长率、国有资产保值增值率。2006年对《中央企业负责人经营业绩考核暂行办法》进行了修订，基本指标包括年度利润总额和净资产收益率。2010年对该办法再次进行修订，基本指标改变为年度利润总额和经济增加值。

对中央企业负责人薪酬实行年薪制，具体由基本薪酬（简称"基薪"）、绩效年薪和中长期激励3部分组成。根据企业负责人经营业绩考核得分，年度经营业绩考核和任期经营业绩考核最终结果为A、B、C、D、E 5个级别，完成考核目标为C级。在C级范围内，企业负责人可获得1~1.5倍的基薪，考核达到B级获得1.5~2倍的基薪，A级为最高级，企业负责人可获得最高3倍的基薪，D级扣减基薪，E级没有基薪。

1. 年度利润总额

年度利润总额是指经核定后的企业合并报告利润总额。企业年度利润计算可加上经核准的当期企业消化以前年度潜亏，并扣除通过变卖企业主业优质资产等取得的非经常性收益。

2. 经济增加值

经济增加值是指经核定的企业税后净营业利润减去资本成本后的余额。取消净资产收益率转而使用经济增加值进行考评的主要原因在于：企业的盈利只有高于其资本成本时才是真正为股东创造了价值。因此，经济增加值是指扣除全部资本成本（包括股权成本和债务成本）的经营回报，是企业税后净营业利润与该企业加权平均的资本成本间的差额，是为出资人创造的"真正的利润"。

经济增加值的计算如下。

经济增加值 = 税后净营业利润 – 资本成本

= 税后净营业利润 – 调整后资本 × 平均资本成本率

其中：

税后净营业利润 = 净利润 + （利息支出 + 研究开发费用调整项 − 非经常性收益调整项 ×50%）×（1−25%）

调整后资本 = 平均所有者权益 + 平均负债合计 − 平均无息流动负债 − 平均在建工程

资本成本率按以下原则确定。

①中央企业资本成本率原则上定为 5.5%。

②承担国家政策性任务较重且资产通用性较差的企业，资本成本率定为 4.1%。

③资产负债率在 75% 以上的工业企业和 80% 以上的非工业企业，资本成本率上浮 0.5%。

④资本成本率确定后，3 年保持不变。

为什么要对净利润进行调整呢？主要考虑在于：第一，净利润中已扣除了利息（即财务费用），与后面扣除的资本成本重复，需要调整回来；第二，鼓励企业进行研究开发和技术创新，因此研究开发费用可以加回来；第三，不鼓励企业通过处置资产来获得营业外收入调节利润，因此扣除部分非经常性收益。

在一次对财务总监的培训课堂上，一位中央企业财务总监跟大家分享了考评经历。公司第一次按经济增加值进行考核时，仅获得了 D，显然不及格。但很快，公司第二年就获得了 A。所以，提高经济增加值也并不是一件很难的事情。

【探究·思考】既然经济增加值成为考评企业的重要指标，并与企业负责人的薪酬密切相关，企业如何提高经济增加值呢？

根据经济增加值考核办法，提高经济增加值有以下几种渠道：第一，增加研究开发费用支出，减少非经常性收益；第二，推迟在建工程竣工交付使用时间，即推迟在建工程转入固定资产的时间；第三，增加应付账款、应付职工薪酬、应交税费等无息流动负债规模，降低资本成本。

四、上市公司市场价值与财务绩效

对于上市公司而言，通常需要满足两类重要利益相关者的信息需求，一是投资者的需求，二是监管层的需求。对上市公司而言，财务绩效即以企业财务报表为基础计算得到的指标，体现了企业的账面价值。而上市公司的股票价格的实时交易系统，也为企业的市场价值提供了一个客观的观察渠道。

1. 上市公司的市场价值

企业的市场价值可以用其发行的股票和债券的市值来计算。上市公司因其股票价格公开透明，其市场价值更容易确定。通常情况下，可直接采用以下公式计算。

企业市场价值 = 股票市价 × 发行在外的普通股股数

此外，托宾 Q 也通常被用来衡量企业市场价值。托宾 Q 是指一家企业资产的市场价值与这家企业资产的重置成本的比率，是衡量市场绩效的一个指标。

托宾 Q = 企业市值 ÷ 资产重置成本

实际操作中由于重置成本较难取得，所以通常用企业的净资产代替，即：

托宾 Q = 企业市值 ÷ 净资产

该指标值高意味着高产业投资回报率，此时企业发行的股票的市场价值大于资本的重置成本。

2. 上市公司综合评价指标

基于财务指标和市场价值双重角度的考虑，对上市公司的绩效评价通常采用以下指标。

（1）每股收益

每股收益 = 净利润 ÷ 发行在外的普通股股数

每股收益是衡量上市公司盈利能力最重要的财务指标，反映普通股的获利水平。值得注意的是，每股收益不反映股票所含的风险；股票是一个"份额"概念，限制了每股收益的公司间比较；每股收益多，不一定意味着分红多，投资者的投资报酬还取决于公司的股利分配政策。

（2）市盈率

市盈率 = 每股市价 ÷ 每股收益

市盈率是普通股每股市价除以每股收益的比率，反映投资者对每元净利润所愿意支付的价格，是市场对上市公司的共同期望指标，可以用来估计股票的投资报酬和风险。在每股收益确定的情况下，每股市价越高，市盈率越高，投资者的投资风险越大。从投资者角度而言，投资者希望能购买收益率高、市场估值较低、风险较低的股票，即市盈率相对较低的股票。但高市盈率也说明上市公司能够获得社会信赖，具有良好的前景，通常是市场热捧的股票。市盈率不能用于不同行业上市公司的比较，充满扩展机会的新兴行业市盈率普遍较高，而成熟行业的市盈率普遍较低。一般投资者的期望报酬率为 5%~10%，所以正常的市盈率为 10%~20%。

（3）每股股利

每股股利 = 股利总额 ÷ 年末普通股股数

上市公司投资者的回报来自股票转让收益和股利。每股股利反映上市公司每一普通股获取股利的大小。每股股利越大，则投资者获得的投资报酬越高。但需注意，上市公司每股股利发放多少，除了受上市公司获利能力大小影响以外，还取决于上市公司的股利发放政策。上市公司为了积累扩张所需资金，通常会减少股利分配、增加留存收益，但这样上市公司的每股股利将会减少。

（4）股利支付率

股利支付率 = 每股股利 ÷ 每股收益

股利支付率也称股息发放率，反映了每股股利和每股收益之间的关系。股利支付率反映了上市公司当前的净收益中有多少用来发放股利，即股利占净收益的比重。它反映上市公司的股利分配政策和股利支付能力。

（5）股票获利率

股票获利率＝每股股利 ÷ 股票市价

股票获利率是衡量普通股股东当期股息收益率的指标。用这一指标分析股东投资收益时，分母应采用投资者当初购买股票时支付的价格；用这一指标对准备投资的股票进行分析时，分母则采用当时的市价。这样既可揭示投资该股票可能获得的股息，也可以了解出售或放弃投资这种股票的机会成本。

如果投资者打算长期持有某一上市公司的股票，则获得稳定的股利是投资者重要的报酬来源，股票获利率是衡量投资报酬的重要指标，投资者可将该指标与同期银行存款利率进行比较。

（6）市净率

市净率＝每股市价 ÷ 每股净资产

每股净资产＝所有者权益总额 ÷ 普通股股数

每股净资产也称为每股账面价值或每股权益，是用历史成本计量的，既不反映净资产的变现价值，也不反映净资产的产出能力。每股净资产在理论上提供了股票的最低价值。如果上市公司的股票价格低于净资产的成本，成本又接近变现价值，说明公司已无存在价值，清算是股东最好的选择。

市净率是市场对公司资产质量的评价。通常市价应高于资产账面价值，说明企业资产的质量好，有发展潜力。但是，当企业负债率高、净资产很低的情况下，被股权摊薄后的每股净资产会非常低，因此市净率通常会非常大，这种企业的投资风险会非常高。

市净率小于1即市价低于每股净资产的股票，就像售价低于成本的处理品，也具有很高的投资风险。

3. 上市公司的特有风险

监管风险是上市公司的特有风险，主要来自证监会等监管层的要求，当企业经营状况不好时，通常会面临退市风险警示。

2012年6月，《深交所股票上市规则》中13.2.1条规定，上市公司出现下列情形之一的，本所有权对其股票交易实行退市风险警示：

①最近两个会计年度经审计的净利润连续为负值或者因追溯重述导致最近两个会计年度净利润连续为负值；

②最近一个会计年度经审计的期末净资产为负值或者因追溯重述导致最近一个会计年度期末净资产为负值；

③最近一个会计年度经审计的营业收入低于一千万元或者因追溯重述导致最近一个会计年度营业收入低于一千万元；

④最近一个会计年度的财务会计报告被出具无法表示意见或者否定意见的审计报告；

⑤因财务会计报告存在重大会计差错或者虚假记载，被中国证监会责令改正但未在规定期限内改正，且公司股票已停牌两个月；

此外还规定，上市公司出现下列情形之一的，本所有权决定暂停其股票上市交易：

①因净利润出现本规则13.2.1条第1项规定情形被实行退市风险警示后，首个会计年度经审计的净利润继续为负值；

②因净资产出现本规则13.2.1条第2项规定情形被实行退市风险警示后，首个会计年度经审计的期末净资产继续为负值；

③因营业收入出现本规则13.2.1条第3项规定情形被实行退市风险警示后，首个会计年度经审计的营业收入继续低于一千万元；

④因审计意见类型出现本规则13.2.1条第4项规定情形被实行退市风险警示后，首个会计年度的财务会计报告继续被出具无法表示意见或者否定意见的审计报告；

⑤因未在规定期限内改正财务会计报告出现本规则13.2.1条第5项规定情形被实行退市风险警示后，在两个月内仍未按要求改正其财务会计报告；

此外，中小企业板"上市公司最近36个月内累计受到深交所三次公开谴责的，其股票直接终止上市"。

　　显然，关于盈利能力、净资产、营业收入以及信息披露的要求成为上市公司面临的重要的监管风险。这也不难理解为什么"ST公司"总要想方设法扭亏为盈，并努力使公司净资产为正数，因为这是上市公司确保不退市的重要前提。

|第三篇|
企业财务管理"处方"

企业财务管理几大秘诀：地主家也要有余粮，存货管理无死角，盈亏平衡点指导市场与生产，选择最佳融资方式与最低资本成本，实施严格的内部控制有效规避各种风险。

第九章　企业现金管理技巧

缺乏现金是企业破产的主要原因，不是所有的利润都能变成现金，企业的日子过得好不好关键在于手中有没有"银子"。对于现金的管理，我们的口号是"企业要有过冬的干粮"。管理者除了需要知道"口袋"里该有多少现金，还需要时时关注现金是否还在"口袋"里。

一、现金：企业要有"过冬的干粮"

2008 年，金融危机导致很多企业破产，能够留下的都是那些现金流量比较高的企业。在发达国家一百多年来的历次金融危机中，80% 的破产企业虽然从账面上看起来是获利的，但是却因为资不抵债、现金流量管理不好而宣告破产。

缺乏现金的企业通常也缺乏应对环境不确定性的能力。一家企业的账面利润再高，如果没有足够的现金流量，也无法进行正常的经营活动，甚至因财务状况恶化而倒闭。主要表现如下。

①现金不足，一方面供货商将因企业赊欠货款的不断增加而终止供货，企业无法继续生产；另一方面，企业将因被追讨货款而官司缠身，无法正常经营。

②现金不足，无法按时发放工人工资，将导致企业人心惶惶，甚至导致工人罢工。

③现金不足，无法及时缴纳税金，将导致税务部门上门清收。

④现金不足，到期债务无法按时归还，借款本息无法支付，将导致企业被迫破产清算。

企业有"过冬的干粮"，能有效地帮助企业应对外部经济环境恶化所带来的负面影响，能大大增强企业的财务弹性。

二、"口袋"里该有多少现金呢

虽然现金是企业运营的命脉，但现金是不是越多越好呢？在前言中我们曾经提到一个重要观点：资金的时间价值。考虑到资金的时间价值，企业的现金持有量并不是越多越好。

1. 资金的时间价值

资金的时间价值指货币经历一定时间的投资和再投资所增加的价值，也称为货币的时间价值。资金的时间价值是没有风险和没有通货膨胀条件下的社会平均资金利润率。在计算资金的时间价值时通常按复利计算。

> **知识链接：单利与复利**
> 单利指的是计息时只在原有本金上计算利息，对本金所产生的利息不再计算利息。复利是把上期末的本利之和作为下一期的本金继续生息，让利息也能产生利息，就是俗称的"利滚利"。

让我们通过一个例子看看资金的时间价值。

某家长准备为孩子在银行存入一笔款项，想在5年后得到200 000元学费，假设5年期银行存款利率为5%。该家长目前应存入银行多少钱呢？

利率5%、5年期的复利现值系数为0.783 5，因此，目前需要存入的钱=200 000×0.783 5=156 700（元）。

也就是说现在的 156 700 元相当于 5 年后的 200 000 元。增值部分就是资金的时间价值。因此对于企业来说，并不是留存的现金越多越好，而是需要确定一个恰当的现金持有量，既满足企业对现金的需求，也将多余的现金进行投资以获得回报，提高资金的使用效率。

2. 企业现金需求的 3 个目标

现金是维持企业正常经营的保障。图 9-1 显示了企业现金需求的 3 个目标。

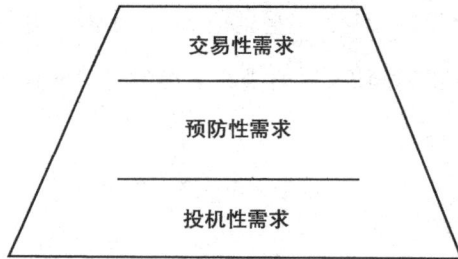

图 9-1 企业现金需求的 3 个目标

①交易性需求，即满足日常业务而产生的现金支付需要。企业日常经营过程中的收入和支出不可能做到同步同量，因此在收入大于支出的时候就形成现金置存，而在收入小于支出的时候就形成现金短缺。企业必须保留满足其交易性需要的最低水平的现金额才能使经营活动正常进行，以维持一定的企业信用。

②预防性需求，预防性需求是指置存现金以防发生意外的支付。企业有时会出现意想不到的开支，现金流量的不确定性越大，预防性现金的数额也就越大；反之，如果企业现金流量的可预测性强，预防性现金数额则可以小些。金融危机下企业对现金的需要加大就是这个原因。

③投机性需求，投机性需求是指当出现意外的获利机会时，企业有足够的资金可以介入以获得不寻常收益。例如，遇到有廉价的原材料或其他资产供应时，能有资金用于购买。不过，除了专门的金融公司或投资公司外，一般企业很少专门保留大数额的投机性目的的现金，因为通过临时的短期借款也可以获得所需资金。

因此，对企业而言，现金持有量过多或过少都不利于企业的经营发展。那应该如何确定企业最佳的现金持有量呢？

3.最佳现金持有量

现金管理的目的就是要使持有现金的成本最低而效益最大。企业既不能保留过多的现金，又不能保留太少的现金。持有的现金过多，会降低现金提供的流动边际效益；持有的现金过少，又不能满足企业生产经营各种开支的需要。到底保留多少现金才合适？这是现金管理的一个核心问题。最佳现金持有量，其确定要在持有过多现金产生的机会成本与持有过少现金而带来的短缺成本之间进行权衡。

（1）利用成本分析方法确定最佳现金持有量

企业持有现金的成本有3种，如表9-1所示。

表9-1 企业持有现金的成本

成本种类	含义	与现金持有量的关系
机会成本	占用现金的代价，表现为因持有现金不能将其投资到生产经营领域而丧失的收益	同向变化关系
管理成本	管理现金的各种开支，如管理人员工资、安全措施费等	无明显的比例关系
短缺成本	缺乏必要的现金，不能应付业务开支所需，而使企业蒙受的损失或为此付出的代价	反向变化关系

①机会成本。机会成本在经济学上是一种非常特别的成本，它是指一笔资金在专注于某一方面的投资后所失去的在其他方面的投资获利机会。若现金持有量过多，就丧失了进行投资获取收益的机会，即现金改为他用的机会成本。

②短缺成本。现金持有量过少，缺乏必要的现金会导致企业不能应付日常业务所需，从而使企业蒙受损失或为此付出代价。由此造成的损失称为短缺现金成本。

③管理成本。企业管理现金发生的各种开支，如管理人员工资、安全措施费等，构成现金的管理成本。

最佳现金持有量就是要在资产的流动性和盈利能力之间做出抉择，以获得最大的长期利润。企业可以通过分析持有现金的成本，寻找使持有成本最低的现金持有量。

现金持有总成本最低时的现金持有量即机会成本、管理成本和短缺成本之和最低时的现金持有量。成本分析是一种传统的分析方法，机会成本、管理成本和短缺成本3项之和的总成本线是一条抛物线，该抛物线的最低点即为持有现金的最低总成本。

【案例】假设某企业目前有4种现金持有方案可供选择，根据该企业以往的经验，各种方案下现金持有量的机会成本和短缺成本如表9-2所示，其中机会成本是按照企业的平均资本收益率12%确定的，由于管理部门的规模及人员工资等是固定的，因此现金的管理成本在4种情况下是一样的。该企业应选择哪种方案呢？

表9-2 企业现金持有方案成本分析

单位：元

方案	甲	乙	丙	丁
现金持有量	25 000	50 000	75 000	100 000
机会成本	3 000	6 000	9 000	12 000
管理成本	20 000	20 000	20 000	20 000
短缺成本	12 000	6 750	2 500	0
总成本	35 000	32 750	31 500	32 000

【点评】企业现金持有量越多，机会成本就越高，因为持有过多现金会丧失进行其他投资的机会；但同时，短缺成本最小，因为发生资金困难的可能性很小。综合4种情况分析，丙方案下现金持有量的总成本最低，因此可以确定该企业的最佳现金持有量为75 000元。

（2）利用现金周转模式确定最佳现金持有量

现金周期是指现金每周转一次所需要的时间。在第七章中我们了解了营业周期，现金周期不同于营业周期，二者之间的关系如下。

现金周期＝营业周期－平均付款期

在现金周转模式下，最佳现金持有量的计算过程如下。

①确定企业的现金周期。通常根据以往的经验判断。

②计算现金周转次数。

现金周转次数（T）=360÷现金周转天数

③确定最佳现金持有量（M）。

$$M = D \div T$$

其中：D为企业全年的现金需求量。

【案例】好控公司平均存货周转周期为70天，平均收账期为60天，平均付款期为50天，预计全年现金需求量为54 000元。该公司应确定的最佳现金持有量是多少呢？

营业周期 = 存货周转周期 + 平均收账期 = 70+60 = 130（天）

现金周期 = 营业周期 – 平均付款期 = 130–50 = 80（天）

现金周转次数 = 360÷现金周期 = 360÷80 = 4.5（次/年）

最佳现金余额 =54 000÷4.5=12 000（元）

【提示】现金周期模式通常情况下适用于现金需求确定和购买、生产和销售稳定的企业，如从事商品零售和批发的商贸企业等。

4. 做好现金的收支管理

企业进行现金管理是有技巧的，为降低现金管理成本，应该掌握和运用下述技巧。

①力争现金流量同步。尽量使现金流入与现金流出发生的时间趋于一致，使交易性现金余额降到最低水平。

②加速收款。在不影响未来销售的情况下，尽可能加快现金的收回，减少应收账款的周转时间。具体的操作技巧将在第十章中介绍。

③推迟应付款的支付。在不影响信誉的情况下，充分利用供货方所提供的信用优惠。

三、做好未来的现金流预测

上述对企业现金持有量的分析通常适合一个稳定的企业，其销售及生产均不会发生大的波动。当企业完成资本的原始积累进入快速发展时期，需要考虑加速扩张乃至上市等问题的时候，仅仅管理好手中的钱就远远不够了，还需要对未来的现金流进行预测，考虑企业在数年内的现金变化情况，从而选择相应的筹资方式，以备发展所需。这时，现金流预测就必不可少了。

企业现金流预测的步骤如下。

第一步：对未来经营状况进行预测。主要包括以下内容。

①预测企业未来的销售收入。根据企业的历史数据和未来发展战略进行预测。

②预测企业未来的销售成本。根据历史数据和环境变化进行预测。

③预测企业未来的营业费用。根据企业历史数据进行预测。

④预测企业未来的所得税。根据企业预计盈利状况进行预测。

⑤预测企业未来的营运成本。根据企业历史数据和发展战略进行预测。

⑥预测企业未来的固定资产。根据企业的发展战略进行预测。

第二步：对未来的现金流量进行预测。

未来现金流量的预测按表 9-3 中的步骤逐步得出。

表 9-3 现金流量预测表

单位：元

项目	2019 年	2020 年	2021 年	2022 年	2023 年
期初现金余额					
加：销货现金收入					
可供使用现金					
减：各项支出					
生产发生的现金支出					
营业及管理费用					
支付的各项税费					
购建长期资产					
股利					
现金多余或不足					
吸收投资					
借款增加额					
期末现金余额					

【提示】企业迅速扩张或有大的战略计划时必须进行未来现金流预测。现金流预测以收入预测为起点。在预测过程中主要根据企业的历史财务数据和未来几年的发展战略及市场环境的变化进行粗略估计，其目的是对未来现金流需求进行判断，并不需要预测得十分精确。通过预测，管理者可以了解在新战略环境下企业现金流可能存在的问题，提前考虑自己的资金筹集方式，避免出现现金短缺给企业造成灾难性后果。

四、现金还在"口袋"里吗

前面我们主要从现金持有成本及收入支出的角度帮助管理者了解如何把握现金持有额度及对企业的长期预测分析。除了现金的总体决策外，企业还需要加强对现金的日常管理，因为现金是最容易被盗用的资产。除了需要算清楚"口袋"里该有多少现金，还需要时时关注现金是否还在"口袋"里。广义的现金，包含库存现金、银行存款与其他符合现金定义的各种票证。其中，库存现金和银行存款是需要管理者特别关注的项目。

1. 现金管理技巧一：遵守现金管理制度

出纳人员挪用企业公款的案例时有发生、屡见不鲜。即使罪犯最后会被绳之以法，但给企业造成的损失却难以弥补。纵观各类现金盗窃案件，虽然其具体内容各不相同，但其根本原因却是企业现金管理存在漏洞。如果企业现金管理规范，上述行为很容易被发现。企业现金管理的漏洞主要表现为：①对现金、现金支票管理不善，未及时进行记账、核对及盘点；②企业库存现金大大超过规定额度，为盗窃现金提供了机会。

企业在管理现金时，应遵守并贯彻执行我国的现金管理制度，主要内容有4个方面。

第一，严格控制现金的使用。

通常情况下，企业可以在下列范围内使用现金。

①职工工资、津贴，个人劳务报酬。

②根据国家规定颁发给个人的科学技术、文化艺术、体育等各种奖金。

③各种劳保、福利费用以及国家规定的对个人的其他支出。

④向个人收购农副产品和其他物资的价款。

⑤出差人员必须随身携带的差旅费。

⑥结算起点（1 000）元以下的零星支出。

事实上，鉴于现金易被挪用的特点，企业应尽量减少现金的使用，能通过银行转账的款项就通过银行转账进行。例如直接将职工工资划到其银行存款账户上，就可以减少现金的周转行为。

此外，为加强现金管理，企业不得坐支现金。所谓坐支现金，就是直接将现金收入用于现金支出。

第二，企业应核定库存现金的限额。

一般库存现金的限额设定为企业3~5天日常零星开支所需的现金量，边远地区和交通不便地区的开户单位可以保留15天以下的日常零星开支所需的现金量。尽量避免企业留存过多现金。

第三，管好备用金。

备用金是单位内部各部门工作人员用作零星开支、业务采购、差旅费等以现金方式借用的款项。

实行备用金制度有利于各部门工作人员积极灵活地开展业务，从而提高工作效率，但必须做到专款专用，不得挪用和贪污，一经发现，严肃处理。

第四，管好现金支票。

使用现金支票，不论对外支付款项或补充库存，均需由财务负责人或其指定人签发。现金支票作废的，把存根联和正联重新粘到一起，在存根联和正联处各加盖作废章，放到指定地方保管；定期对支票使用情况进行核对。

2. 现金管理技巧二：定期组织库存现金的盘点

对于库存现金，企业需要登记库存现金日记账（俗称现金流水账），现金盘点就是将现金实存数与账面余额进行核对，以查明账实是否相符及盈亏情况。出纳人员应于每日业务终了时盘点一次，做到日清。企业应定期组织库存现金的盘点，通常包括对已收到但未存入银行的现金、零用金等的盘点。定期及时进行现金盘点，就能有效避免或及时发现可能存在的贪污挪用行为。

为了明确经济责任，在盘点库存现金时，出纳人员必须在场。现金盘点过程中应特别注意查明有无挪用库存现金，有无以白条、借条、收据及待报销凭证等充抵库存现金的现象，有无超限额保留库存现金和任意坐支库存现金等违反现金管理制度的现象，以及有无库存现金短缺或溢余的问题等。盘点库存现金的步骤如下。

①在进行库存现金盘点前，应由出纳人员将库存现金集中起来存入保险柜。必要时可以加封，然后由出纳人员按已办妥现金收付手续的收付款凭证逐笔登账，如企业现金存放部门有两处或两处以上，应同时进行盘点。

②由出纳人员根据库存现金日记账结出现金余额。

③盘点保险柜的库存现金实存数，同时编制"库存现金盘点报告表"。

④资产负债表日后进行盘点时，应将库存现金余额调整至资产负债表日的金额。

⑤盘点金额与库存现金日记账余额进行核对，如有差异，应查明原因，并做记录或适当调整。若有冲抵库存现金的借条、未提现支票、未报销的原始凭证，应在"库存现金盘点报告表"中注明或做出必要的调整。

对于库存现金的盘点结果，要填制"库存现金盘点报告表"，由盘点人和出纳人员共同签字或盖章方能生效。库存现金盘点报告表兼有"盘存单"和"实存账存对比表"的作用，是反映库存现金实有数的原始凭证，可以作为账实产生差异的原因和调整账簿记录的重要依据。表 9-4 是好控公司 2019 年 6 月 30 日库存现金盘点报告表。

表 9-4 库存现金盘点报告表

单位：元

实存金额	账存金额	实存和账存对比		备注
		长款	短款	
8 437.74	9 437.74		1 000	员工张亮借条一张，金额 1 000 元

五、加强银行存款的管理

银行存款是企业存放在开户银行的款项。银行存款可能出现的隐患包括：被本企业相关财务人员私自挪用转走，公款私用；被银行工作人员挪用；与客户的往来款项不清等。由于银行存款金额大，转移方便，是企业日常财务管理中应重点关注的项目。

1. 银行存款管理技巧一：管理好转账支票

管理转账支票，主要有以下几个要点。

（1）签发支票授权

使用转账支票，应由经办部门或经办人员持填写借据和结算凭证（包括购货发票、账单、收据等）经财务负责人和总经理（总裁）签字同意后，由出纳人员开出转账支票。凡不能预先取得结算凭证的，需要借用空白支票时，需填写借据并经财务负责人和总经理（总裁）签字同意后，由经办人员在出纳人员处办理借（领）用款手续，并在支票有关栏目填写签发日期、用途和限额，方可借出。

（2）专人管理

支票由出纳人员管理，领取支票需经办人员填写支票领用单，经总经理审批签字后，出纳人员方可签发。未经总经理同意，借用人不得改变支票用途。

企业应建立支票领用簿，凡领用者一律登记签字。

签发支票时，必须详细填写日期、用途、金额（或限额）。不得开空头支票或远期支票。

支票一经签发要妥善保管，如发生丢失，经办人员应立即向财务部门报告，并向银行挂失。

（3）支票报销

领取支票后，凭正式发票，经总经理审批后，出纳人员方可办理报销手续。

支票报销越及时越好，避免拖得太久最后给对账带来困难。可以要求在开出支票后3日内报销。如实际支出超过限额，回来后应重新补齐手续，报销后的原始凭证应加盖"转账付讫"戳记。

（4）登记银行存款日记账

登记银行存款日记账与库存现金日记账是企业对货币资金管理的重要手段。必须要求财务部门逐日登记银行存款日记账，对每笔收入或支出及时进行登记，这样便于月末与银行对账，及时发现有疑问的款项。

2. 银行存款管理技巧二：每月必须与银行对账

对于银行存款，企业应采用与开户银行核对账目的方法进行管理，即将企业的银行存款日记账与从银行取得的银行对账单逐笔进行核对，以查明银行存款的收入、付出和结余的记录是否正确。在与银行核对账目之前，企业应先仔细检查银行存款日记账的正确性和完整性；然后再将其与银行送来的对账单逐笔进行核对。很多挪用公款案是可以通过与银行对账发现的。

在实际工作中，企业银行存款日记账余额与银行对账单余额可能会不一致，其原因有两个：一是双方或某一方记账有错误。对于发生的记账错误，应及时逐笔核对查清并进行更正。二是存在"未达账项"。

知识链接：未达账项

"未达账项"是指银行、企业双方由于记账时间不一致而发生的一方已经入账而另一方尚未入账的款项。

未达账项有以下 4 种情况。

①银行已收款入账，企业尚未收款入账。以托收承付业务为例，外地某购货单位以汇兑方式支付企业销货款，银行收到汇款后已登记企业存款增加，而企业因未收到相关的汇款凭证而尚未登记银行存款增加。

②银行已付款入账，企业尚未付款入账。以委托付款业务为例，银行受托代企业支付水电费，银行已取得支付水电费的凭证，已登记企业存款减少，而企业因尚未收到银行支付水电费的相关凭证而尚未登记银行存款减少。

③企业已收款入账，银行尚未收款入账。例如，企业将销售商品收到的转账支票存入银行，根据银行盖章退回的"进账单"已登记银行存款增加，而银行尚未收款入账。

④企业已付款入账，银行尚未付款入账。例如，企业开出一张转账支票购办公用品，企业根据支票存根、发货票及入库单等原始凭证，已登记银行存款减少，而银行尚未收到付款凭证所以尚未登记企业存款减少。

上述任何一种情况的发生，都会使企业和银行之间的账簿记录不一致。因此，在核对账目时必须注意有无未达账项。如果有未达账项，应编制"银行存款余额调节表"进行检查核对，如果没有记账错误，调节后双方的账面余额应相等。

在编制银行存款余额调节表时，在企业和其开户行各方现有银行存款余额的基础上，各自加减未达账项进行调节的方法用公式表示如下。

企业银行存款日记账余额 + 银行已收企业未收款项 − 银行已付企业未付款项
= 银行对账单余额 + 企业已收银行未收款项 − 企业已付银行未付款项

【案例】好控公司 2018 年 6 月 30 日银行存款日记账的余额是 1 236 500 元，银行对账单的余额是 1 239 600 元，经过逐笔核对，查明有下列未达账项。

①6 月 29 日，企业收到天诚公司的转账支票 136 400 元，送存银行，银行尚未入账。

②6 月 29 日，企业开出转账支票一张，金额 97 000 元，支付购买材料款，当即入账，但持票人尚未到银行办理结算手续，因而银行尚未入账。

③ 6月30日，银行已收妥企业委托收款122 900元，并已入账，而银行收账通知尚未到达企业，企业尚未入账。

④ 6月30日，银行代企业支付水电费80 400元，而企业尚未接到银行的付款通知而未入账。

根据以上未达账项，编制银行存款余额调节表如表9-5所示。

表9-5 银行存款余额调节表

项目	金额	项目	金额
银行对账单余额 加：企业已收银行未收款 减：企业已付银行未付款	1 239 600 136 400 97 000	企业银行存款日记账余额 加：银行已收企业未收款 减：银行已付企业未付款	1 236 500 122 900 80 400
调节后余额	1 279 000	调节后余额	1 279 000

在表9-5中，经调整后，双方余额相等，说明双方记账相符，调整后余额是企业当时实际可以动用的存款数额。如果调整后双方余额还不相等，则说明记账有错误，应逐项查对并予以更正。

【案例】张诚与朋友投资50万元在中关村成立了一家电子产品生产公司，公司自行研发、设计、生产和销售电子产品。公司前期投入较大，而且产品还未定型，不能向市场进行推广，公司资金比较紧张，几位合伙人压力很大。为节省开支，张诚聘请了一位财务人员，由其担任出纳并负责现金和银行存款的记账及向税务部门报税等一系列工作。张诚自己就集中精力做产品研发和市场推广工作。

你认为张诚的做法有不妥之处吗？

张诚公司的货币资金管理存在严重漏洞。货币资金管理中，一条基本规范就是"管钱不管账，管账不管钱"。出纳人员和负责现金和银行存款记账的人员职责必须分离，如果不分离，很可能出现财务人员贪污挪用公款的情况。虽然表面上看是节省了一个人的工资费用，但即使是零星金额的贪污挪用累积起来也是很大的数目。张诚的公司必须加强货币资金的管理，避免出现一年到头白忙一场的情况。

第十章　企业应收账款管理

应收账款虽然是企业的债权，但只有收回来了才真正体现其作为资产的价值。企业需要在赊销政策所增加的盈利和成本之间权衡。加强对客户的信用评价，定期核对往来账，灵活运用现金折扣政策，完善对应收账款的财务管理，才能使发生坏账的概率降到最低。

一、应收账款：收回来了才是资产

2010年至2018年，上市公司应收账款余额呈逐年增加的趋势。最新数据显示，截至2018年第4季度末，3 604家上市公司2018年共实现营业收入45.39万亿元，比上年同期增长11.62%。2018年度上市公司共实现净利润总额为3.71万亿元，比上年同期下降0.39%。2018年全年上市公司应收账款余额的规模为4.86万亿元，为近年来应收账款存量最高点，2018年应收账款余额增长率为9.2%。

上市公司营业收入的十分之一为应收账款，超过了净利润总额。从风险角度而言，应收账款增加了企业的资金风险。企业不仅要为这些没有到手的钱支付流转税，而且更为关键的是，应收账款越多，则意味着发生坏账的可能性就越大。

1. 应收账款产生的原因

随着市场经济的发展和竞争的加剧，信用销售作为一种促销手段，被企业广泛采用。应收账款是指因对外销售产品或提供劳务应收未收的款项，包括应收销售款、其他应收款、应收票据等。应收账款是企业流动资产的重要组成部分，属于企业的债权。应收账款产生的原因如下。

（1）商业竞争

知识经济时代产品更新加剧，避免产品积压是企业经营中必须关注的问题。许多产品，如电子类产品、服装类产品不及时销售出去，日后将变得一文不值。为扩大销售或减少库存，除广为周知的"价格战"外，现金折扣、赊销等也是企业普遍采用的营销方式。这些营销方式会导致企业应收账款的形成。

（2）销售和收款的时间差距

除赊销之外，业务发生时间和实际收到货款的时间经常不一致，如有些供货周期比较长的产品，也会导致应收账款的形成。

2. 应收账款管理的目标

一方面，企业需要满足客户的信用要求以及时将商品销售出去；另一方面，企业要尽量降低应收账款管理成本，避免应收账款形成坏账的风险。对管理者而言，应收账款真是一个"两难"的问题。企业应收账款管理的目标就是在应收账款信用政策所增加的盈利和成本之间权衡。

企业持有应收账款需要付出一定的代价，主要是机会成本、管理成本、坏账成本。

①机会成本，是指资金投放在应收账款上而丧失的其他收入。例如，如果企业进行现金销售而不是赊销，收回的货款可以投资有价证券，从而产生利息收入，至少可以存入银行获得一定的利息收入；或者可以用于再次购买商品销售等。赊销导致丧失的这些收入就是应收账款的机会成本。

②管理成本，主要是对应收账款的日常管理而耗费的开支，主要包括对客户的资信调查费、账簿记录费、收账费用。通常情况下企业为收回货款还会发生催账费用，

这也是一笔不小的支出。

我国企业中，往往有一个或几个部门来负责收账，如销售部、财务部等，或者有些企业专门成立清欠办公室来负责收账。还有企业开始学习西方的信用管理理论，在企业内部建立信用管理部门，全面负责企业因信用销售（即赊销）而产生的风险问题。通常信用管理部门设置应收账款专员，专门负责收账。虽然实践证明将收账的职能独立出来能显著提高应收账款回收的效率，但这也增加了企业应收账款的管理成本。

③坏账成本，是应收账款无法收回而给企业带来的损失。这一成本一般与应收账款数量成同方向变动，即应收账款越多，坏账成本也越多。

因此，加强应收账款管理，对提高资金使用率、降低经营风险具有十分重要的意义。

二、应收账款管理技巧之一：是否该延长信用期

钱总目前碰到一个问题，公司销售部门根据客户要求提出将某产品的信用期从现在的 30 天放宽至 60 天。如果延长信用期，预计可使销售量增加 20%，从目前的年销售额 500 万元增加到 600 万元。该产品的毛利率为 20%，钱总公司投资的最低报酬率为 12%，相关资料如表 10-1 所示。

表 10-1 延长信用期的相关收益成本数据

项目	30 天	60 天
销售量（件）	100 000	120 000
销售额（元）（单价 50 元/件）	5 000 000	6 000 000
毛利润（元）	600 000	720 000
可能发生的收账费用（元）	30 000	50 000
可能发生的坏账损失（元）	50 000	90 000

改变信用政策导致收益的增加主要是销售额增加带来的毛利润增加部分。应收账款的机会成本是指应收账款增加导致企业丧失进行其他投资机会的成本，其具体数额就是应收账款总额按公司的投资报酬率计算出的收益值。

①收益的增加 = 毛利润的增加 =720 000–600 000=120 000（元）。

②应收账款占用资金的机会成本的增加计算如下。

30 天信用期机会成本 =5 000 000÷360×30×12%=50 000（元）

60 天信用期机会成本 =6 000 000÷360×60×12%=120 000（元）

改变信用政策导致应收账款机会成本增加额 =120 000–50 000=70 000（元）。

③收账费用和坏账损失的增加计算如下。

收账费用增加 =50 000–30 000=20 000（元）

坏账损失增加 =90 000–50 000=40 000（元）

④改变信用政策的净损益 = 收益增加 – 成本费用增加 =120 000 –（70 000+ 20 000+40 000）= – 10 000（元）。

从上面分析可以看出，延长信用期虽然表面上能增加毛利润 120 000 元，但综合应收账款的管理成本来看，最终会导致净损失 10 000 元。显然，钱总不应该改变公司目前的信用政策，还是应该维持目前 30 天的信用期。

三、应收账款管理技巧之二：是否该对所有客户实行赊销

赊销效果的好坏，依赖于企业的信用标准。真正的赊销风险不在于客户，而在企业内部。只有制定出一套合理的信用标准，才能防范坏账于未然。例如禁止对信用不好的客户实行赊销，那将能大大降低坏账发生的可能性。企业不能为扩大销售额盲目地对所有客户实行赊销。企业在制定或选择信用标准时应考虑以下因素。

①同行业竞争对手的情况。在市场竞争中，企业首先应考虑的是如何在竞争中处于并保持优势地位，保持并不断提高市场占有率。如果对手很强，企业就必须采取相对竞争对手来说较低的信用标准；反之，信用标准可以相应严格一些。

②企业自身承担客户违约风险的能力。当企业具有较强的抗风险能力时，就可以以较低的信用标准提高竞争力、争取客户、扩大赊销；反之，应选择较高的信用标准以降低违约的风险。

通常情况下，企业应对客户建立信用标准。建立信用标准是企业降低坏账发生可能性的重要手段之一。

信用标准，是指顾客获得企业的交易信用所应具备的条件。如果顾客达不到信用标准，便不能享受企业的信用或只能享受较低的信用优惠。信用标准是企业评价客户等级，决定是否给予或者拒绝客户信用的依据。设定信用标准，主要是为了评价客户赖账的可能性，可以通过"5C"系统来进行，如图 10-1 所示。

图 10-1 信用评价的 "5C" 系统

① 品质（Character）。品质是指客户的信誉。客户偿债的历史信息和口碑，是评价客户信用的首要因素。企业需要了解客户过去的付款记录，查实其是否有按期如数付款的良好习惯。通常经常来往且能及时付款的企业其品质会较高，对其进行信用销售的风险较小，而对于经常赖账或拖欠货款的企业则应适当收紧信用条件。

② 能力（Capacity）。能力是指客户的实际偿债能力，可以用流动资产的数量和质量以及与流动负债的比率来衡量。客户的流动资产越多、质量越好，其转换现金偿债的能力越强，应付风险的能力越大。当然，盈利能力强的企业偿债能力通常也会强一些。

③ 资本（Capital）。资本是指客户的财务实力和财务状况，如注册资本、总资产、净资产和所有者权益等，表明客户可能偿债的背景。一般情况下，企业规模越大，偿还债务的可能性越强，对小企业的信用销售则需要更加谨慎。

④ 抵押（Collateral）。抵押是指如果客户恶意拒付欠款或无力偿债时能被用作抵押的资产或承担连带责任的担保人。这对于企业不知底细或信用状况有争议的客户尤为适用。

⑤条件（Conditions）。条件是指分析可能影响客户偿债能力的经济环境（如经济衰退、金融风暴、通货膨胀等）对客户偿债能力的影响。这需要了解客户在过去类似环境中的偿债历史。

除上述方法外，也可用信用评分法，该方法是指选择若干财务比率并用线性关系评价客户的信用水平：首先给出各财务比率的权重，并确定标准比率；然后将客户的实际比率与标准比率相比较，评出每项指标的得分；最后求出总评分，根据总评分确定是否让该客户享受信用优惠。

2018年底以来，好控公司张总面临着一个难题：好控公司长期为某大型国有企业提供中控产品和安装调试服务，以往该国有企业付款均很及时。今年年底公司新领导上任改变了付款方式，将原来的项目安装调试验收完毕即付清全款的方式改为按进度审批制付款方式。根据公司的新规定，项目付款由专人管理，由项目经理申请，层层报批，然后由总经理签字后方可付款。这一新的付款规定增加了诸多审批环节，程序更为烦琐，大大延长了付款周期。付款方式改变后，好控公司完工的第一个项目已有9个月之久，但工程款尚有60%未付清。目前该国有企业又提出签署6个小项目的工程合同。到底该不该签署合同呢？公司自产矩阵的销售量仍然未取得重大突破，工程项目仍然是公司的主要业务来源，而该国有企业也是公司最大的客户之一。

【分析】从信用标准来看，按"5C"系统进行评价，该国有企业本属于信用等级高的客户，其资本、规模、能力及品质均有良好记录。但好控公司新的付款政策制定后其信用等级则大大降低。是否继续签约是一个需要全面考虑的问题。从好控公司目前的状况来看，对该客户的依赖程度还非常高，失去这一客户会使公司的营业额受到很大影响。但是，工程完工9个月尚有60%的款项未付清，给公司造成了极大的资金压力。如果后续项目均按如此付款进度进行，公司的现金流必然会十分紧张。该国有企业已成为好控公司的"鸡肋"客户，的确两难！开拓新的市场，发掘新的客户已成为好控公司迫在眉睫的工作。好控公司必须降低对单一客户的依赖，同时这也能使公司的应收账款管理更为理性。

四、应收账款管理技巧之三：定期核对往来账

1. 加强应收账款明细账的管理

诚创公司是一家成立仅2年、规模较小的电子产品生产公司。施特公司与诚创公司有业务来往，施特公司从诚创公司采购产品进行销售。2018年5月，施特公司的王会计提出与诚创公司核对往来账。王会计仔细核对了诚创公司发来的往来账，发现诚创公司对一笔3万多元的购货款未做登记。王会计汇报总经理后，总经理说不必提醒诚创公司，能少付款就少付款，并因此奖励了王会计。

诚创公司由于往来账管理不善，导致3万多元的应收账款未及时登记入账，而总经理却并不知晓。应收账款是企业重要的债权，如果不能有效管理就会成为"糊涂账"。这样的错误犯一两次，公司赚取的利润就会被吞噬掉大半，企业盈利从何谈起呢？

对于应收账款，企业应按照企业的具体债务单位名称开设明细账，对往来金额进行逐笔登记，这对于企业及时收回债权和控制对特定客户的信用销售具有一定的参考作用。表10-2是好控公司与客户黄山公司的往来账。好控公司按欠债单位名称对应收账款开设明细账。

表 10-2 应收账款明细账——黄山公司（三栏式）

单位：元

2019年 月	日	摘要	借方	贷方	借或贷	余额
1	1	上年结余			借	6 800
	6	销售 AV4×4 矩阵 25 台，货款未收	50 000		借	56 800
	12	销售 AV8×8 矩阵 20 台，货款未收	60 000		借	116 800
	25	收到货款		100 000	借	16 800
1	31	本期发生额及余额	110 000	100 000	借	16 800

从表10-2中可以详细了解到好控公司对黄山公司的销售及收款明细，企业需

要对有交易往来的所有客户的销售及回款情况分别按对方企业名称开设并登记明细账，这样企业的应收账款总额及其分布就一目了然了。管理者可以根据各个客户尚未支付的应收账款及时调整企业的信用标准，加强对应收账款的管理。

2. 定期与客户核对往来账

为保证企业债权的清晰、准确，企业应根据业务量大小及时间等因素对应收账款定期进行核对，并由双方当事人签章，作为有效的对账依据；如发生差错应及时处理。因此应收账款的核对显得尤为重要。

（1）明确责任归属

大多数企业应收账款的发生都很频繁，牵扯的单位也很多，因此在实际工作中会出现本单位明细账余额与客户单位往来账余额对不上的现象。其中一个主要原因是销售部门与财务部门责任不清。应收账款由销售而起，但却由财务部门管理。销售部门往往只管将产品销售出去，而不管款项是否能收回，认为收款是财务部门的工作。合同、单据、发票等的传递不及时会导致应收账款登记不及时。明确销售部门与财务部门的工作划分及衔接是加强应收账款管理的重要保证。

一般对账工作均是债权单位主动实施。如果债权单位应收账款记录不准确，客户可能会以往来账目不清楚为借口拒绝付款或拖延付款，给企业造成损失。

（2）明确销售人员对收款的责任

应收账款的对账工作可以由销售人员负责，让销售人员定期与客户对账，并将收款情况及时反馈给财务部门。销售人员可以按其管理的单位对产品的发出、发票的开具及货款的回笼进行序时登记，并定期与客户对账，由对方确认，从而为及时清收应收账款打好基础。将销售与货款回笼同销售人员的业绩结合起来考察，能促进公司货款的及时回收，最大限度减少损失，不失为加强应收账款管理的方法之一。

3. 制定恰当的现金折扣政策

现金折扣政策是企业为鼓励客户及早付款而采取的一种在总价款上有所优惠的

政策，通常对客户在商品价格上进行扣减，其主要目的是吸引客户为享受优惠而提前付款。其优点在于能缩短企业的平均收账期，企业也可借此提高销售量；但缺点是价格折扣会给企业带来一定的损失。

企业采取什么样的现金折扣政策要结合信用期来考虑，并分析折扣所带来的收益增量与成本孰高孰低，权衡利弊后确定最佳方案。

五、追讨债务也不易，谨防坏账

无论企业多么谨慎，只要采取信用销售的方式，发生坏账的可能性就不可避免。了解企业应收账款形成坏账的可能性，对判断企业的资产整体情况是有帮助的。

1. 坏账确认的标准

通常情况下，企业的应收账款如果符合下列两个条件之一，可以确认为坏账。

①因债务人破产或死亡，以其破产财产或遗产清偿后，仍然不能收回的债权。

②债务人逾期未能履行偿债义务超过3年，公司董事会经调查后判断确已无法收回的债权。

2. 应收账款账龄分析

对于可能发生的坏账金额，通常可以根据应收账款账龄进行分析，如表10-3所示。

表10-3 应收账款账龄分析表

应收账款账龄	账户数量	金额	占总额百分比
信用期内			
超过信用期1~30天			
超过信用期31~60天			
超过信用期61~90天			
超过信用期91~180天			
超过信用期181~360天			

应收账款账龄	账户数量	金额	占总额百分比
超过信用期 1 年以上			
超过信用期 2 年以上			
超过信用期 3 年以上			
应收账款总额			100%

一般地，账龄越长，发生坏账的可能性越大。编制应收账款账龄分析表的主要作用有两点。

①了解公司应收账款的分布情况。确定应收账款管理的重点，据此编制和实施催账计划，并可据此对客户的信用水平进行评价，调整企业的信用政策。

②判断各账龄段应收账款产生坏账的可能性。可以根据以前年度按账龄划分的应收账款组合的实际损失率，结合现时情况，针对不同账龄的应收账款确定不同的坏账比率。例如对 100 天以内的应收账款确定较低的坏账比率，如 2%；超过 1 年在 3 年之内的确定 5%~20% 的坏账比率；超过 3 年或 3 年以上全额确定为坏账。这样，企业能对应收账款的真实价值进行全面了解。

需要注意的是，如果企业应收账款出现大幅增长，意味着企业在透支未来，急于完成利润或者投资计划。

应收账款分析应与销售额（销售收入）分析、现金分析（经营活动现金流入）联系起来。应收账款的起点是销售，终点是现金。正常的情况是销售增加引起应收账款增加，现金的存量和经营现金流量也会随之增加。如果企业应收账款日益增加，而销售和现金日益减少，则可能是销售出了比较严重的问题，或者是企业放宽信用政策，或者是随意发货导致现金收不回来。

六、催账的五大技巧

催账不是简单的事情，对于管理者而言，既要催回账款，也要与客户保持良好的关系，避免关系恶化，其中蕴含着很多的智慧和方法。以下技巧或对管理者有所帮助。

1. 区分客户性质，催账量体裁衣

企业的客户由于性质不同，催账时采用的策略也应有所不同。通常，企业的客户可以分为3类：一是实力比较雄厚的合作单位，如政府部门、事业单位、国有企业等；二是"合作伙伴"，通常是经营比较稳定、有固定的长期往来的企业；三是结识不久的新朋友，如初次合作或仅合作一两次就欠了账又不急于还款的客户。

2. 调整心态，坚定催账信心

催账难，这是公认的事实。但摆正自己的心态更重要。首先，强调企业对欠款客户的支持以及付出的代价，确立优势心态。其次，直截了当表明催账目的，打消掉欠款客户任何拖、赖、推、躲的思想。不必担心催收太紧会使对方不愉快，影响以后的关系。如果这样认为，不仅收不到欠款，而且也保不住以后的合作。客户所欠货款越多，支付越困难，越容易转向别的企业进货，所以加紧催账才是上策。

3. 做好欠款的风险等级评估

结合应收账款账龄分析表，按照欠款预定的回收时间及回收的可能性，将欠款分为未收款、催收款、准呆账、呆账、死账几类。对不同类型的欠款，采取不同的催收方法，施以不同的催收力度。

4. 做好催收欠款全面策划

依据欠款期限的长短、欠款金额大小及类型、客户的信誉度、客户的资金实力、客户离企业远近等因素，做出一个分清轻重缓急的欠款回收计划。

5. 先礼后兵，以德服人

在具体实施催款行动时，要有礼有节，逐步推进，先礼后兵，以德服人。

第一步：感谢信代替催款通知书。首先表达对客户的感谢。这种方式通常对于

"好面子"的客户比较奏效。比较"体面"、需要"仰视"的单位一般把"脸面"看得重，感谢信会进一步增强这类客户的"优越感"，这样，这类客户付款会主动些。感谢之余将给对方按合同所供应的货物和货款、供货日期等一一列举，请求对方及时付款。

第二步：催款通知书。经过"感谢"的客户，经多次跟催，货款还是没有动静的，就需要专门发一封"催款通知书"。催款通知书应列明欠款事由、欠款数额、欠款日期、催账经过等。这种方式对第二类客户比较有效。

第三步：律师函。对第二个方案行不通的客户，就逐步进入法律程序。律师函不是正式的起诉书，"吓唬"的成分可能更大。只需花费不多的费用，对于第三类客户可考虑使用此种方式。

第四步：起诉。对于前三项努力都失败后的欠款客户，只能采取最后一个办法了，即请律师或自己直接起诉，进入司法程序。

要说明的是，每次的催账都要留下证据，例如，对外地的客户要保存好传真或邮递凭证，对于本地的客户尽量也通过邮寄的方式送达。这对于某些数额不明或有争议的欠款，都是一种间接的证据，如果对方对之前发出的催账欠款数额没有异议，超过一定期限都会被视为默认。对于大部分客户，常用的密集催款法即可奏效；而对于经营不善、有赖账倾向、濒临倒闭的企业，判断要准确、措施要果断、行动要迅速，使出财产保全、先下手为强的撒手锏，则为上上策。

七、其他应收款中的秘密

其他应收款与应收账款同为企业的债权，但二者之间有着较大的区别。应收账款通常是企业与客户购销往来发生的应收款项，其他应收款主要是企业暂借或预付的款项，如企业暂借给职工的差旅费、借给职工个人的款项、企业预付的租赁抵押金等。一般情况下，其他应收款金额会比较小。但是，其他应收款越来越表现出巨大能量，其金额不容忽视。

【案例】2019 年 5 月 29 日，深圳证券交易所给香雪制药（股票代码 300147）下发了年报问询函。其中，香雪制药的"其他应收款"的异常引发深圳证券交易所关注，2018 年香雪制药因项目合作、采购合作等，与陕西龙祥实业发展有限公司、广州市中芝源中药有限公司、茂名市恒发药材有限公司 3 家公司签订相应协议，并给 3 家公司账户分别支付 3.54 亿元、2.17 亿元、4.885 亿元现金等，造成年报"其他应收款"高达 11.38 亿元。深圳证券交易所亦问到，对于相关合作，是否履行必要的审批程序和信息披露义务。

"借给"关联方形成的其他应收款其实就是向关联方无偿提供资金。在深圳证券交易所的过问下，3 笔款项很快回到香雪制药账上。

2006 年 12 月 15 日，第一财经日报以"大股东占款第一大户三九集团"为标题对三九医药进行了报道。三九医药的其他应收款余额远远大于应收账款余额——历年的应收账款为 4 亿元左右，但其他应收款却高达 39 亿元左右，其他应收款是应收账款的近 10 倍。三九医药母公司三九集团未清欠金额高达 37.4 亿元，大抵相当于三九医药资产总额的一半。

其他应收款被形象地称为"垃圾科目"，成为企业的"垃圾堆"。通常，企业非法拆借资金、抽逃资本金、担保代偿款和挂账费用等，都被其他应收款"囊括"其中。尤其应关注企业与关联方发生的其他应收款。

目前，大股东资金占用出现从其他应收款中转移到预付账款中的现象，并有配套的业务往来合同，或者通过关联交易的形式实现由上市公司提款到控股股东的利益输送，上述形式更加具有迷惑性。因此，其他应收款、预付账款这些通常被认为金额不会太高的账户也需要关注。

第十一章 企业存货管理

存货是企业重要的资产，但存货只有卖出去了才能帮助企业实现盈利。存货管理是有成本的，确定最佳经济订货批量有助于降低企业存货管理的成本。存货是容易被盗窃的资产，ABC 管理法和定期盘点能有效防止存货的盗用。期末及时地对存货进行测试，有助于准确判断存货是否发生减值。

一、存货：卖出去了才能盈利

号称"国民男装"的海澜之家自 2015 年第四季度起因消费者支出下滑明显，出现存货积压。公司采用新增门店直销模式，在一定程度上缓解了存货积压的情况。2014—2018 年，海澜之家各年期末存货余额占营业收入比重一直为 50% 左右。2018 年海澜之家年报显示全年实现营业收入 190.1 亿元，同比增长 4.89%；净利润 34.5 亿元，同比增长 3.78%；扣除非经常性损益后的净利润为 32.7 亿元，同比下降 0.63%。2018 年末海澜之家存货为 94.7 亿元，较上年末的 84.9 亿元增加 9.8 亿元，同比增长 11.54%。公司存货压力明显上升。

年报显示，2018 年海澜之家资产减值损失为 3.8 亿元，同比去年增加 203%。海澜之家方面对此的解释是，期内计提存货跌价准备增加导致资产减值损失增加。这笔不小的损失，吞噬了一部分公司的主营业务利润。

海澜之家采用"平台+品牌"的连锁经营模式，近些年，受电商市场及不断崛起的新品牌冲击，海澜之家大刀阔斧调整品牌运营策略，在新增门店、提升门店效率两方面共同发力，在过去很长一段时间内，保证了海澜之家在全国快速扩张。但在门店扩张到一定规模后，存货管理低效的症结逐渐暴露出来。存货囤积不仅令人担心销售困难，如需要促销还可能导致毛利润下降。

存货，卖出去了才能盈利！到底应该如何管理存货呢？这是管理者需要特别关注的问题。

1. 存货的特征

存货是企业在日常活动中为出售或耗用而储存的各种资产。存货的内容和形态十分广泛，既包括准备销售的自制产成品、外购商品，也包括处在生产过程中的在产品，在生产过程或提供劳务过程中耗用的低值易耗品、材料和物料等。

存货具有以下 3 个特点。

①存货是有形资产，这一点有别于无形资产。

②存货具有较强的流动性。在企业中，存货经营处于不断销售、耗用、购买中，具有较强的变现能力和明显的流动性。

③存货具有时效性和发生潜在损失的可能性。在正常的生产经营过程中，存货能够规律地转变成货币资产或其他资产，但长期不能耗用的存货就可能变成积压物资或降价销售，从而造成企业损失。

由于存货种类繁杂，管理者需要关注产成品、自制半成品、原材料、在产品和低值易耗品等各类存货的数量是否合适，相互之间的比例关系是否恰当。

2. 存货管理的目标

企业究竟应该保持多少存货呢？企业存货管理必须满足两方面的需求。

（1）保证生产或销售的经营需要

通常情况下，即使市场供应量充足，企业也很难做到随时购入生产或销售所需的各种物资。这不仅是因为市场上随时可能会出现某种材料的断档，还因为企业距供货点较远而需要必要的途中运输及可能出现运输故障。一旦生产或销售所需物资短缺，生产经营将被迫暂停，造成损失。为了避免或减少出现停工待料、停业待货等事故，企业需要储存存货。

（2）出自价格的考虑

零购物资的价格往往较高，而整批购买在价格上常有优惠。但是，过多的存货要占用较多的资金，并且会增加包括仓储费、保险费、维护费、管理人员工资等在内的各项开支，即存货占用资金是有成本的，占用资金越多，成本越高。

存货管理的目标是要最大限度地降低存货投资上的成本，即以最低的成本提供企业生产经营所需的存货。在二者之间进行权衡，达到最佳结合。实现存货管理目标的主要方法是确定存货最佳经济订货量。

二、存货最佳经济订货批量

企业进行存货决策涉及 4 项内容：①决定进货项目；②选择供应单位；③决定进货时间；④决定进货批量。

决定进货项目和选择供应单位是销售部门、采购部门和生产部门的职责。财务部门要做的是决定进货时间和决定进货量（分别用 T 和 Q 表示）。按照存货管理的目的，企业需要通过合理的进货量和进货时间使存货的总成本最低，这个量叫作经济订货量或经济订货批量。有了经济订货批量，可以很容易地找出最适宜的进货时间。

经济订货批量是以企业的经济效益为目标，研究订货批量的多少与企业费用大小之间存在的各种数量关系，以寻找最佳订货批量的一种方法，从而使存货总成本最小。

1. 存货成本

存货管理的成本大体可以分为 3 类：存货的取得成本、存货的储存成本和存货的缺货成本。具体如图 11-1 所示。

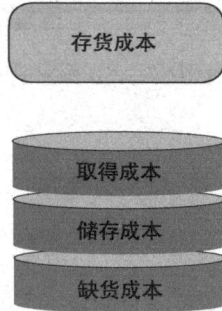

图 11-1 存货成本的构成

（1）存货的取得成本

存货的取得成本又包括存货的订货成本和购置成本。订货成本是指取得订单所需要的必须成本，如采购部门的基本开支、采购人员的差旅费等支出；购置成本是指存货的取得价值。这些成本中，一部分与存货订货次数无关，称为固定成本；一部分与存货订货次数直接相关，称为变动成本。假设存货取得成本为 TC_a，则可表达为以下内容。

①订货成本：取得订单的成本。

$$订货成本 = F' + \frac{A}{Q}F$$

F' 为固定成本；F 为变动成本；A 为存货年需要量；Q 为每次进货量。

其中，F' 与订货次数无关，如采购部门的基本开支。F 则与订货次数紧密相关，如采购人员的差旅费、运输费用等。

②存货的购置成本。

存货的购置成本就是存货本身的价值。

$$购置成本 = AU$$

A 为年需要量；U 为单价。

因此:

$$TC_a = F' + \frac{A}{Q}F + AU$$

(2)存货的储存成本

存货的储存成本是为保持存货而发生的成本,包括存货占用资金的机会成本、仓库费用、保管人员的工资、保险费用、存货破损和变质损失等。

$$储存成本 = C' + C\frac{Q}{2}$$

C' 为固定成本,与存货数量无关,如仓库费用及保管人员的工资等;C 为变动成本,与存货储存数量紧密相关,如存货占用资金的机会成本、保险费用、存货破损和变质损失等。

(3)存货的缺货成本

存货的缺货成本是指存货的供应忽然中断了,所造成的生产或销售上的损失。假定缺货成本为 S。

(4)存货总成本

存货总成本由上述 3 部分组成,假设用 TC 表示总成本,则总成本的计算公式如下。

$$TC = F' + \frac{A}{Q}F + AU + C' + C\frac{Q}{2} + S$$

2. 存货经济订货批量基本模型

存货决策的最优化,就是使存货成本最低。经济批量规划法因其科学性和合理性在企业存货管理中得到广泛应用。存货经济订货量的基本模型如下。

$$Q^* = \sqrt{\frac{2AF}{C}}$$

Q^* 是每次最佳订货批量。在这个公式的基础上,还可以演变出经济订货批量基本模型的其他形式，包括每年最佳订货次数 N^* 的计算公式。

$$N^* = \sqrt{\frac{AC}{2F}}$$

以下为存货订货总成本 $TC(Q^*)$ 的计算公式。

$$TC(Q^*) = \sqrt{2AFC}$$

【案例】好控公司每年耗用某种电子芯片 3 600 个，该材料单位成本为 10 元，单位存储成本为 2 元，一次订货成本为 25 元。该公司的最佳订货批量、订货次数、存货订货总成本是多少呢？

$$A = 3\ 600;\ F = 25;\ C = 2$$
$$Q^* = \sqrt{\frac{2AF}{C}} = \sqrt{\frac{2 \times 3\ 600 \times 25}{2}} = 300(\text{个})$$
$$N^* = \frac{A}{Q^*} = \frac{3\ 600}{300} = 12(\text{次})$$
$$TC(Q^*) = \sqrt{2AFC} = \sqrt{2 \times 3\ 600 \times 25 \times 2} = 600(\text{元})$$

因此，好控公司该芯片的最佳订货批量为每次 300 个芯片，全年最佳订货次数为 12 次，存货订货总成本为 600 元。

三、存货计价方法

存货的计价方法对存货价值的认定具有重要影响，存货在企业内部不停周转，经过购进、发出（包括领用和销售），最终剩余部分留存企业。这一过程中存货的价值之间存在以下关系：

期初库存存货成本 + 本期购进存货成本 = 存货销售成本 + 期末库存存货成本

其中，期初库存存货成本可以从上期财务数据中取得，存货取得成本亦比较容易确定，但期末存货价值的确定就存在很大的主观性。确定发出存货（包括领用和销售）成本就能同时确定期末存货成本。选择不同的计价方法将对企业存货销售成本及存货期末成本产生重要影响。因此需要对取得存货的成本和存货的期末成本进行准确计价。存货计价可以有多种不同的方法。由于存货实物流转和成本流转通常存在不一致的情况，所以对发出的存货进行计价时通常会对存货实物流转进行假设。常用的存货发出的计价方法有先进先出法、加权平均法、个别计价法、毛利率法等。

1. 先进先出法

先进先出法假定先购进的存货先发出。首先在存货购进时按时间先后顺序逐笔登记其成本和数量，存货发出时假定先购进的存货先发出，这样每发出一次存货就能确定其成本，并结出库存存货的成本。表 11-1 是好控公司按先进先出法对原材料电路板的登记管理。

表 11-1 先进先出法下存货的计价

摘要（2018 年 12 月）	收入			发出			结存		
	数量（个）	单价（元）	金额（元）	数量（个）	单价（元）	金额（元）	数量（个）	单价（元）	金额（元）
期初余额							300	50	15 000
10 日购进	900	60	54 000				300	50	15 000
							900	60	54 000
11 日发出				300	50	15 000	400	60	24 000
				500	60	30 000			
18 日购进	600	70	42 000				400	60	24 000
							600	70	42 000
20 日发出				400	60	24 000	200	70	14 000
				400	70	28 000			
23 日购进	200	80	16 000				200	70	14 000
							200	80	16 000
本月发生额及余额	1 700		112 000	1 600		97 000	200	70	14 000
							200	80	16 000

从表 11-1 可以看出，在先进先出法下，每次存货购进、发出时都需要登记数量和金额，而且存货发出时就能确定发出存货的成本，从而推断出库存存货的成本。

这种方法下存货价值流转与存货实物流转较一致，但平时要逐笔登记。在存货购进成本大幅变化的情况下，期末存货的计价容易偏离其真实价值。

2. 加权平均法

加权平均法是将企业存货的期初价值与多次购进存货的价格进行加权平均后，得到发出存货的单位成本的方法。

$$存货单位成本 = \frac{月初结存金额 + \sum（本月各批收货的实际单位成本 \times 各批收货的数量）}{月初结存数量 + 本月各批收货数量之和}$$

本月发出存货成本 = 本月发出存货数量 × 存货单位成本

月末库存存货成本 = 月末库存存货数量 × 存货单位成本

根据表 11–1 中数据，加权平均法下存货成本计算如下。

$$存货平均单位成本 = \frac{15\,000 + 54\,000 + 42\,000 + 16\,000}{300 + 900 + 600 + 200} = 63.5（元/个）$$

本月发出存货成本 = 1 600 × 63.5 = 101 600（元）

月末库存存货成本 = 400 × 63.5 = 25 400（元）

加权平均法下，企业可以在期末一次计算出存货的单位价值，减少了计算的工作量，但平时发出存货时不能及时得出存货平均成本。企业可以采用移动加权平均法及时计算出存货成本。

3. 个别计价法

个别计价法是指对每件存货单独计价，主要用于贵重的存货，如船舶制造厂生产的船舶等。

4. 毛利率法

毛利率法适用于采用定期盘存制的零售商业企业，通常一年盘点一次存货，月末可按毛利率估计存货价值及销售成本。采用这种方法要求企业各期毛利率基本一致。相关计算公式如下。

本期商品销售毛利 = 本期商品销售收入 × 上期实际毛利率

本期商品销售成本 = 本期商品销售收入 − 本期商品销售毛利

根据毛利率推算出本期存货销售成本，然后推算出月末库存存货的成本。

四、存货期末计价：存货发生贬值了吗

2014 年 11 月，獐子岛发布公告称，2014 年 9 月 15 日至 10 月 12 日，公司秋季底播虾夷扇贝存量抽测发现部分海域的底播虾夷扇贝存货异常。根据公司抽测结果，公司决定对 105.64 万亩海域成本为 73 461.93 万元的底播虾夷扇贝存货放弃采捕、进行核销处理，对 43.02 万亩海域成本为 30 060.15 万元的底播虾夷扇贝存货计提跌价准备 28 305 万元，扣除递延所得税影响 25 441.73 万元，合计影响净利润 76 325.2 万元，全部计入 2014 年第三季度。

2018 年 4 月，獐子岛再次发布公告称，公司在 2018 年 1 至 2 月份进行 2017 年度底播虾夷扇贝的年末存量盘点工作过程中，发现部分养殖海域虾夷扇贝死亡严重，亩产过低，部分养殖海域亩产下降。根据最终盘点结果以及 2017 年末底播虾夷扇贝账面成本等相关财务数据，依据《企业会计准则》的相关规定，对 2014 年、2015 年及 2016 年投苗的 1 071 634 亩底播虾夷扇贝存货成本 577 579 518.60 元进行核销处理。

2018 年度财务报告显示 2018 年公司计提各项存货跌价准备 1 556.7 万元。

存货是极易发生跌价的项目，通常情况下，企业需要对期末存货的价值进行重新估计，判断是否存在跌价的可能性。通常采用成本与可变现净值孰低法对期末存货进行计价。

成本与可变现净值孰低法是指对期末存货按照成本与可变现净值两者之中较低者计价的方法。当可变现净值低于成本时，期末存货按可变现净值计价，同时按照成本高于可变现净值的差额计提存货跌价准备。

计提存货跌价准备的主要目的是使存货符合资产的定义。当存货的可变现净值

下跌至成本以下时，由此所形成的损失已不符合资产的定义，不能为企业带来未来的经济效益，因此，应将这部分损失从资产价值中抵销。成本与可变现净值孰低法的运用越来越广泛，美国、日本、加拿大等国家都规定存货应按成本与可变现净值孰低法计价。企业在中期期末或年度终了，对存货进行全面清查，如由于存货遭受毁损、全部或部分陈旧过时或销售价格低于成本等，使存货成本不可收回的，应提取存货跌价准备。

对于存货期末成本与可变现净值，可以采用单项比较法、分类比较法和总额比较法进行比较。表 11–2 是好控公司原材料类存货和产成品类存货期末成本与可变现净值的比较。

表 11–2 好控公司的存货成本与可变现净值

单位：元

名称	成本	可变现净值	单项比较法	分类比较法	总额比较法
原材料类存货：					
甲	64 000	60 000	60 000		
乙	60 000	62 000	60 000		
小计	124 000	122 000	120 000	122 000	
产成品类存货：					
丙	120 000	124 800	120 000		
丁	144 000	156 000	144 000		
小计	264 000	280 800	264 000	264 000	
合计	388 000	402 800	384 000	386 000	388 000

单项比较法下，将各类、各项存货逐项比较其成本与可变现净值，取其较低者为期末价值。这种情况下好控公司估计存货可能发生贬值的金额为 4 000 元（388 000 － 384 000），应据此提存货跌价准备。

分类比较法下，将存货按原材料和产成品两大类进行总量比较，取其成本与可变现净值较低者为期末价值。这种情况下好控公司估计存货可能发生贬值的金额为 2 000 元（388 000 － 386 000），应据此提存货跌价准备。

总额比较法下，对存货不分类别进行总量估计，好控公司存货成本小于可变现净值，则估计不发生贬值，不计提存货跌价准备。

【分析】显然，对存货期末是否发生减值进行估计时，分类越细，对存货价值的判断越准确，也更有助于管理者了解企业存货的真实状况。

五、存货还在仓库里吗

施特公司是生产销售集中控制系统的公司，公司总部在北京，生产基地在武汉，并在上海、深圳、西安等地均设有销售分部。各销售分部根据销售合同通过总公司从武汉调货，产品出现质量问题则退回武汉基地返修。上海销售分部是公司销售额最大的部门。2018 年底，由于一场经济纠纷，上海销售分部卷入诉讼，上海销售分部的经理及销售人员也遭到调查。上海销售分部人员居住的公寓由公司提供并支付租金。在对销售人员的调查中发现，公司的一些产品被销售人员搬回到自己的住处，这些中控系统每套的市场价值在 2 万元以上。公司仓库的库存商品与账面余额早已不符。

存货是企业重要的资产，也是非常容易被盗窃和挪用的资产，因为存货较容易变现。施特公司存在的最大问题是对存货的入库与出库未进行严格的管理，导致存货被盗窃。"家贼难防"！企业必须加强存货管理，以确保资产不被侵占。存货管理需要从实物和账面两个方面着手。

1. ABC 分类管理法

ABC 分类管理法又称为重点管理法。其基本思想是按照存货的品种和占用资金的多少将企业的全部存货分为 A、B、C 3 类。A 类存货是特别重要的存货，这些存货品种少，而单位价值却较大。实务中，A 类存货的品种数大约只占全部存货总品种数的 10% 左右，而从一定期间出库的金额看，A 类存货出库的金额大约要占全部存货出库总金额的 70% 左右。属于 C 类的是为数众多的低值易耗品等项目。从品种数量来看，C 类存货的品种数大约要占全部存货总品种数的 70% 左右；而从一定期间出库的金额看，C类存货出库的金额大约只占全部存货出库总金额的10%左右。B类存货则介于这二者之间，从品种数和出库金额看，大约都只占全部存货总数的20%左右。ABC分类管理法针对这3种不同等级的存货分别进行管理和控制。对金额高的A类存货，作为重点加强管理与控制；对B类存货按照通常的方法进行管理和控制；C类存货品种数量繁多，但价值不大，可以采用最简便的方法加以管理和控制。

对于企业A、B、C 3类存货，由于各类存货的重要程度不同，采用的控制方法也不应相同。

（1）严密监控A类存货

对于A类存货要计算每个项目的经济订货批量和订货点。A类存货应在不发生缺货的条件下尽可能减少库存，实行小批量订货，适当增加订购次数，以减少存货积压，目的在于减少存储费用和存货的资金占用；同时，还可以为A类存货分别设置永续盘存卡片，每月进行盘点，以加强日常控制，避免盗窃行为的发生。

（2）定期检查B类存货

对于B类存货也需要事先计算各个项目的经济订货批量和订货点，同时设置永续盘存卡片来反映库存动态，但要求不必像A类存货那样严格，只要定期进行概括性的检查就可以了，以节省存储和管理成本。通常需要半年盘点一次。

（3）控制C类存货总量

C类存货数量较多，且单价较低，存货成本也相对较低，因此，可以适当增加每次订货数量，减少全年的订货次数。对这类存货日常的控制，一般可以采用一些较为简化的方法进行管理，如"双箱法"。

所谓"双箱法"，就是将某项库存分装两个货箱，第一箱的库存量是达到订货点的耗用量，当第一箱用完时，就意味着必须马上提出订货申请，以补充生产中已经领用和将要领用的部分。

2. 存货盘点制度

对于企业的存货，要定期进行盘点以判断其账面数和实存数是否一致。存货盘点通常可采用两种方式：永续盘存制和实地盘存制。

（1）永续盘存制

永续盘存制亦称账面盘存制，是指企业平时在经济业务发生后及时在有关账簿记录中对各项财产的增加数和减少数进行连续登记，并随时在账簿上结算出各种财产账面结存数额的一种方法。在实务处理过程中，当收入和发出某项财产时，会计人员应根据有关会计凭证及时将收入数和发出数（包括收入数量和金额及发出数量和金额）登记在相应的明细账簿的收入栏和发出栏，并将收入与发出所引起的该项财产的结存数额及时结出，登记在账簿的结存栏内。

【案例】A公司2018年5月芯片80C51期初结存数额为40片，材料单价为15元。该月发生下列收入、发出材料业务：3日，购进入库200片，实际成本为3 000元；5日，生产领用120片，实际成本为1 800元；9日，购进入库300片，实际成本为4 500元；12日，生产领用120片，实际成本为1 800元；15日，生产领用240片，实际成本为3 600元；23日，购进入库100片，实际成本为1 500元。

按照永续盘存制的方法，该项材料在明细账上的收入、发出和结存情况的记录如表11-3所示。

表11-3 原材料明细分类账（永续盘存制）

材料名称：芯片80C51

2018		摘要	收入			发出			结存		
月	日		数量（片）	单价（元）	金额（元）	数量（片）	单价（元）	金额（元）	数量（片）	单价（元）	金额（元）
5	1	期初余额							40	15	600
	3	购入	200	15	3 000				240	15	3 600
	5	发出				120	15	1 800	120	15	1 800
	9	购入	300	15	4 500				420	15	6 300
	12	发出				120	15	1 800	300	15	4 500
	15	发出				240	15	3 600	60	15	900

2018		摘要	收入			发出			结存		
月	日		数量（片）	单价（元）	金额（元）	数量（片）	单价（元）	金额（元）	数量（片）	单价（元）	金额（元）
	23	购入	100	15	1 500				160	15	2 400
5	31	本月合计	600	15	9 000	480	15	7 200	160	15	2 400

采用永续盘存制，财产物资的每次购进和发出都有严格的手续，企业可以随时通过账面记录反映和掌握各项财产的增减和结存状况，有利于加强对财产的管理；缺点是财产的明细分类核算工作量较大，特别是对财产品种复杂、繁多的企业。由于管理不善或财产物资保管存在问题等诸多原因，在永续盘存制下也可能发生账实不符的情况，因此这种盘存制度下仍需对财产进行清查盘点，以查明是否存在账实不符的情况。

（2）实地盘存制

实地盘存制亦称定期盘存制，是指通过定期对实物的清查，来确定各项财产的期末结存数量，从而计算出财产的发出数量和金额以及结存数量和金额的一种方法。在实地盘存制下，对于某一会计期间财产物资的增减变动，会计人员平时只根据会计凭证在有关账簿中逐笔登记增加数（包括增加数量和金额），不登记减少数，到月末，以实地盘点的财产实存数量作为期末账面结存数量，计算结余金额作为账存金额，然后倒推出财产的当期减少数（盘存计耗或盘存计销），并据此在有关账簿中进行登记。因此，准确盘点、计算会计期末各项财产的实存数量和金额，是计算、确定本月财产减少数的依据。

【案例】在上述案例中，假定A公司5月末实地盘点芯片80C51的结存数量为150片，每片单价为15元，共计2 250元，按照实地盘存制，该月芯片80C51的存货记录如表11-4所示。

表 11-4 原材料明细分类账（实地盘存制）

材料名称：芯片 80C51

2018		摘要	收入			发出			结存		
月	日		数量（片）	单价（元）	金额（元）	数量（片）	单价（元）	金额（元）	数量（片）	单价（元）	金额（元）
5	1	期初余额							40	15	600
	3	购入	200	15	3 000				240	15	3 600
	9	购入	300	15	4 500				420	15	6 300
	23	购入	100	15	1 500						
	31					490	15	7350			
5	31	本月合计	600	15	9 000	490	15	7350	150	15	2 250

采用实地盘存制，平时不登记减少数，简化了日常会计记录和核算工作；但是不能及时反映各项财产的收付和结存情况。

【探究·思考】两种盘存制度的优缺点何在？分别适合哪些企业？"以存计耗""以存计销"指的是哪种盘存制度？

从上述案例中可以看到，永续盘存制下存货期末结存为 160 片，而实地盘存制下通过期末盘点得知期末存货仅结存 150 片，对于短缺的 10 片存货无法追究相关的责任人，导致存货容易被挪用。

而且，由于实地盘存制采用"以存计销"或"以存计耗"的方式，倒推销售成本或耗用成本，这就有可能将一些库存财产损耗、差错、损失和短缺等计入销售成本或耗用成本，掩盖财产管理上存在的问题，并影响成本计算的明晰性和正确性。

由于实地盘存制存在以上缺点，所以它适用范围很小，一般对商业企业的品种多、价值低、交易频繁的商品，以及数量不稳定、损耗大且难以控制的鲜活商品等（如食材等）采用实地盘存制进行核算管理和清查。在工业企业的财产物资核算中，很少采用实地盘存制。一般情况下企业应采用永续盘存制，对各项财产物资既要设置明细账，存货入库和出库时都需要严格记录数量并由相关人员签字，登记存货收发和结存数额，又要定期通过实物盘点确定存货实存数额，并将实存数与账面结存数相核对，以便做到账实相符，利于加强会计监督。

3. 存货清查

存货清查通常也称为存货盘点，是了解企业存货实存数与账面数是否一致的重要手段，也是企业财产清查的主要内容之一。企业在年末时通常需要对各种存货，如材料、半成品、产成品、外购商品等进行全面清查。对实物财产的清查应从数量和质量两方面进行，即检查数量是否与账簿记录一致、质量是否符合相应的要求。为了明确经济责任，在进行存货盘点时，有关财产物资保管人员必须在场，并参加盘点工作。具体清查程序如下。

（1）清点实物

清查人员可采用实地盘点法对实物点数、过秤或度量，来确定其实存数量。在清查过程中应当注意的事项有：对于各种库存材料、产成品，应注意核对其品名、数量是否与标签标明的内容一致，有无名不符实或毁损变质的情况；对于在产品、半成品除清点数量外，同时还要注意其配套性和完工程度等；对委托加工的外存实物、在途实物的清查，可采用与外单位核对的方法，查明账实是否相符。清查后，要加强实物的管理，防止前清后乱。

（2）登记盘存单

清点实物后，应将清点结果记入盘存单中，并由盘点人员和实物保管人员签字、盖章。对各项财产物资的盘点结果，应逐一如实地登记在事前准备的盘存单上，并由参加盘点的人员和实物保管人员同时签章生效。盘存单是反映清查日实物的实有数量和质量情况、记录各项财产物资实存数盘点的书面证明，也是财产清查工作的原始凭证之一。盘存单中各项实物的类别、编号、名称、规格和计量单位等必须与会计账簿记录中的内容一致，以便与账面资料进行核对。A 公司 2018 年 5 月 31 日原材料盘存单如表 11-5 所示。

表 11-5 原材料盘存单

编号	名称	规格型号	计量单位	数量	单价（元）	金额（元）	备注
121101	芯片	80C51	片	150	15	2 250	
121103	芯片	80C54	片	100	20	2 000	
121104	芯片	AD0809	片	38	75	2 850	

编号	名称	规格型号	计量单位	数量	单价(元)	金额(元)	备注
121105	芯片	AD0813	片	21	115	2 415	

盘存单的"数量"栏，应在清查时如实填写。"单价"栏，一般按有明细账记录的单价填写；如果是账外财产，单价无据可查，可以按同类或类似资产的市场价格或估计价格填写；如果该项财产是残旧物品或已变质、毁损，则应按质论价，以确定单价。"金额"栏是根据实有数量和单价计算填列的。"备注"栏内应注明储备不足或超储、积压、呆滞、不配套以及质量等情况。

（3）编制实存账存对比表

为了进一步查明盘点结果与账面结存余额是否一致，确定财产盘盈、盘亏情况，还要根据盘存单和有关账簿记录，填制实存账存对比表（也称"盘点盈亏报告表"）。通过对比，确定各种实物资产的实存数与账存数之间的差异，用以调整账簿记录，分析产生差异的原因，明确经济责任。实存账存对比表的一般格式如表11-6所示。

表11-6 实存账存对比表

名称	规格型号	计量单位	单价（元）	实存		账存		实存与账存对比				备注
				数量	金额（元）	数量	金额（元）	盘盈		盘亏		
								数量	金额（元）	数量	金额（元）	
芯片	AD0809	片	75	38	2 850	40	3 000	1	115	2	150	保管员责任
	AD0813		115	21	2 415	20	2 300					计量误差
合计								1	115	2	150	

六、巧妙判断存货舞弊

埃迪(Eddie)公司是美国的一家电器零售公司，到1970年已拥有43家销售分店，销售额达到3.5亿美元，财务报表税前净收益为2 100万美元，市值超过5亿美元。

电器行业是周期性和竞争性很强的行业，存在重大的客户经营风险。在其他电器零售商困难时，埃迪公司似乎逆行业趋势仍在增长，但这是一个"幻觉"。1989年底，该公司申请破产，并关闭了所有的分店，清理资产后投资者蒙受了巨大的损失。

监管部门调查发现，该公司存在着严重的财务舞弊现象，最严重的一项存货高估了650万美元。这引发了一系列范围广泛的法律诉讼，其中包括对CEO的指控，他被指控犯有欺诈罪而被判入狱。

这起案件自然引发一个问题，即为什么审计师未能在年度审计中发现舞弊。审计师的辩护理由是，精心策划的舞弊是很难发现的。参与舞弊或知悉舞弊的人员包括主计长、内部审计负责人和应付账款负责人。该公司采取的一种舞弊手段是在审计师到达盘点现场前将存货从一个分店迅速运至另一个分店。另一舞弊方法是为掩盖各处存货短缺的事实而销毁记录。因此审计师认为，如果存在大范围的串通合谋，要发现舞弊几乎是不可能的。

在进行财务分析时，要关注企业的存货是否正常，如果存货存在异常现象则要进一步关注是否存在存货舞弊的现象。具体分析时应注意以下两点。

1. 关注存货项目的明细资料

应关注构成存货的产成品、自制半成品、原材料、在产品和低值易耗品之间的比例关系。各类存货的明细资料以及对存货重大变动的解释，在报表附注中应有披露。正常情况下，各类存货之间存在某种比例关系。如果产成品大量增加，其他项目减少，很可能是销售不畅，放慢了生产节奏。此时，总的存货金额可能并没有显著变动，甚至尚未引起存货周转率的显著变化。因此，在分析时既要重点关注变化大的项目，也不能完全忽视变化不大的项目，因为其内部可能隐藏着重要问题。

2. 判断存货总量是否合适

存货中的在产品或者产成品大幅增加时，首先要判断固定资产是否有大幅投资增长，或者增设了匹配数量的分支机构，并且在这种情况下营业收入也会有大幅的增长；如果不是上述状况，那么可能存在存货积压的现象。存货积压是超正常需求的储备，其导致的财务后果是：毁损、仓储费用和跌价风险上升，增加存货持有成本，降低企业资产获利能力（存货周转率下降），同时加大了企业未来的资金压力；为了弥补流动资金的积压，企业会增加贷款，发生刚性较强的财务费用支出。

3. 关注存货跌价准备

前面讲到存货期末采用成本与可变现净值孰低法计价，这种计价方法有助于管理者更好地判断企业存货的真实价值。但估价具有较强的主观因素，且存货跌价准备最终作为一项费用会导致企业利润的减少。因此，存货跌价准备也提供了一定的利润操作空间。

【提示】通常情况下，企业存货在资产中的比重、存货内部各项目的构成、企业的销售成本率以及存货跌价准备从长期来看都应该具备稳定的变化趋势，如果上述指标在某年度发生异常变化和波动，总经理需要关注企业是否有重大战略调整或规划等，如果没有，就需要怀疑是否存在存货舞弊的嫌疑了。"知己知彼，百战不殆"是商场制胜的法宝！

第十二章　企业成本控制

成本、费用和支出是 3 个不同的概念，降低成本和费用就意味着提升企业利润。控制成本是企业盈利的根本保障。剖析成本项目的构成，控制料、工、费；了解成本习性，摊薄固定成本，是提升利润的重要途径。盈亏平衡点是企业经营的保本点，只有销售量超过保本点，企业才能盈利。

一、成本、费用、支出：含义各不相同

钱总在公司的年终总结上向员工提出了下一年公司的发展战略，准备从 3 个方面扩大公司的规模和提高市场占有率：一是加大对现有产品的营销工作，准备在几个新一线城市召开产品发布会；二是抓紧研究新产品，拟高薪聘请数名高水平研发人员；三是加快设备的更新配套工作。员工感叹说：这样一来，我们的成本就高啦！公司的利润就要降低啦！控制成本也就将是我们下一年的重要任务！

钱总的规划非常振奋人心，但公司下一年发展战略的实施会导致成本上升吗？产品营销费用、研发人员工资和新设备购进都属于成本项目吗？仔细推敲起来，员工的话里面存在不少错误呢！成本、费用、支出是 3 个不同的概念。公司可能增加的几项支出并不都直接导致成本增加。我们再看另一个熟悉的情景。

电力、自来水等行业的产品一般由政府制定价格，通常采用"成本加成"模式，

即在企业的成本基础上增加部分利润（如15%~20%）。因此企业的成本是其价格制定的重要依据。多年来相关部门与电力、自来水企业的博弈最终还是以水费、电费涨价告终，由消费者买单。电力、自来水企业的成本真实吗？

一份对某地自来水公司的财务分析发现，该公司将管理人员的工资和薪酬都计入成本。该地自来水行业员工具有较高的平均工资、较高的隐性收入以及较好的福利。这些支出都属于成本吗？消费者该为这些行业员工的高工资买单吗？

在成本加成的价格制定模式下，产品的成本是制定价格的重要依据。但成本、费用、支出是3个不同的概念。例如，企业员工的薪酬支出并不都应该计入成本。作为管理者，弄清成本、费用和支出3个概念的内涵和区别实在很有必要。

1. 成本、费用、支出概念辨析

成本、费用、支出是我们经常挂在口头上的名词，但准确地说，三者的内涵和外延并不相同。我们可以通过图12-1对3个概念做出清晰的解释。

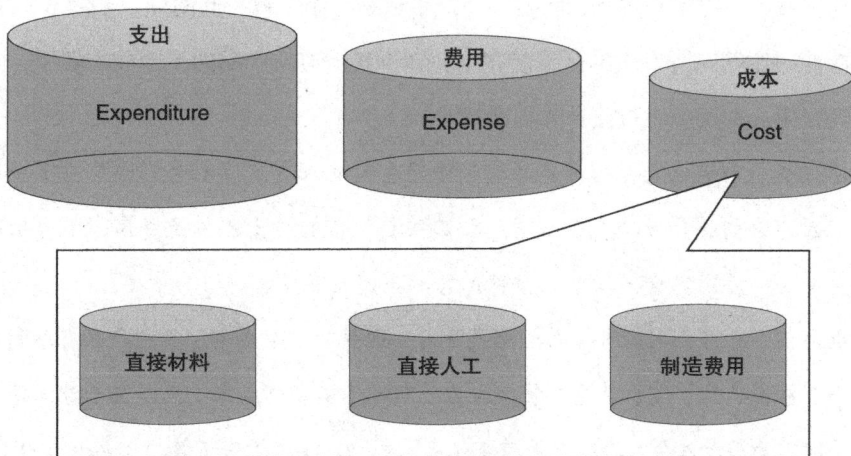

图12-1 成本、费用和支出概念的差异

（1）支出

从广义的角度来看，企业所有资产的流出都称为支出，包括企业在生产经营过程中为获得某一项资产或为清偿债务所发生的各类资产的流出。如企业为购买材料、办公用品等支付或预付的款项，为偿还银行借款、应付账款及支付账款或支付股利所发生的资产的流出，为购置固定资产、支付长期工程费用所发生的支出，以及生产经营过程中的各项消费支出。

【分析】前述钱总公司下一年度的产品营销费用、研发人员工资和新设备的更新都属于支出；电力、自来水公司的员工薪酬也是企业支出。支出具有广泛的内涵和外延。但从图12-1也可以看出，支出并不等于费用，更不等于成本。

（2）费用

费用，准确地说，是指企业在日常活动中发生的、会导致净资产减少的、与向所有者分配利润无关的经济利益的总流出。因此导致企业净资产减少是费用的重要特征。费用按照其经济用途可以分为两大类。

一类是生产成本，或称生产费用，是指企业为生产一定种类和数量的产品所发生的费用，即产品成本项目直接材料、直接人工和制造费用的总和。

另一类是期间费用，是指不计入产品生产成本、直接计入发生当期损益的费用，包括管理费用、财务费用和销售费用。这里请结合第二章一起阅读。

企业一定期间所发生的、不能直接归属于某个特定产品的生产成本费用，归属于期间费用，在发生时直接计入当期损益。

【分析】前诉钱总公司的产品营销费用和研发人员工资都会形成企业下一年的费用，因为它们会导致净资产减少。但购买新设备的支出则不是费用，因为购买新设备会使企业的固定资产增加，净资产并不会因此减少。

电力、自来水公司的员工薪酬都是费用，但并不都是成本。其中，只有车间工人和管理人员薪酬属于成本。企业管理人员的薪酬均不属于成本，而是属于期间费用。如果将期间费用计入成本，则会导致企业成本虚增，掩盖管理不善、人浮于事的事实。

费用按经济用途进行分类，能够明确反映直接用于产品生产的材料费用、工人工资以及耗用于组织和管理生产经营活动上的各项支出是多少，从而有助于企业了解费用计划、定额、预算等的执行情况，控制成本费用支出，加强成本管理和成本分析。

（3）成本

提到成本，一定要具体到以某种产品为对象。成本是定价的依据。商店里商品价格各不相同，如皮鞋，男鞋和女鞋的销售价格不一样，其根本原因是男鞋与女鞋的成本不一样。因此泛泛地说成本是不确切的，管理者需要了解自己企业各种产品的成本。

成本是指生产活动中所使用的生产要素的价格，成本也称生产费用。对于某种产品，其成本由以下 3 项内容（俗称料、工、费）组成。

①直接材料。

直接材料是指企业生产过程中实际消耗的直接材料、辅助材料、设备配件、外购半成品、燃料、动力、包装物、低值易耗品以及其他直接材料和电力、蒸汽等动力。

②直接人工。

直接人工是指企业直接从事产品生产人员的工资、奖金、津贴和补贴，以及直接从事产品生产人员的职工福利费等。

【提示】直接人工是指直接从事产品生产人员（即一线工人）发生的费用。直接材料和直接人工发生时通常能确认到某种产品上去，因此称为直接费用，发生时直接计入某产品成本，如生产女鞋领用的皮革和生产工人的薪酬均能直接确认。

③制造费用。

制造费用是指为生产产品和提供劳务而发生的各种生产管理费用等间接费用，如车间管理人员、分厂管理人员、技术人员的工资及福利费，车间使用的固定资产折旧费和修理费、办公费、水电费、机物料消耗、劳动保护费，季节性停工损失、修理期间的停工损失等。

【提示】制造费用通常与几种产品的生产有关。例如，制鞋车间的设备既用于生产男鞋时皮革的切割，也可用于生产女鞋时的皮革的切割。车间管理人员同时对男鞋和女鞋的生产进行管理，因此车间管理费用就与该车间生产的所有产品均有关。这些费用虽然与产品生产有关，但发生时并不能直接确定各种产品应承担多少，因此需要在月末时按一定标准在几种产品之间进行分配。这种费用通常也称为间接费用。

【小结】企业资金的流出都是支出，支出分为收益性支出和资本性支出。资本性支出形成企业的资产（如买设备），收益性支出才是费用。企业的费用分为两类，生产性费用和非生产性费用，生产性费用才是成本，包括料、工、费。非生产性费用不构成成本，是企业的期间费用，包括管理费用、销售费用和财务费用。准确区分支出、成本和费用的概念是进行成本管理的前提。

2. 划清支出与费用、费用与成本的界限

弄清支出、费用和成本的概念，有利于总经理划清支出与费用、费用与成本的界限。在进行成本计算时，凡是与产品生产有关，应当从当期产品销售收入中得到补偿的生产费用，才能计入产品成本。我们可以通过图 12-2 所示的组织结构看企业的成本结构。

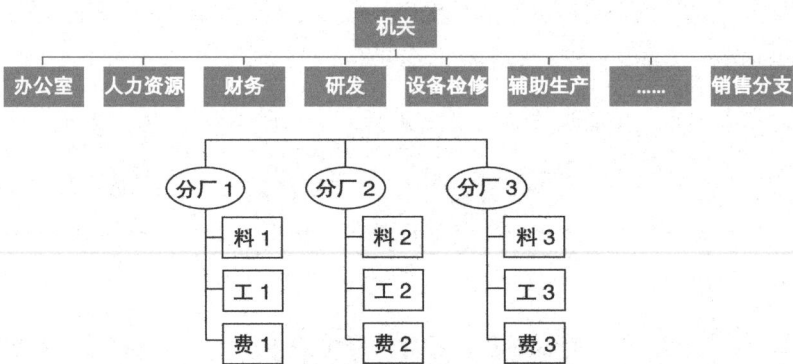

图 12-2 成本和费用区分示意图

从企业的组织结构来看，图 12-2 中上半部分的机关即企业行政管理部门的各项支出都不构成成本，形成期间费用；下半部分的 3 个分厂的各项支出则构成成本。

成本与生产费用经济内容一致。一般来说，成本计算期应与产品的生产周期相一致，但这要取决于企业生产组织的特点。进行成本计算的意义主要体现在以下方面。

①有利于核算与监督生产费用的发生和分配，包括以下内容。

a. 核算与监督产品生产的品种、数量和质量。

b. 计算产品成本，考核生产资金定额和成本计划的执行情况。

c.反映生产过程中的问题，总结经验，促使企业不断降低生产成本，提高经济效益。

②将企业在生产过程中所发生的各种费用，按各种不同对象进行归集和分配，借以确定各对象的总成本和单位成本。

a.通过成本计算，可以取得产品实际成本资料，以确定实际成本与计划成本的差异。

b.通过成本计算，分析成本升降原因，挖掘降低成本潜力，可以有效地控制各项费用支出，达到预期的成本目标。

c.通过成本计算，可以为成本预测、规划下期成本目标以及制定产品价格提供参考资料。

二、成本流动与财务报表的关系

本书第六章第三节中介绍了资本性支出与收益性支出的概念与区别。对于企业而言，所有的现金流出都是企业的支出，但并不是所有的支出都形成当期的成本与费用。资本性支出形成企业的资产，收益性支出形成成本与费用。

进行有效成本控制的首要前提是理解成本及其构成。以制造业企业为例，成本通常按其经济内容可分为产品成本和期间成本。

企业成本的形成与流动过程与资产负债表和利润表之间存在着严格的对应关系，具体如图 12-3 所示。

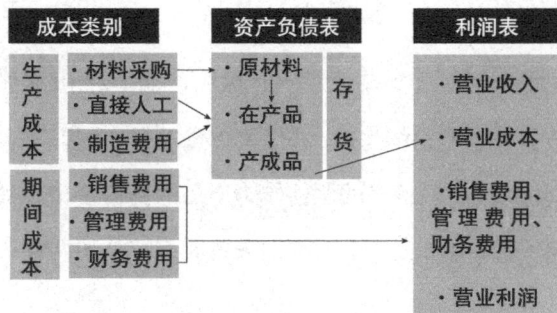

图 12-3 成本流动及其与资产负债表和利润表之间的关系

产品成本是最终供销售的产品的生产成本，由直接材料、直接人工和制造费用3部分组成。期间成本通常被称为期间费用，直接在企业的利润之前扣除。图12-3说明了成本流动的过程。

①对产品成本的3个组成部分而言，直接材料和直接人工属于直接成本，制造费用属于间接成本。企业生产首先需要进行材料采购，材料验收入库后转化为材料存货，材料领用出库投入生产后变成在产品存货的一部分；直接人工是直接从事生产的工人的工资，在生产过程中发生，并成为在产品存货的一部分；制造费用是间接成本，最终也要通过归集和分配分别计入不同在产品的成本。

②当在产品完工入库转化为产成品之后，在产品成本转化为产成品成本，是企业存货的一部分。原材料、在产品、产成品是企业存货的不同形态。

③当产成品对外销售时，产成品成本转化为销售成本，进入利润表，在营业利润之前扣除。

④期间成本包括销售费用、管理费用和财务费用，这4项费用与销售的产品的生产成本没有直接关系，也不属于生产成本项目，但会导致企业当期的利润减少。因此，期间成本直接在利润表中营业利润之前扣除。

区分产品成本与期间成本的关键在于，凡是与产品生产有关、应当从当期产品销售收入中得到补偿的生产费用，才能计入产品成本。

三、成本控制的基础：了解成本的计算步骤

好控公司的主要产品是A矩阵（以下简称A产品）和RGB矩阵（以下简称B产品）。公司通常按订货单来组织生产，并保留少量库存。为提高产品的市场竞争力，总经理张先生通常直接按材料价格的两倍作为产品的销售价格。其制定的价格是否合理呢？企业的利润空间有多大？下面我们来看看好控公司两种产品的成本究竟是多少。

1. 确定材料费用

生产部从仓库领用甲、乙、丙材料各一批，价值 55 000 元，其中用于生产 A 产品的材料共计 30 400 元，生产 B 产品的材料成本为 19 200 元，另外车间领用维修用材料 5 000 元，管理部门领用维修用材料 400 元。

【探究·思考】这 55 000 元材料都属于成本吗？都属于直接材料费用吗？

根据上述资料可以确定好控公司 A、B 产品的直接材料费用如表 12-1 所示。

表 12-1 好控公司产品成本计算单（1）

单位：元

产品名称	直接材料	直接人工	制造费用	合计
A 产品	30 400			
B 产品	19 200			
合计	49 600			

【提示】虽然仓库总共发出材料 55 000 元，但其中只有 49 600 元直接计入产品成本，因为是用于生产产品的。另外车间领用材料 5 000 元属于制造费用，管理部门领用的维修用材料 400 元属于管理费用，不能计入产品成本。

2. 确定人工费用

月底结算本月职工工资 48 600 元和"五险一金"6 810 元，共 55 410 元。其中，制造 A 产品工人工资 14 000 元，"五险一金"1 960 元；制造 B 产品工人工资 6 000 元，"五险一金"840 元；车间管理人员工资 4 600 元，"五险一金"650 元；公司管理人员工资 24 000 元，"五险一金"3 360 元。好控公司生产工人的工资制度为底薪加计件提成制度。

【探究·思考】这 55 410 元都属于成本吗？都属于直接人工费用吗？

根据上述资料可以确定好控公司 A、B 产品的直接人工费用如表 12-2 所示。

表 12-2 好控公司产品成本计算单（2）

单位：元

产品名称	直接材料	直接人工	制造费用	合计
A 产品	30 400	15 960		
B 产品	19 200	6 840		
合计	49 600	22 800		

【提示】虽然本月共发生人工薪酬 55 410 元，但其中只有 22 800 元直接计入产品成本，属于直接人工。另外车间管理人员薪酬 5 250 元属于制造费用，公司管理人员薪酬 27 360 元属于管理费用，不能计入成本。

3. 归集制造费用

生产部本月还发生购买办公用品、差旅费等费用共 2 800 元。另外根据财务部门的核算，生产部使用的设备等本月应提固定资产折旧为 5 450 元。

【探究·思考】生产部发生的这些费用属于什么？最后计入产品成本吗？

根据上述资料可以归集好控公司生产部门的制造费用如表 12-3 所示。

表 12-3 好控公司制造费用明细

单位：元

部门名称	材料费用	人工费用	折旧费用	车间办公费用等	合计
生产部	5 000	5 250	5 450	2 800	18 500
合计	5 000	5 250	5 450	2 800	18 500

【提示】生产部门发生的所有费用都与生产管理直接相关，但发生时不能确定每种产品承担多少，因此需要先作为间接费用在"制造费用"中进行归集，最后再在生产产品之间进行分配，最终都要计入产品成本。

本月好控公司生产 A 产品 100 台，全部完工；B 产品 60 台，尚未完工。A、B 产品的生产费用如表 12-4 所示。

表 12-4 好控公司 A、B 产品生产成本明细表

直接费用

单位：元

产品名称	完成产品数量	直接材料	直接人工	制造费用	合计
A 产品	100 台	30 400	15 960	18 500	间接费用
B 产品	—	19 200	6 840		
合计	—	49 600	22 800	18 500	90 900

4. 分配制造费用

好控公司本月发生的制造费用是 A、B 两种产品共同负担的间接费用，不能简单地二一添作五地由两种产品平均负担。因为对每种产品投入的时间、精力等都不一样。制造费用一般需按一定标准在当月生产的各种产品之间进行分配，然后再分别计入各种产品的生产成本。通常情况下，可以选择的分配标准包括：①生产工时；②机器小时；③生产工人工资等。

下面我们按 A、B 产品的生产工人工资分摊共同负担的制造费用。

每元工资应负担的制造费用

$$=\frac{18\ 500}{14\ 000+6\ 000}=0.925(元)$$

A 产品应分摊的制造费用

$$=14\ 000\times0.925=12\ 950（元）$$

B 产品应分摊的制造费用

$$=6\ 000\times0.925=5\ 550（元）$$

5. 产品计算单及完工产品单位成本

根据上面的计算过程，好控公司 A 产品 100 台已全部完工，我们可以得到 A、B 产品当月的总成本，如表 12-5 所示。

表 12-5 好控公司产品生产成本计算表

单位：元

产品名称	完工产品数量	直接材料	直接人工	制造费用	合计
A 产品	100 台	30 400	15 960	12 950	59 310
B 产品	—	19 200	6 840	5 550	31 590
合计	—	49 600	22 800	18 500	90 900

我们还可以计算出好控公司完工 A 产品的总成本和单位成本，如表 12-6 所示。

表 12-6 好控公司 A 产品生产成本计算表

单位：元

成本项目	A 产品	
	总成本（100 台）	单位成本
直接材料	30 400	304.00
直接人工	15 960	159.60
制造费用	12 950	129.50
产品生产成本	59 310	593.10

从表 12-6 中，管理者可以了解到好控公司 A 产品的总成本、单位成本及成本的项目构成，可以进一步分析成本项目是否合理，哪些成本项目可以进一步控制。

【探究·思考】好控公司总经理直接按材料价格的两倍作为产品的销售价格。其价格制定得合理吗？企业的利润空间大吗？

目前单位产品直接材料费用为 304 元，按材料价格的两倍作为产品的销售价格，则销售价格为 608 元。根据表 12-6 可以看出，A 产品的单位成本为 593.10 元，单位产品毛利润仅为 608 元 – 593.10 元 =14.9 元，毛利率为 2.45%（14.9÷608），产品的利润空间非常有限，几乎不赚钱。而企业还要承担 3 项期间成本，如此低的毛利显然不足以抵扣期间费用，企业亏损毫无疑问。

【提示】准确计算成本是加强企业成本管理的基础和前提，通过对成本的进一步细分，了解成本各项目的具体构成和所占比例，可以帮助管理者有的放矢，使成本管理更具针对性，提高管理效率和管理水平。

四、了解成本习性，区分固定成本与变动成本

上述好控公司总经理按材料价格的两倍确定销售价格的做法显然并不合理，其中的一个重要原因就是张总并不了解产品成本的构成，以及产品成本各构成项目的特点。

成本与业务量存在着一定的关系：有些成本与业务量有着直接的联系，随业务量的增减变动而变动；有些成本则与业务量没有直接的联系，业务量变动，但成本却相对固定。据此，企业的成本可分为固定成本与变动成本，而介于二者之间的则为混合成本。

1. 固定成本

固定成本是指成本总额不随业务量变动而变动的成本，如折旧费、广告费、财产保险费等。在制造业企业中，一般属于固定成本的项目有：固定制造费用、固定销售费用、固定管理费用等。制造费用和管理费用中的折旧费、租赁费、保险费、车间管理人员的工资、企业管理人员的工资、办公费、差旅费等，销售费用中的广告费、运输费，销售机构日常经费等，都属于固定成本。

2. 变动成本

变动成本是指成本总额随业务量的变动而变动的成本，如直接材料就是典型的变动成本，生产一件产品就需要投入对应的材料，产量越高则需要的材料越多。

3. 混合成本

混合成本介于固定成本与变动成本之间，其成本总额虽然受业务量变动的影响，但其变动幅度并不与业务量变动幅度保持严格的比例关系。例如员工薪酬，对于实

行底薪加计件工资的制造业企业，从事生产的工人的底薪部分属于固定成本，无论是否生产企业都需要发放这部分薪酬；但计件部分的薪酬则属于变动成本，直接与业务量相关。销售人员的基本工资属于固定成本，销售人员提成以及按销售量确定的销售费用都属于变动成本。

对于好控公司而言，生产产品的材料成本属于变动成本，人工成本部分为固定成本（底薪部分），部分为变动成本（计件部分），制造费用基本都为固定成本。在成本控制中需要考虑固定成本的摊销和产品的边际贡献。

区分变动成本与固定成本，实行定额管理，能加强企业的成本控制。管理者想要掌握成本的构成及习性，了解成本管理的诀窍，提升企业利润并不难。

五、经营杠杆与企业的盈亏平衡点

1. 本量利图与盈亏平衡点

由于企业的成本由固定成本和变动成本组成，收入来自销售收入。因此我们可以根据单位产品的销售收入与销售成本绘出企业的本量利图，并确定企业的盈亏平衡点，如图 12-4 所示。

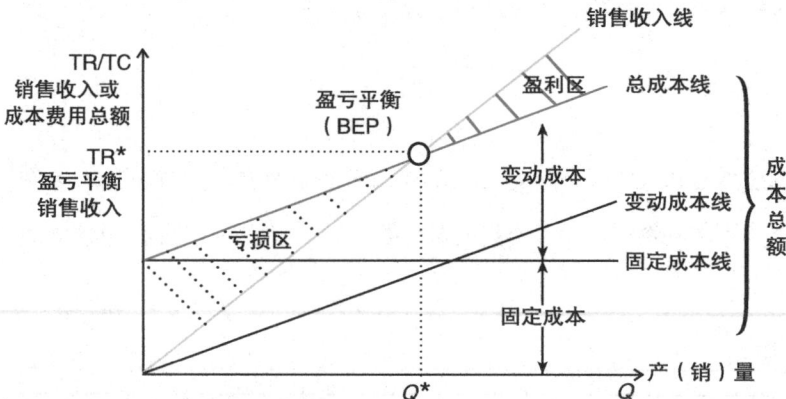

图 12-4 本量利图

图 12–4 表达的意义如下。

①固定成本线与横轴之间的距离为固定成本，该值不随业务量的增加发生变动。

②变动成本线与横轴之间的距离为变动成本，该值随业务量的变动成比例变动。

③总成本线与横轴之间的距离为总成本，是固定成本与变动成本之和。

④销售收入线与横轴之间的距离为总收入，该值随销售量的变动成比例变动。

⑤销售收入线与总成本线的交点 BEP 是保本点，也叫盈亏平衡点。它对应在横轴上的点 Q^* 的值为保本销售量，对应在纵轴上的点 TR^* 的值是保本销售额。在该销售量（销售额）下企业的总收入与总成本相等，既没有利润，也不发生亏损。在此基础上，增加销售量，销售收入超过总成本，则形成企业的盈利区。反之，则形成企业的亏损区。

据此可计算盈亏平衡点。

①按产品销售量计算。

盈亏平衡点 = 固定成本 ÷（产品销售单价 – 单位产品变动成本）

②按产品销售额计算。

盈亏平衡点 = 固定成本 ÷（1 – 变动成本 ÷ 产品销售收入）

= 固定成本 ÷（1– 变动成本率）

2. 经营杠杆

经营杠杆（Operating Leverage），又称营业杠杆或营运杠杆，反映销售和息税前盈利的杠杆关系。在某一固定成本比重的作用下，销售量变动对利润产生的作用，被称为经营杠杆。由于经营杠杆对经营风险的影响具有综合性，因此常常被用来衡量经营风险的大小。经营杠杆的大小一般用经营杠杆系数表示，即息税前利润变动率与产销业务量变动率之间的比率。

经营杠杆系数 = 息税前利润变动率 ÷ 产销业务量变动率

在企业生产经营中，固定成本的存在会使利润变动率大于产销量变动率。根据成本性态，在一定产销量范围内，产销量的增加一般不会影响固定成本总额，但会使单位产品固定成本降低，从而提高单位产品利润，并使利润增长率大于产销量增长率；反之，产销量减少，会使单位产品固定成本升高，从而降低单位产品利润，并使利润下降率大于产销量下降率。

【案例】海川公司目前的设备产量能保证实现 6 000 万元的销售收入。在不追加新设备的情况下，公司固定成本总额为 1 600 万元，变动成本率为 60%。公司 2016 – 2018 年的营业收入总额分别为 4 800 万元，5 200 万元和 6 000 万元。其营业杠杆利益如表 12-7 所示。

表 12-7 海川公司营业杠杆利益测算表

年份	营业收入		营业成本		息税前利润	
	发生额（万元）	增长率	变动成本（万元）	固定成本（万元）	实际值（万元）	增长率
2016	4 800	—	2 880	1 600	320	—
2017	5 200	8%	3 120	1 600	480	50%
2018	6 000	15%	3 600	1 600	800	67%

海川公司在营业收入总额为 6 000 万元的范围内，固定成本总额每年都是 1 600 万元，随着营业收入总额的增长，息税前利润以更快的速度增长。

2017 年与 2016 年相比，营业收入总额的增长率为 8%，同期息税前利润的增长率为 50%；2018 年与 2017 年相比，营业收入总额的增长率为 15%，同期息税前利润的增长率为 67%。

由此可知，由于海川公司有效地利用了经营杠杆，所以该公司获得了较高的营业杠杆利益，即息税前利润的增长幅度高于营业收入总额的增长幅度。

六、创建一个快递站，如何才能实现盈利

宋生正在考虑加盟中国邮政速递公司并建一个快递站，拟租赁办公室一间，年租金为 3 万元。拟购买一台小型货物运输车辆，购买车辆需 10 万元，车辆购置税为购车价格的 5%，办理运营牌照需要花费 3 万元，年保险费 4 200 元，每年保养费

固定为 3 000 元，每 100 千米耗油 8.5 升，汽油的价格为 7.85 元 / 升。车辆预计使用年限为 8 年。

在本区内一票业务的平均里程为 2 千米。另外，还需要雇两名快递员以保证运营，每名快递员的年基本工资为 24 000 元，雇主需承担的社会保险等福利费每年为 4 800 元。假设快递一票提成 1 元，统一按照 6 元 / 件计价。

【问题】假设不考虑增值税、企业所得税及个人所得税等税负，快递站每年应完成多少件快递业务才能不亏本？

1. 首先计算快递站的固定成本

车辆购置成本 =100 000×（1+5%）+30 000

=135 000（元）

按照 8 年使用期限计算其年折旧额，该折旧费用及保险费、保养费等形成快递站的年固定成本；此外，办公地点的租赁费、快递员的基本工资及保险金均属于固定成本。

年固定成本 =30 000+135 000÷8+4 200+3 000+28 800×2

=111 675（元）

2. 计算单件快递的变动成本

单件快递的汽油费（按每件 2 千米行驶里程计算）及快递员的提成构成其单位变动成本。

单位变动成本 =8.5×7.85÷100×2+1

=2.33（元 / 件）

3. 计算快递站的盈亏平衡点年送件量

盈亏平衡点年送件量 = 固定成本 ÷（产品销售单价 − 单位产品变动成本）

=111 675÷（6−2.33）

=30 429（件）

因此，如果快递站保持不亏本，至少需要每年完成 30 429 件快递业务，平均每天送件量为 83 件。宋生需要对所在的区域进行调查，看看能否达到这样的业务量，以判断是否应该加盟快递公司。

如果宋生希望每年实现的利润为 10 万元，则要增加业务量，计算如下。

要达到的业务量 =100 000 ÷（6−2.33）

=27 248（件）

全年应送件 30 429+27 248=57 677 件，平均每天的送件量应达到 158 件。

七、产品价值链目标成本控制

1. 目标成本制度

目标成本管理最早产生于美国，20 世纪 60 年代以丰田为代表的日本汽车制造企业将目标成本管理方法与本国独特经营机制相结合，创建了目标成本制度。目标成本制度的出现需要两个前提条件：一是企业产品为"大路货"，市场竞争激烈，企业不能直接控制价格，特别是不能随意提高价格；二是大部分的生产成本在生产开始之前就已经被研发和设计阶段确定了。因此，对降低成本来说，生产阶段并不是重点，重点应该在研发和设计阶段，通过选择不同技术水平、不同材料和不同工艺上的设计方案，达到降低成本的目的。

目标成本制度的最重要原则就是价格领先原则，其起点是确定可以在市场上销售的产品的价格。当价格确定后，再确定目标利润，从而确定目标成本。

目标成本 = 价格 − 目标利润

目标成本制度管理流程如图 12-5 所示。

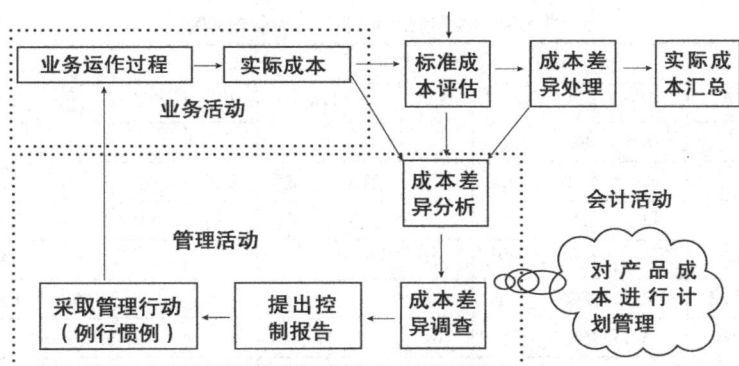

图 12-5 目标成本制度管理流程

通常情况下，实际成本与目标成本未必一致，或者常常出现实际成本超过目标成本的情形。如何消除实际成本与目标成本的差额，则成为目标成本制度的关键。一般采用价值工程，即通过成本与功能的比较发现成本的降低方向，然后再通过反复改进设计或采用新技术，消除目标成本与实际成本的直接差额。因此，可以说，目标成本制度是一种战略性利润和成本管理的过程。采用价值链分析，将产品生产过程进行分解，实现目标成本管理，则能更好地发挥目标成本控制的作用。

2. 价值链目标成本控制

长城公司最近进行了公司发展战略的整体咨询，决定实施目标成本控制制度。根据战略需要，公司目前的咖啡壶产品在现行价格的水平上必须达到单位产品目标利润200元，为此其目标成本必须控制在900元之内，但现行的咖啡壶成本为1 140元，超出目标成本240元。

长城公司对咖啡壶的价值链进行了全面分析，其价值链包括研发、制造、销售、服务与维护、一般性管理及回收成本6个环节。每一个环节所发生的成本又可根据是否需要外部协作分为在企业内部发生和在企业外部发生两类。据此，公司整理出了按价值链分解的咖啡壶成本的明细资料，如表12-8所示。

表 12-8 咖啡壶价值链目标成本管理分解

价值链	内部			外部			合计		
	目标	现行	差异	目标	现行	差异	目标	现行	差异
研发	36	4%	50	14				36	50	14
制造	153	17%	200	47	216	24%	300	84	369	500	131
销售	54	6%	60	6	126	14%	170	44	180	230	50
服务与维护	90	10%	100	10				90	100	10
一般性管理	180	29%	190	10				180	190	10
回收成本	45	7%	70	25				45	70	25
合计	558	62%	670	112	342	38%	470	128	900	1 140	240

在确定了价值链目标成本后，接下来就需要寻找降低成本的途径了，该过程需要企业多部门的合作，是一个非常复杂的过程。以制造环节为例，长城公司应该首先对咖啡壶的部件及功能进行分析，咖啡壶的部件包括冲泡杯、水壶、保温器、壶型与壶体、加热装置及电子显示板 6 个部分。通过对客户需求的调查，公司编制了质量功能矩阵表，并计算出了各个零部件的功能系数及价值指数，最后判断冲泡杯和电子显示板的价值指数较低，可以借此降低成本。工程师进一步研究发现，电子显示板仍有很大的改进空间，可从电源、线路、定时钟及加热连接器等几个方面降低成本，最终消除了目标成本与实际成本的差异额 131 元。这一环节的目标成本控制的目标达成了！

【总结】成本控制是提高企业利润最核心、最关键的手段，掌握成本习性，对企业成本进行分解、剖析，寻找降低成本的突破口，是企业在市场中获胜的保障！

第十三章　企业投融资管理

企业发展到一定程度时将会面临扩张的问题。扩张就意味着投资，在多种投资方案中如何决策显得十分重要。投资还需要资金，融资问题相应产生。如果将经营活动比喻为企业的身体，投融资则是企业的左膀右臂，也是企业财务管理的重点与核心问题。

一、企业投资的类型和目标

投资决策是指为了实现预期的投资目标，运用一定的科学理论、方法和手段，对投资目标、投资规模、投资方向、投资结构、投资成本与收益等经济活动中重大问题进行分析、判断和方案选择。

对于大企业而言，投资失误或许能被认为是"交学费"，但如果是一个规模较小的企业或民营企业，投资失败就意味着输掉市场，甚至退出市场。因此，投资决策失误是企业较为重大的失误，一个重要的投资决策失误往往会使一个企业陷入困境，甚至破产。财务管理的一项重要职能就是为企业当好参谋，把好投资决策关。

1. 企业投资类型

企业对外投资有很多种，首先按与生产经营的关系，投资可分为直接投资和间接投资。生产性投资是典型的直接投资，企业对外进行金融性投资或证券投资属于间接投资。

按投资回收时间长短，投资可分为短期投资和长期投资，长期投资是指在1年以上才能收回的投资，如固定资产投资。一般地，长期投资涉及的金额更大、影响也更深远，因此是投资决策的重点关注内容。

按投资发生作用的地点不同，投资可分为内部投资和外部投资。内部投资是在企业内部进行的投资，如生产性投资；外部投资是对企业外部进行的投资，如股权投资等。

2. 明确企业投资目标

企业投资目标常见的有两类：技术改造与扩建、开拓新市场或开发新产品。

（1）技术改造与扩建

目前，加快技术改造和科技创新步伐成为实现我国工业经济由大变强的共识。企业进行技术改造的主要目的是采用先进、实用的新技术、新工艺、新设备等对现有设施、生产工艺条件进行改造，以达到两方面目标：一是提高产品质量、增加产品品种、促进产品升级换代等发展目标；二是促进企业实现降低成本、节约能耗、加强资源综合利用及"三废"治理等生产目标。例如，一汽公司原来采用老设备生产，后来引进德国的生产线，生产新一代一汽汽车，成功地对产品进行了更新换代的改造。

扩建项目是指对原有建设项目进行改扩建，如对某厂房的建设第一期投资500万元，第二期投资1 000万元，第三期投资4 000万元。后面的投资称为扩建。

技术改造与扩建的优点如下。

①以传统产业为基础进行改造，具有投资少、工期短、见效快等特点。

②对现有产能的改造，能有效避免重复建设和浪费。

③有利于优化产业结构、改变增长方式、提高企业的效益和竞争力。

（2）开拓新市场或开发新产品

目前，产品多元化经营越来越成为企业普遍的经营模式。当原有产品经营较长周期后，市场趋于成熟，竞争加剧，企业的利润空间逐渐被挤压，进入新的领域就显得十分重要。例如腾讯成功地从 QQ 领域进入微信领域，开发微信平台，就是开发新产品的成功案例。

此外，企业开拓新市场或开发新产品还取决于企业的发展战略。中国铁建在中东投资产生亏损的部分原因在于中国公司急于开拓国际市场。在新建项目时，通常需要建造或租赁厂房，引进设备，招募人才，设备调试，产品试生产，一直到正式投产，整个过程都涉及投资决策。

3. 投资项目决策的一般步骤

无论是哪种形式的投资，都必须采用严格的决策程序进行决策。企业经常面临的一个投资决策问题就是对生产性固定资产的投资，通常情况下，一个科学的投资决策需要经过以下步骤。

①估算出投资方案的预期现金流量，及项目的资金需要量和年度分布情况。

②估计预计现金流量的风险，即现金流量的可实现程度及资金保障程度。

③确定资本成本的一般水平。项目投资的资本成本是必须要考虑的，可以参考企业资金的"机会成本"。

④确定投资方案的收入现值。提醒管理者记住本书第四章中"资金具有时间价值"的观点，即项目投资未来不同年度的现金流入的价值是不相等的。

⑤通过将收入现值与所需资本支出相比较，决定拒绝或接受投资方案。

二、投资决策的重要理念：风险与现金流

进行投资决策时，首先需要建立的两个理念就是风险与现金流。

1. 关注投资风险

风险即不确定性，换句话说就是未来不利事件发生的可能性。由于投资环境瞬息万变，而投资行为通常涉及较长期间，各种可预测或不可预测事件发生的可能性非常大，因此投资决策应充分考虑到实践中可能出现的各种变化。通常情况下，企业可依据以往的历史资料并通过概率统计的方法，寻找风险的规律性，对风险做出估计，从而控制并降低风险。但需要提醒的是，无论采用何种方式，企业都不可能将风险降为零，只能尽可能降低风险对企业产生的不利影响。投资项目的风险可分为政策性风险和项目特有风险。

（1）政策性风险

投资项目决策必须关注国家政策，关注企业的投资项目是否能得到国家宏观政策的鼓励和支持。例如，在全国兴起低碳环保理念的环境下，打算投资建设造纸厂或印染厂，这其中就蕴含着较大的政策性风险。想实现政策性风险的规避，需要了解国家和时事动态，使企业行为与国家发展政策一致。

（2）项目特有风险

项目特有风险主要是指不确定事项对项目的经济效果的影响，就是项目投资建设过程中可能导致项目亏损的因素。中弘股份在海南投资失败的案例就是对项目特有风险的估计不足。

通常情况下，需要对投资项目进行详细的可行性分析和评价，以数据和预算为基础对投资项目进行科学的决策。这也是本章主要探讨的问题。

【提示】 任何情况下，进行投资决策时必须将风险放在第一位，收益放在第二位。

2. 注重项目的现金流量

投资项目的现金流量是指在投资决策中一个项目引起企业现金支出和现金收入增加的数量。

以企业购置一条生产线为例，其导致的现金流出量主要包括以下几项。

①购置生产线的价款。

②生产线的维护、修理费用。

③垫支流动资金。

其导致的现金流入量主要包括以下几项。

①营业现金流入。

营业现金流入 = 销售收入 − 付现成本 = 利润 + 折旧

②残值收入。

③收回的流动资金。

现金净流量是指一定期间现金流入量与现金流出量的差额。在进行投资决策时，一定要进行项目的现金流量估计，现金流量比利润更重要。我们可以通过以下案例进一步说明。

【案例】好控公司拟新投资一个项目，投资总额为2 000万元，分5年等额支付工程款，3年后开始投产，有效年限5年。投产开始时垫付流动资金400万元，结束时收回。每年销售收入2 000万元，付现成本1 400万元。该项目采用直线法计提折旧。那么该项目各年的利润与现金流量如表13-1所示。

表13-1 投资项目的利润与现金流量分析

单位：万元

年份	1	2	3	4	5	6	7	8	合计
投资现金流①	−400	−400	−400	−400	−400				−2 000
销售收入②				2 000	2 000	2 000	2 000	2 000	10 000
付现成本③				1 400	1 400	1 400	1 400	1 400	7 000
折旧④				400	400	400	400	400	2 000
利润⑤				200	200	200	200	200	1 000
营业现金流⑥				600	600	600	600	600	3 000
流动资金⑦				−400				400	0
现金净流量⑧	−400	−400	−400	−200	200	600	600	1 000	1 000

表中各项数据说明如下。

①投资现金流：项目初始的1~5年各年为现金流出400万元，合计现金流出

2 000万元。

②销售收入：从第4年开始投产后到项目结束，各年现金流入2 000万元，共10 000万元。

③付现成本：主要是购买材料及人工的费用，各年现金流出为1 400万元，共7 000万元。

④折旧：从第4年开始计提折旧，各年为400万元，共2 000万元。

⑤利润：利润＝②－③－④，因此从第4年开始各年利润为200万，共1 000万元。

⑥营业现金流：营业现金流＝②－③，因此从第4年开始各年营业现金流为600万，共3 000万元。

⑦流动资金：即垫付的流动资金：第4年初垫付400万元，项目结束时收回。

⑧现金净流量：现金净流量＝①＋⑥＋⑦，可以看出各年的现金净流量并不一致，但整个项目期内的现金净流量之和为1 000万元，等于利润之和。

由表13-1可以得出以下结论。

①在整个投资有效年限内，利润合计与现金流量合计是相等的。

②利润受折旧等因素影响。需要注意的是，在项目投资第4年，企业实现利润为200万，但利润只是账面的，企业当年现金净流量为－200万元，这意味着，企业如果要保证项目的正常运营，必须再投入资金以支付材料、人工费用，维持生产经营。

【提示】在投资分析中现金流动状况比盈亏状况更重要。企业没有足够的现金净流量就会面临立马停工、停产的困境。利润只是"纸上富贵"，现金流量才是"真金白银"。

三、投资项目决策的方法

常用的投资项目决策方法分为静态评价法和动态评价法两大类。

1. 静态评价法

静态评价法又称不考虑资金的时间价值的方法，通常用于对项目进行大致的评价和判断，主要包括以下两种。

（1）投资回收期法

投资回收期，是指投资引起的现金流入累积到与投资额相等所需要的时间。用公式表述如下。

$$\sum_{k=1}^{n} I_k = \sum_{k=1}^{n} O_k$$

其中：I_k 表示各年的现金流入，O_k 表示各年的现金流出。

通常情况下，在计算投资回收期时可直接采用以下公式。

回收期 = 原始投资额 ÷ 每年现金流入量

决策依据：决策时，回收年限越短，方案越有利。

【案例】好控公司拟投资一新项目，有 3 个方案可供选择。其中 A 方案初始投资为 2 000 万元，B 方案初始投资为 900 万元，C 方案初始投资为 1 200 万元。各方案投产后各年预计的现金净流量及净收益见表 13-2。管理者应该选择哪一方案呢？

表 13-2 投资项目现金净流量及净收益分布情况

单位：万元

期间	A 方案		B 方案		C 方案	
	净收益	现金净流量	净收益	现金净流量	净收益	现金净流量
0		（2 000）		（900）		（1 200）
1	180	1 180	（180）	120	60	460
2	324	1 324	300	600	60	460
3			300	600	60	460
合计	504	504	420	420	180	180

我们可以先计算 3 个方案的投资回收期。

A 方案：2 000 万元初始投资，在第一年收回 1 180 万元，余下 820 万元在第二年中期全部收回，具体期限计算如下。

195

投资回收期 ＝ 1 +（820 ÷ 1 324）＝ 1.62（年）

B 方案：900 万元初始投资，到第二年末收回 720 万元（120+600），余下 180 万元在第三年中期全部收回，具体期限计算如下。

投资回收期 ＝ 2 +（180 ÷ 600）＝ 2.3（年）

C 方案：1 200 万元初始投资，到第二年末收回 920 万元（460+460），余下 280 万元在第三年中期全部收回，具体期限计算如下。

投资回收期 ＝ 2+（280 ÷ 460）＝ 2.62（年）

仅从投资回收期来看，A 方案投资回收期最短，是最佳方案，其次为 B 方案，最差为 C 方案。

【总结】投资回收期评价方法的优点在于易理解、易计算、易掌握，能够直接反映原始总投资的返本期限；缺点在于未考虑资金的时间价值因素，以及回收期满后继续发生的现金流量。

（2）会计收益率法

会计收益率是根据估计的项目整个寿命期内年平均会计利润与估计的资本占用进行比较，来确定投资项目是否可行的方法。其计算公式如下。

会计收益率 ＝ 年平均净收益 ÷ 原始投资额

决策依据：决策时，项目的会计收益率越高则方案越优。

仍以表 13–2 中好控公司为例，根据 3 个方案的净收益可以算出各方案的会计收益率。

会计收益率（A）＝ [（180+324）÷2] ÷ 2 000＝ 12.6%

会计收益率（B）＝ [（–180+300+300）÷ 3] ÷ 900 ＝ 15.6%

会计收益率（C）＝ 60 ÷ 1 200 ＝5%

如果从会计收益率来看，B 方案最优，其次为 A 方案，最差为 C 方案。

会计收益率法是一种流行的投资评价方法。其特点是使用简单，会计数据亦容易取得。同样，会计收益率容易理解，评价结果用相对数表示，提高了结论的可比性。该方法存在的缺点与投资回收期的缺点一样，仍是一种非贴现评价方法，未考虑资金的时间价值。

【总结】回收期法与会计收益率法都可用于接受或否定项目的决策，也可对互斥投资机会进行排序。采用会计收益率法时，通常要确定最小的可接受收益率。如果会计收益率比这一可接受收益率大，项目可接受；否则，项目被拒绝。在相互排斥项目中进行选择时，首先要确定会计收益率较高的项目，然后确定该收益率是否高于最小可接受收益率。

2. 动态评价法

动态评价法又称考虑资金的时间价值的方法。常用的方法有以下 3 种。

（1）净现值法

净现值法首先假设预计的现金流入在年末肯定可以实现，并假定原始投资是按预定贴现率借入的。净现值（Net Present Value, NPV）就是按该预定贴现率计算的某方案未来现金流入与未来现金流出的现值之间的差额。

如某方案的净现值为正数，则项目的报酬率大于预定的贴现率，方案可行。公式表示如下。

$$NPV = \sum_{k=1}^{n} \frac{I_k}{(1+i)^k} - \sum_{k=1}^{n} \frac{O_k}{(1+i)^k}$$

其中，I_k 表示各年的现金流入，O_k 表示各年的现金流出，i 为贴现率。

采用净现值法的关键在于贴现率的确定，通常可采用企业的平均资金成本或企业要求的最低资金利润率。

（2）现值指数法

现值指数（Profitability Index, PI）是未来现金流入现值与现金流出现值的比率。用公式表示如下。

$$PI = \sum_{k=1}^{n} \frac{I_k}{(1+i)^k} \div \sum_{k=1}^{n} \frac{O_k}{(1+i)^k}$$

现值指数反映投资的效率，可用于进行独立投资机会获利能力的比较。而净现值反映投资的效益。

（3）内含报酬率法

内含报酬率（Internal Rate of Return, IRR）是指能够使未来现金流入量等于未来现金流出量现值的贴现率，或使投资方案净现值为 0 的贴现率。

内含报酬率的计算比较复杂，通常采用"逐步测试法"。

3. 投资项目评价方法的应用——固定资产更新决策

设备更新改造是企业经常面临的决策问题。通常情况下企业会面临以下两个选择。

①对旧设备进行改造，一般初始投入较低，但维修等会导致运行成本较高。

②购买新设备，一般初始投入较高，但设备好，使用的运行成本较低。

企业管理者应该如何进行决策呢？

对于设备更新而言，其现金流量主要表现为现金流出。因此通常采用计算不同方案平均年成本，成本更低则方案更优。

固定资产的平均年成本是指该固定资产引起的现金流出的年平均值。计算公式如下。

平均年成本 = 投资摊销 + 运行成本 − 残值摊销

其中，旧设备的投资价值为目前的变现价值，新设备的投资价值为拟购入的原值；这一投资可视为投资开始的现金流出，要按照一定的折现率（采用年金现值系数）平均摊销到固定资产未来的可使用年限中。

残值是指预计固定资产使用到期后变卖所得的收入。这一价值可视为投资结束时的现金流入，也要按照一定的折现率（采用年金终值系数）平均摊销到固定资产未来的可使用年限中，抵减设备的平均年成本。

运行成本为每年预计将发生的成本，直接计入各年的成本中。

决策依据：设备更换并不改变企业的生产能力，不增加企业的现金流入。采用成本比较的方法时，成本低的方案就是好方案。

【案例】好控公司有一套旧设备，工程技术人员提出更新要求，有关数据如表13-3所示。假设该公司要求的最低报酬率为15%，应该继续使用旧设备还是更新设备？

表13-3 固定资产更新决策案例

	更新旧设备	购买新设备
原值（元）	2200	2400
预计使用年限（年）	10	10
已经使用年限（年）	4	0
最终残值（元）	200	300
变现价值（元）	600	2400
年运行成本（元）	700	400

$$旧设备平均年成本 = \frac{600}{(P/A,15\%,6)} + 700 - \frac{200}{(F/A,15\%,6)}$$

$$= 600 \div 3.784 + 700 - 200 \div 8.753$$

$$= 836（万元）$$

$$新设备平均年成本 = \frac{2\ 400}{(P/A,15\%,10)} + 400 - \frac{300}{(F/A,15\%,10)}$$

$$= 2\ 400 \div 5.019 + 400 - 300 \div 20.303$$

$$= 863（万元）$$

由此可见，旧设备的平均年成本更低，企业不宜购买新设备，而应该对现有设备进行更新。

投资方案已然确定，如何筹集资金呢？这就涉及企业的融资决策与管理的问题了。

四、筹资管理：了解企业的资金需求

本书前言中有困扰学霸钱总的几个问题，其中资金吃紧的实质就是筹资问题。

任何一个企业，为了形成生产经营能力、保证生产经营正常运行，必须拥有一定数量的资金。筹资活动是企业一项重要的财务活动。如果说企业的财务活动是以现金收支为主的资金流转活动，那么筹资活动则是资金运转的起点。企业在不同的阶段对筹资的要求是不一样的。

1. 企业发展阶段与筹资需要

（1）初创期的筹资目的：满足经营周转需要

在企业日常生产经营活动期间，需要有一定数额的资金，以满足营业活动的正常需求。这些都需要筹措相应数额的资金，来满足生产经营活动的需要。

企业初创期资金来源的主要渠道是资本金，即企业在登记注册时的注册资金。设立企业必须有法定的资本金，资本金是企业进行生产经营、承担民事责任的重要保障。资本金在不同类型的企业中表现形式有所不同。一般地，企业投资者投入的资金被称为实收资本；特别地，针对股份有限公司而言，其资本金被称为股本。

除了企业清算、减资、转让回购股权等特殊情形外，投资者不得随意从企业收回资本金，企业可以无限期地占用投资者的出资。

（2）成长期的筹资目的：满足发展需要

成长期的企业进入快速发展周期，往往因看好市场行情需要扩大生产经营规模，或因有新的投资项目需要大量资金进行对外投资。这一时期的资金需求主要有两类：一是现有生产规模的改进和扩大，引进技术、改进设备，提高固定资产的生产能力，培训工人，提高劳动生产率等；二是新项目的建设，如新建厂房、增加设备。无论是哪一种，都会引发企业对资金的需求。此外，企业还有可能由于战略发展和资本经营的需要，进行联营投资、股权投资和债权投资等形式对外投资。例如，如果企业的原材料供应紧张，企业基于战略考虑可能倾向对原材料供应商进行股权投资，以保障材料的正常供应。又如，在芯片价格不断涨价的情况下，某些大型电子产品制造企业对芯片生产厂家进行股权投资，就是应对芯片供应紧缺的积极投资策略。

这些投资行为都需要企业首先筹集足够的资金以保障投资。

2. 企业筹资管理的原则

企业筹资就是为了满足其经营活动、投资活动、资本结构调整等需要，运用一定的筹资方式，筹措所需资金的一种行为。

从根本上讲，企业筹资分为3类：股权筹资、债务筹资及衍生工具筹资。企业在进行筹资规划时，应遵循以下基本原则，权衡资金的性质、数量、成本和风险，合理选择筹资方式，提高筹集效果。

（1）合法合规筹措资金

无论采用哪种方式筹资，企业筹资行为的最终后果都是向社会获取资金。企业的筹资活动不仅为自身的生产经营提供资金来源，而且也会影响投资者的经济利益，影响社会经济秩序。因此企业的筹资行为和筹资活动必须遵循国家的相关法律法规，依法履行法律法规和投资合同约定的责任，依法进行信息披露，维护各方的合法权益。

（2）筹集资金预测先行

筹集资金首先要合理预测资金的需要量。筹资规模与资金需要量应当匹配一致，既要避免因筹资不足影响生产经营的正常进行，又要防止筹资过多造成资金闲置。

（3）合理适时取得资金

筹集资金还需要合理预测需要资金的时间。要根据资金需求的具体情况，合理安排资金的筹集时间，适时获取所需资金。要使资金筹集与资金使用在时间上相衔接，既要避免过早筹资形成资金闲置，又要防止取得资金的时间滞后而错过资金投放的最佳时间。

（4）恰当选择资金来源

筹集的资金需要付出资本成本的代价，不同的筹资渠道和筹资方式所取得的资金，其资本成本各有差异。企业应当在考虑筹资难易程度的基础上，针对不同来源资金的成本进行分析，尽可能选择经济、可行的筹资渠道与方式，力求降低筹资成本。

（5）注重优化资本结构

企业筹资时要综合考虑股权资金与债务资金的关系、长期资金与短期资金的关系、内部筹资与外部筹资的关系，合理安排资本结构，保持适当偿债能力，防范企业财务危机，提高筹资效益。

五、筹资起点：资金需求量预测

企业到底需要筹集多少资金呢？资金的需求量是筹资的依据，必须科学合理地进行预测。资金需求量预测的基本目的，是保证筹集的资金既能满足生产经营的需要，又不会因资金多余而闲置。

1. 资金需求量预测方法

对于资金需求量的预测，有以下两种基本的预测方法。

（1）因素分析法

因素分析法又称分析调整法，是以有关项目基期年度的平均资金需求量为基础，根据预测年度的生产经营任务和资金周转加速的要求，进行分析调整，来预测资金需求量的一种方法。因素分析法的计算公式如下。

资金需求量 =（基期资金平均占用额 − 不合理资金占用额）×（1 ± 预测期销售增减额）×（1 ± 预测期资金周转速度变动率）

好控公司上一年度资金平均占用额为 2 200 万元，经分析，其中不合理部分为 200 万元，主要是原材料积压部分资金及某主要客户的应收账款未收回款项。公司本年度决定加强对原材料采购的控制，使原材料库存保持在合理范围内，同时修订针对欠款客户的销售政策，缩紧信用销售，减少应收账款金额。预计本年度销售额增长 5%，资金周转加速 2%。

根据上述信息可以判断，好控公司去年不合理资金占用情况在今年能得到有效的控制。计算该公司本年的资金需求量如下。

预测年度资金需求量 = （2 200 － 200）×（1 ＋ 5%）×（1 ＋ 2%）＝ 2 142（万元）

【点评】因素分析法计算简便，容易掌握，但预测结果不太精确，通常用于品种繁多、规格复杂、资金用量小的项目。

（2）资金习性预测法

资金习性预测法，是指根据资金习性预测未来资金需求量的一种方法。所谓资金习性，是指资金的变动同产销量变动之间的依存关系。按照资金同产销量之间的依存关系，可以把资金区分为不变资金和变动资金。

不变资金是指在一定的产销量范围内（如企业现有产能范围内），不受产销量变动的影响而固定不变的那部分资金。也就是说，当产销量在一定范围内变动时，这部分资金保持不变。不变资金具体包括：为维持营业而占用的最低数额的现金，原材料的保险储备，必要的产成品储备，厂房、机器设备等固定资产占用的资金。

变动资金是指随产销量的变动而同比例变动的那部分资金，一般包括直接构成产品实体的原材料、辅助材料、外购件等占用的资金。另外，在最低储备以外的现金、存货、应收账款等也具有变动资金的性质。

资金习性预测法根据资金占用总额与产销量的关系预测资金需求量：首先根据历史上企业资金占用总额与产销量之间的关系，把资金分为不变和变动两部分，然后结合预计的销售量来预测资金需求量。

预测年度资金需求量 ＝ 不变资金需求量 ＋ 预测期销售额 × 单位产销量所需变动资金

好控公司历年产销量和资金变化情况显示，公司年产销产品的能力在 12 000~16 000 台。其中不变资金为 1 000 万元，产品单位产销量所需变动资金为每台 700 元。公司 2018 年的销售量为 1.4 万台产品，2019 年预计产品销售量为 1.5 万台。

好控公司 2019 年预计资金需求量如下。

预测年度资金需求量 $=1\,000 + 700 \times 1.5 = 2\,050$（万元）

进行资金习性分析，把资金划分为变动资金和不变资金两部分，从数量上掌握了资金同销售量之间的规律性，对准确地预测资金需求量有很大帮助。进行资金习性分析时需要注意的是：资金需求量与销售量之间的比例关系应符合实际情况；最好利用连续若干年的历史资料，一般要有3年以上的资料；同时应考虑价格等因素的变动情况。

【提示】需要说明的是，上述方法适用于企业传统项目资金需求量的预测。企业如果进入高速成长期，上述预测方法就不适用了。在扩张期的企业，通常表现出两个特征：①产能和产量大幅度扩张；②产生新的战略发展需要。这些特征体现在企业因战略考虑进行产品产能扩张或多元化经营等方面。例如，对原有产品进行全面技术更新，包括设备的更新改造等；再如，进入新的领域、进行多元化投资经营，这也是当前各国企业发展的特征。在这种情况下，企业需要大量资金进行新研发或新领域的前期投入。

对于企业而言，基于扩张目的的资金需求量预测缺乏企业的历史数据作为基础，通常只能根据市场同行业同类项目的平均水平确定扩张需要的额外资金，这需要进行充分的市场调研和可行性论证才能确定资金需求量。

2. 需从外部融集的资金

按资金的来源范围不同，企业筹资分为内部筹资和外部筹资两种类型。

内部筹资是指企业通过利润留存而形成的筹资来源。内部筹资数额主要取决于企业可分配利润和利润分配政策（股利政策），一般无须花费筹资费用，从而降低了资本成本。

外部筹资是指企业向外部筹措资金而形成的筹资来源。处于初创期的企业，内部筹资的可能性是有限的；处于成长期的企业，内部筹资往往难以满足需要。这就需要企业广泛地开展外部筹资，如发行股票、债券，取得商业信用、向银行借款等。企业向外部筹资大多需要花费一定的筹资费用，从而提高了筹资成本。企业筹资时首先应利用内部筹资，然后再考虑外部筹资。本章重点讨论外部筹资问题。

计算企业外部筹资额时，首先应预计由于战略调整及销售增长而引起的资金需求增长额，计算出企业需要增加的筹资金额后，扣除利润留存，即为企业需要的外部筹资额。

外部筹资需求量=经营性资产增加－经营性负债增加－留存收益增加

经营性资产包括库存现金、应收账款、存货等项目。随着销售额的变动，经营资产项目将占用更多的资金。

同时，随着经营性资产的增加，经营性债务也会相应增加，如存货增加会导致应付账款增加，此类债务称为"自动性债务"，可以为企业提供暂时性资金。经营性负债包括应付票据、应付账款等项目，不包括短期借款、应付债券、长期负债等筹资性负债。

通常情况下，企业经营性资产与经营性负债的差额与销售额保持稳定的比例关系。如果企业资金周转的营运效率保持不变，经营性资产与经营性负债会随销售额的变动呈正比例变动，保持稳定的百分比关系。企业应当根据历史资料和同业情况，剔除不合理的资金占用，寻找经营性资产和经营性负债与销售额稳定的百分比关系。这一过程实际上是资金习性分析法的具体运用。

好控公司 2018 年销售额为 10 000 万元，销售净利率为 10%，利润留存率为 40%。2019 年销售额预计增长 20%。对于该部分产品生产，公司有足够的生产能力，无须追加固定资产投资。根据历年产品生产、销售及资金占用情况可知，公司产品销售收入每增加 1 000 元，必须增加 500 元的经营性资产（经营性资金占用），但同时自动增加 150 元的经营性负债（经营性资金来源）。

另外公司准备将已基本完成研发的视频分析仪进行投产，根据市场调研分析预测，公司需要进行固定资产投资 500 万元。

第一步，计算好控公司 2019 年的资金需求量。

好控公司 2019 年的资金需求来自两部分，一是满足生产经营需要的资金。从上述资料可以看出，公司销售额增加导致的经营性资产增加和经营性负债增加的差额还有 35% 的资金需求。因此，每增加 1 000 元的销售收入，公司必须取得 350 元的资金来源，销售额从 10 000 万元增加到 12 000 万元，按照 35% 的比率可预测将增加 700 万元的资金需求。另外，公司因扩张还需筹集的资金为 500 万元。

因此，公司 2019 年需要增加的资金量为 1 200 万元。

第二步，计算可从内部筹集的资金金额。

根据公司的股利政策，利润留存率为 40%。2019 年预计净利润为 1 200 万元（12 000×10%），利润留存率为 40%，则将有 480 万元（40%×1 200）利润被留存下来。

第三步，计算公司需要从外部筹集的资金金额。

外部筹资需求量 = 1 200 − 480 = 720（万元）

筹资比例见图 13–1。

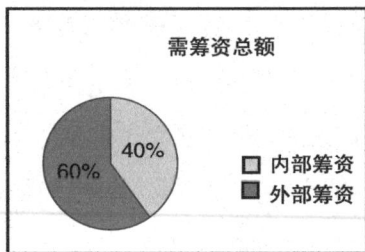

图 13–1 企业融资比例图

【提示】对公司未来的资金需求量的准确预测建立在对公司的历年财务状况及资金运用状况十分了解的基础上。只有知道了公司需要从外部筹资的总额，才能进一步思考和选择合适的筹资渠道，解决公司的资金问题。

六、传统的融资渠道和方式

企业的融资方式，取决于法律环境、金融市场的制约以及企业性质。通常情况下，中小企业在融资方面渠道更为有限；股份有限公司和有限责任公司的融资更为容易。

1. 股权融资

股权融资形成企业的股权资金，也称为权益资本，是企业最基本的融资方式。按股东权利和义务，股票可分为普通股股票和优先股股票。

普通股股票简称普通股，是公司发行的代表着股东享有平等的权利、义务，不加特别限制的，股利不固定的股票。普通股是最基本的股票，股份有限公司通常情况只发行普通股。

优先股股票简称优先股，是公司发行的相对于普通股具有一定优先权的股票。其优先权主要表现在股利分配优先权和分取剩余财产优先权上。优先股股东在股东大会上无表决权，在参与公司经营管理方面受到一定限制，仅对涉及优先股权利的问题有表决权。

（1）股权融资的优点

①企业的本钱。

股权资本没有固定的到期日，无须偿还，是企业的永久性资本，企业清算时才有可能予以偿还。这对于保障企业对资本的最低需求，促进企业长期持续稳定经营具有重要意义。

②建立良好信誉。

股权资本作为企业最基本的资本，代表了企业的资本实力，是企业与其他单位开展经营业务，进行业务活动的信誉基础。同时，股权资本也是其他融资方式的基础，尤其可为债务融资，包括银行借款、发行公司债券等提供信用保障。

③企业财务风险较小。

股权资本不用在企业正常运营期内偿还，不存在还本付息的财务风险。相对于债务资本而言，股权资本融资限制少，资本使用上也无特别限制。另外，企业可以根据其经营状况和业绩的好坏，决定向投资者支付报酬的多少，资本成本负担比较灵活。

（2）股权融资的缺点

①资本成本负担较重。

尽管股权资本的资本成本负担比较灵活，但一般而言，股权融资的资本成本要高于债务融资的资本成本。这主要是由于投资者投资股权，特别是投资股票的风险较高，投资者相应地会要求得到较高的报酬。企业如果长期不派发利润或股利，将会影响企业的市场价值。从企业成本开支的角度来看，股利、红利从税后利润中支付，而使用债务资本的资本成本允许税前扣除。此外，普通股的发行、上市等方面的费用也十分庞大。

②容易分散企业的控制权。

利用股权融资，由于引进了新的投资者或出售了新的股票，这必然会导致企业控制权结构的改变，分散企业的控制权。控制权的频繁变更，势必要影响企业管理层的人事变动和决策效率，影响企业的正常经营。

③信息沟通与披露成本较大。

投资者作为企业的所有者，有了解企业经营业务、财务状况、经营成果等的权利。企业需要通过各种渠道和方式加强与投资者关系的管理，保障投资者的权益。特别是上市公司，其股东众多而分散，部分股东只能通过公司的公开信息披露了解公司状况，这就需要公司花更多的精力，用于公司的信息披露和投资者关系的管理。

2. 债务融资

债务融资主要是企业通过向银行借款、向社会发行公司债券、融资租赁以及赊购商品或劳务等方式取得资金。向银行借款、发行公司债券、融资租赁和风险资本，是债务融资的基本形式。其中向银行借入偿还期限不足 1 年的短期借款在企业经常发生，与企业资金营运有密切关系。下面分别讨论各种债务融资的方式及优缺点。

（1）银行借款

银行借款是指企业向银行或其他非银行金融机构借入的、需要还本付息的款项，包括偿还期限超过 1 年的长期借款和不足 1 年的短期借款，主要用于企业购建固定资产和满足流动资金周转的需要。

一般情况下，企业取得银行借款首先需要提出申请。企业提出申请后，银行将按照有关政策和贷款条件，对借款企业进行信用审查，依据审批权限，核准企业申请的借款金额和用款计划。银行审查的主要内容是：企业的财务状况、信用情况、盈利的稳定性、发展前景、借款投资项目的可行性、抵押品和担保情况。

借款合同签订后，企业在核定的贷款指标范围内，根据用款计划和实际需要，一次或分次将贷款转入企业的存款结算户，以便使用。

①长期借款的保护性条款。

银行等金融机构提供的长期贷款金额高、期限长、风险大，因此，除借款合同的基本条款之外，银行等债权人通常还会在借款合同中附加各种保护性条款，以确保企业按要求使用借款和按时足额偿还借款。保护性条款一般有以下3类。

a. 例行性保护条款。如要求定期向提供贷款的金融机构提交财务报表，以使债权人随时掌握企业的财务状况和经营成果；不准在正常情况下出售较多的非产成品存货，以保持企业正常生产经营的能力；如期清偿应缴纳税金和其他到期债务，以防被罚款而造成不必要的现金流失；不准以资产作为其他承诺的担保或抵押；不准贴现应收票据或出售应收账款，以避免或有负债等。

b. 一般性保护条款。一般性保护条款是对企业资产的流动性及偿债能力等方面的要求条款，这类条款应用于大多数借款合同。主要包括：保持企业的资产流动性，如要求企业需持有一定最低限度的货币资金及其他流动资产，以保持企业资产的流动性和偿债能力；限制企业非经营性支出，如限制支付现金股利、购入股票和职工加薪的数额规模，以减少企业资金的过度外流；限制企业资本支出的规模；控制企业资产结构中的长期性资产的比例，以减少企业日后不得不变卖固定资产以偿还贷款的可能性；限制企业再举债规模及限制企业的长期投资等。

c. 特殊性保护条款。这类条款是针对某些特殊情况而出现在部分借款合同中的条款，只有在特殊情况下才能生效。主要包括：要求企业的主要领导人购买人身保险；借款的用途不得改变；违约惩罚条款等。

上述各项条款结合使用，将有利于全面保护银行等债权人的权益；但同时也使企业在资金使用上受到很多束缚，并增加了小企业取得借款的难度。

②银行借款融资的特点。

采用银行借款进行融资，具有融资速度快、资本成本较低（与发行债券和融资租赁相比）、无须支付证券发行费用或租赁手续费用等融资费用、融资弹性较大等特点。但银行借款通常限制条款较多，融资数额亦有限，通常无法满足企业大规模融资的需要。

（2）发行公司债券

公司债券，是公司依照法定程序发行的、约定在一定期限内还本付息的有价证券。债券是持有人拥有公司债权的书面证书，它代表持券人同发债公司之间的债权债务关系。

公司发行债券要由董事会制定方案，股东大会做出决议。同时需要提出申请，最终由国务院证券管理部门批准。因此对于小规模公司而言，发行公司债券并不是一种能广泛使用的融资渠道。

> **知识链接：债券的发行**
> 根据《中华人民共和国公司法》（以下简称《公司法》）等法律法规的规定，公司申请发行债券由国务院证券管理部门批准。证券管理部门按照国务院确定的公司债券发行规模，审批公司债券的发行。公司申请时应提交公司登记证明、公司章程、公司债券募集办法、资产评估报告和验资报告等。

在我国，根据《公司法》的规定，满足一定条件的股份有限公司、有限责任公司、国有独资公司和两个以上的国有公司或者两个以上的国有投资主体投资设立的有限责任公司，具有发行债券的资格。按是否能够转换成公司股权，公司债券分为可转换公司债券与不可转换公司债券。

可转换公司债券，债券持有者可以在规定的时间内按规定的价格转换为发债公司的股票。这种债券在发行时，对债券转换为股票的价格和比率等都做了详细规定。《公司法》规定，可转换公司债券的发行主体是股份有限公司中的上市公司。

不可转换公司债券，是指不能转换为发债公司股票的债券，大多数公司债券属于这种类型。

发行公司债券融资的特点主要如下。

①一次融资数额大。利用发行公司债券融资，能够筹集大额的资金，满足公司大规模融资的需要。这是在银行借款、融资租赁等债权融资方式中，公司选择发行公司债券融资的主要原因，也能够适应大型公司经营规模的需要。

②有利于提高公司的社会声誉。公司债券的发行主体有严格的资格限制。发行公司债券的主体往往是股份有限公司和有实力的有限责任公司。通过发行公司债券，一方面能筹集大量资金，另一方面也可扩大公司的社会影响力。

③筹集资金的使用限制条件少。与银行借款相比，发行公司债券筹集到的资金的使用具有相对的灵活性和自主性。特别是发行公司债券所筹集的大额资金，能够用于流动性较差的长期资产上。从资金使用的性质来看，银行借款一般期限短、额度小，主要用途为增加适量存货、增加小型设备等；反之，公司债券的期限较长、额度较大，所以采用这种融资方式筹集的资金多用于公司扩展、增加大型固定资产和基本建设投资的需求。

发行公司债券，实际上是公司面向社会负债，债权人是社会公众，因此国家为了保护投资者利益，维护社会经济秩序，对发债公司的资格有严格的限制。而且发行公司债券的资本成本较高。相对于银行借款，发行公司债券的利息负担和融资费用都比较高。而且公司债券不能像银行借款一样进行债务展期，加上大额的本金和较高的利息，在固定的到期日，将会对公司现金流量产生巨大的财务压力。

（3）融资租赁

融资租赁，是指通过签订资产出让合同的方式，使用资产的一方（承租方）通过支付租金，向出让资产的一方（出租方）取得资产使用权的一种交易行为。在这项交易中，承租方通过得到所需资产的使用权，达到了筹集资金的目的。租赁分为融资租赁和经营租赁。

夏季来临，北京"凉爽"冷饮制造公司的产品销量日渐增加，现有生产线难以满足市场需求。但公司规模较小，难以采用银行借款及股票、债券融资模式，公司找到一家冷饮生产设备租赁商，公司提出两个方案：①在夏季临时租赁冷饮生产线4个月，公司支付租金，4个月后归还设备；②公司租赁该设备2年，2年内的租金包含设备价款、利息费用等相关费用，2年到期后设备归"凉爽"公司所有。

上述方案中，第一种方案叫做经营租赁，第二种方案叫做融资租赁。

经营租赁是由出租方向承租方在短期内提供设备，并提供维修、保养、人员培训等服务的一种服务性业务，又称服务性租赁。经营租赁的主要特点如下。

①租赁期较短，短于资产的有效使用期，在合理的限制条件内承租方可以中途解约。

②租赁设备的维修、保养由出租方负责。

③租赁期满或合同终止以后，出租资产由出租方收回。经营租赁比较适用于租用技术过时较快的生产设备。

融资租赁是由出租方按承租方要求出资购买设备，在较长的合同期内提供给承租方使用的融资信用业务，它是以融通资金为主要目的的租赁。融资租赁的主要特点如下。

①租赁期较长，接近于资产的有效使用期，在租赁期间双方无权取消合同。

②由承租方负责设备的维修、保养。

③租赁期满，通常采用承租方留购办法，即承租方以很少的"名义价格"（相当于设备残值）买下设备。

企业进行融资租赁，可以采取的基本形式包括以下几种。

①直接租赁。直接租赁是融资租赁的主要形式，承租方提出租赁申请时，出租方按照承租方的要求选购，然后再出租给承租方。

②售后回租。售后回租是指承租方由于急需资金等各种原因，将自己的资产出售给出租方，然后以租赁的形式从出租方原封不动地租回资产的使用权。在这种租赁合同中，除资产所有者的名义改变之外，其余情况均无变化。

③杠杆租赁。杠杆租赁是指涉及承租人、出租人和资金出借人三方的融资租赁业务。一般来说，当所涉及的资产价值昂贵时，出租人自己只投入部分资金，通常为资产价值的20%～40%，其余资金则通过将该资产抵押担保的方式，向第三方（通

常为银行）申请贷款来解决。出租人然后将购进的设备出租给承租人，用收取的租金偿还贷款，该资产的所有权属于出租人。出租人既是债权人也是债务人，如果出租人到期不能按期偿还借款，资产所有权则转移给资金的出借者。

采用融资租赁的方式进行融资，主要具有以下特点。

①能迅速获得所需资产。融资租赁集"融资"与"融物"于一身，融资租赁使企业在资金短缺的情况下引进设备成为可能。特别是针对中小企业、新创企业而言，融资租赁是一条重要的融资途径。有时，大型企业对于大型设备、工具等固定资产，也需要通过融资租赁满足巨额资金的需要，如商业航空公司的飞机，大多是通过融资租赁取得的。

②财务风险小。融资租赁与购买的一次性支出相比，能够避免一次性支付的负担，而且租金支出是未来的、分期的，企业无须一次筹集大量资金来偿还。还款时，企业可以通过项目本身产生的收益来支付租金。因此，融资租赁是一种基于未来的"借鸡生蛋、卖蛋还钱"的融资方式。

③限制条件较少。企业运用股票、债券、长期借款等融资方式，都会受到相当多的资格条件的限制，如足够的抵押品、银行贷款的信用标准、发行债券的政府管制等。相比之下，融资租赁的限制条件很少。

④租赁能延长资金融通的期限。通常为设备而贷款的借款期限比该资产的物理寿命要短得多，而租赁的融资期限却可接近其全部使用寿命期限；并且其金额随设备价款金额而定，无融资额度的限制。

⑤资本成本高。融资租赁中的租金通常比银行借款或发行债券所负担的利息高得多，租金总额通常要高于设备价值的30%。尽管与借款方式比，融资租赁能够避免到期一次性集中偿还的财务压力，但高额的固定租金也给企业各期的经营带来了负担。

【点评】债务融资的最大缺点在于财务风险较高，而且由于债务融资通常要求企业具有相当的资产规模和经营规模，中小企业在股票、债券融资方面均存在一定的困难。当企业具有较高行业知名度和市场占有率后，这些方面能更好地为企业所用。

（4）风险资本：值得中小企业关注的融资渠道

风险资本是指由专业投资人提供给快速成长并且具有很大升值潜力的新兴企业

的一种资本。风险资本通过购买股权、提供贷款或既购买股权又提供贷款的方式进入这些企业。

风险投资虽然是一种股权投资，但投资的目的并不是获得企业的所有权，也不是为了控股，更不是为了经营企业，而是通过投资和提供增值服务把投资企业做大，然后通过公开上市（Initial Public Offering，IPO）、兼并收购或其他方式退出，在产权流动中实现投资回报。因此，通常是风险资本跟着优秀的企业家走，企业家不能跟着风险资本走。风险资本在当今资本市场已发挥着越来越大的作用。

①风险投资的特点。

风险投资人帮助企业成长，但他们最终寻求渠道将投资撤出，以实现增值。风险资本从投入被投资企业起到撤出投资为止所间隔的时间长短就称为风险投资的投资期限。作为股权投资的一种，风险投资的期限一般较长。其中，创业期风险投资通常在7~10年进入成熟期，而后续投资大多只有几年的期限。

风险投资的产业领域主要是高新技术产业。以美国为例，风险投资人最感兴趣的领域依次是：计算机和软件产业、医疗保健产业、通信产业、生物科技产业等。其投资对象多为处于创业期的中小型企业，而且多为高新技术企业。风险投资的特点主要如下。

a. 投资期限至少3年，投资方式一般为股权投资，通常占被投资企业30%左右股权，而不要求控股权，也不需要任何担保或抵押。

b. 投资决策建立在高度专业化和程序化的基础之上。

c. 风险投资人一般积极参与被投资企业的经营管理，提供增值服务。

d. 除了种子期融资外，风险投资人一般也对被投资企业以后各发展阶段的融资需求予以满足。

e. 由于投资目的是追求超额回报，当被投资企业增值后，风险投资人会通过上市、收购兼并或其他股权转让方式撤出资本，实现增值。

【点评】对于高科技创新企业来说，风险投资的成本较高，但是风险投资也许是高科技创新企业的唯一可行的资金来源。银行贷款虽然说相对成本更低，但是银行在贷款时以回避风险、安全性第一为原则，高科技创新企业无法成功从银行贷款。

②如何吸引风险投资。

企业在初创期资金匮乏，吸引风险投资商能保证企业的快速发展。有很多企业主动去找风险投资人，但风险投资人却表示不感兴趣，交谈十分钟就觉得没戏。自己企业这么好，风险投资人听了怎么都没有反应？风险投资人的关注点在哪里？风险投资人重点关注以下两点。

a. 管理团队

管理团队，即人的因素。尤其在一些新兴行业、高科技行业等，团队因素基本决定了80%的成功率。一些成立时间非常短的企业，在行业里面也有非常好的经验，在三五年内创造了很多奇迹，是很多企业努力二三十年都没有办法达到的。很多成功的中小企业融资，企业规模很小，也不挣什么钱，但团队的背景非常强大，拿到上亿美元的投资，三五年就真的成了行业的领袖。这往往靠的是核心团队的能力，这个是可遇不可求的。

而在传统行业，企业家的风格相对比较保守，传统行业本身的发展规律也是稳健的。在传统行业发展的过程有一些硬性的规律，很难快速地超越。企业只有以比较务实的态度经营，尽量在行业中领先，在得到行业机会的同时，得到风险投资人青睐的机会才会更多。

b. 商业模式。

商业模式始终是跳不开的重要话题。如果商业模式经常变，说明企业还不成熟，往往也不可能做大。在不同的细分行业，比如电子行业，竞争非常激烈，如果没有足够的定力就很难成功。

企业如果想赚长远的利润，在同行中争取更高的利润水平，更持续地高水平成长，那一定有"秘密武器"，这往往会体现在技术上。目前我国大多数公司只是从事一些技术应用的开发，很容易遭遇模仿和抄袭。管理者需要将产品和渠道模式巧妙地组合在一起，通过三五年的发展和固化来强化自己的竞争力，并形成自己特有的商业模式，从而在行业中脱颖而出。

③吸引风险投资的主要措施。

目前各国风险投资领域呈现出三大新趋势：风险投资规模越来越大、投资目标开始转向成熟公司、更加关注新兴国家的市场。企业吸引风险投资当然首先要有政策支持做保证，在企业层面可以采取的举措主要有以下几项。

a. 加大技术创新投入，利用资源优势，进行满足市场多样化需求的产品升级和服务升级，形成具有独特创意和高成长性的项目，并对项目的技术可行性、经济性进行必要论证，这是吸引风险投资的关键。

b. 进行管理创新和制度创新，提升管理水平，强化管理团队，明晰产权，完善财务管理制度，使企业运作更高效、更规范、更透明。

c. 培育以创新和诚信为核心的企业文化，提高员工素质，引进专业人才，鼓励创新，树立品牌意识和诚信意识，形成团结奋进的创业团队。

d. 在具体实施阶段，撰写高质量的商业计划书，真实地评估项目成长性、营利性、市场状况预测、生产营销计划等，使投融资双方对项目有更加深入、全面的了解。

e. 与投资者合作阶段，本着平等互利、友好协商原则，主动协助进行风险投资管理，维护双方合法权益，建立友好关系，形成吸引投资者的良性循环。

七、企业并购与商誉

近年来，上市公司并购重组在深化企业改革、服务实体经济方面发挥重要作用。2018 年资本市场发生上市公司并购重组近 4 000 起，交易金额超过 2 万亿元。上市公司的并购浪潮，导致巨额商誉的产生。数据显示，我国 A 股上市公司财报中列报的商誉总额从 2007 年末的 386 亿元增加到 2017 年末的 13 024 亿元，10 年间商誉总额增长到原来的近 34 倍。

> **知识链接：合并商誉**
> 合并商誉，也叫购入商誉或购买商誉，是在一家企业购入或合并另一家企业时予以确认的。合并商誉是企业在合并过程中，预期被并购企业因其存在的优越条件使其在未来时期获利能力超过可辨认资产正常获利能力的资本化价值。

从性质上看，合并商誉是被并购企业由于所处地理位置优越，或由于信誉好而深受客户依赖，或由于组织得当而生产经营效益好，或由于技术先进而掌握了生产的诀窍等原因而形成的一种无形资产价值在合并时予以确认的可计量的支出，它符合资产的确认标准。合并商誉具体金额是母公司对子公司的投资成本（或购买成本）高于该子公司净资产的差额。根据我国企业会计准则的要求，企业需要在年末对商誉进行减值测试以评估商誉价值。

当被并购方预期能给并购方带来较高的营业收入及利润时，并购方一般需支付较高的并购价格，形成正商誉。并购方为保证自身利益降低风险，在并购时通常会签订对赌协议，对被并购方未来的业绩进行提前约定。由于宏观环境及市场环境的不确定性，被并购方可能不能完成约定业绩。并购方根据我国企业会计准则要求年末对商誉进行减值测试，如果出现大额减值，就是所谓的"商誉爆雷"现象。

【案例】2018 年 4 月，号称"中国游戏第一股"的天神娱乐发布年度报告，报告显示，天神娱乐 2018 年公司全年实现营业收入 25.17 亿元，同比下降 18.83%，净利润亏损 73 亿元，去年同期盈利 10.2 亿元。

天神娱乐的实际控制人朱晔 2015 年因斥资 234 万美元拍下与巴菲特共进午餐的机会而"一举成名"。2014 年天神娱乐借壳科冕木业"登陆"资本市场，此后，在杠杆牛市环境下开始大举并购一大批游戏公司，并进军影视行业，前后发起并购重组 13 起。据统计，仅上市公司直接并购的标的就高达 9 家，包括 Avazu、麦橙网络、妙趣横生、合润传媒等，业务涉及手机游戏、休闲游戏、数字营销等领域。大举并购对天神娱乐业绩的推动作用十分显著。这些公司助推了天神娱乐近几年的业绩猛涨，也在对赌期内带给其约定的利润。在 2014—2017 年的 4 年间，天神娱乐营业收入年增幅分别为 54.29%、97.85%、78.01% 和 85.17%。

2018 年，监管部门冻结网络游戏版号的备案，游戏版号审批受到限制，导致许多游戏公司的营业收入下降，亏损扩大，整个游戏行业受到重大影响。天神娱乐业绩下滑，公司市值从 2015 年底的 300 亿元跌至 2018 年底的 40 余亿元。受宏观政策影响，投资标的经营业绩不及预期，经初步评估测算，公司或其子公司对其出资份额预计计提商誉减值准备 8.2 亿元，预计承担超额损失 15 亿元。

截至 2018 年底，天神娱乐的总资产为 82 亿元，较 2017 年底的 144 亿元减少 43.06%。公司因资金状况紧张，部分贷款未能如期偿还或续贷，公司实际控制人、控股股东之一的朱晔所持有的公司股份亦遭冻结。

"商誉爆雷"现象是近年媒体关注的一个热点话题。不少上市公司因计提商誉减值准备使公司当年的净利润大幅下降甚至直接为负，造成上市公司的股价下跌。这也给并购方带来严重的财务困境。

此外，计提商誉减值准备也被看作企业盈余管理的一种手段。研究认为，企业有理由以盈余管理为动机操纵商誉减值准备的计提。主要表现为"盈余平滑"现象——企业有可能出于美化其偿债能力的目的，减少对商誉减值的确认；或者表现为"大洗澡"现象——为了未来拥有更强的盈利能力，盈余低或者亏损的企业倾向于更多地计提商誉减值准备。计提商誉减值准备使得企业未来经营风险提高，相关利益者对企业未来预期下降。从企业估值的角度来看，投资者会认为商誉减值是一个负面消息，进而降低对上市公司的预期，使得股价下降。

八、四两拨千斤：抚顺特钢债务重组案例分析

债务重组又称债务重整，是指债权人在债务人发生财务困难的情况下，债权人按照其与债务人达成的协议或者法院的裁定做出让步的事项。也就是说，只要修改了原定债务偿还条件的，即债务重组时确定的债务偿还条件不同于原协议的，均作为债务重组。

债务重组通常发生在债务方陷入财务困境、不能按期偿还债务本金和利息时，通过与债权方重新协商并达成对到期债务或拖延债务重新安排的协议。因此，债务重组常常涉及债务豁免。豁免债务对于债务方而言就是一种债务重组收益，属于营业外收入。在本书第五章"营业外收入：天上掉馅饼能长久吗？——兼论馅饼的多种掉法"中提到，债务重组收益是企业营业外收入的一个重要分类，也是"天上掉

馅饼"的渠道之一。

对于债务压身、偿债困难的企业，如何以较低代价来清偿债务呢？下面我们以抚顺特钢为例，一起共同分析债务重组及其对企业财务报表的影响。

【案例】抚顺特钢因 2016 年、2017 年两个会计年度经审计的归属于抚顺特钢股东的净利润连续为负值，2017 年会计年度经审计的期末净资产为负值，2018 年 6 月 27 日，抚顺特钢股票被证监会实施退市风险警示，股票简称由"抚顺特钢"变更为"*ST 抚钢"。

2018 年 4 月 8 日，债权人上海东震向抚顺中院申请对抚顺特钢进行债务重组。抚顺中院经审查后认为抚顺特钢不能清偿到期债务，裁定受理抚顺特钢债务重组一案。

抚顺特钢已经资不抵债，生产经营和财务状况均已陷入困境。为挽救抚顺特钢，避免其破产清算，抚顺特钢发出公告，请求出资人和债权人共同努力，共同分担实现抚顺特钢重生的成本，对抚顺特钢出资人的权益进行调整，以使股东及债权人的损失降到最小。

1. 债务重组结果

2019 年 4 月，抚顺特钢发布 2018 年年度报告，报表体现了公司债务重组的结果，如表 13–4 所示。

表 13–4 抚顺特钢部分财务数据

日期：2018 年 12 月 31 日　　　　　　　　单位：亿元

资产	期末余额	期初余额	负债及所有者权益	期末余额	期初余额
货币资金	4.36	22.25	短期借款	0	44.39
应收票据及应收账款	15.08	15.10	应付票据及应付账款	5.74	46.86
存货	15.21	12.38	流动负债合计	9.53	96.21
流动资产合计	36.16	51.32	负债合计	37.69	106.93
			实收资本（股本）	19.72	13.00
			资本公积	21.78	1.63
			盈余公积	0.68	0.67
			未分配利润	−0.5	−26.57

资产	期末余额	期初余额	负债及所有者权益	期末余额	期初余额
非流动资产合计	43.23	44.34	所有者权益合计	41.70	-11.27
资产总计	79.39	95.66	负债与所有者权益总计	79.39	95.66

从表 13-4 可以看到，债务重组前抚顺特钢的负债合计 106.93 亿元，主要来自流动负债，流动负债高达 96.21 亿元。债务重组完成后，抚顺特钢的负债降为 37.69 亿元，其中流动负债下降至 9.53 亿元。抚顺特钢顺利偿还了近 70 亿元的负债。

抚顺特钢是如何偿还这近 70 亿元负债的呢？企业到底拿出了多少资金呢？我们一起来看看债务重组的过程。

2. 债务重组过程

2018 年 7 月，抚顺特钢与控股股东东北特钢及主要债权人经过协商之后，最终确定的债务重组方案是采取资本公积转增股本的方式，即抚顺特钢以现有 A 股总股本为基数，按每 10 股转增不超过 5.72 股的比例实施资本公积转增股本。

为支持抚顺特钢重整，2018 年 9 月 27 日、11 月 21 日，东北特钢集团先后分别向抚顺特钢赠予资金 3 亿元和 2.10 亿元，累计赠予资金 5.10 亿元。

【提示】控股股东的捐赠计入资本公积，而不是营业外收入。资本公积可以用来转增资本。因此，增加的 5.10 亿元资本公积及之前的资本公积余额合计 6.73 亿元全部转增为股本了。既然是股本，则可以按照股票的市场价格出售抵债了。

本次新增股票中 8 000 万股根据重整计划通过竞价方式一次性出售，出售价格与实施日停牌价格一致，即 2.38 元/股。处置变现所得价款用于偿付债务和支付有关费用，补充公司生产经营所需资金。其余 59 000 万股直接用于抵偿金融类普通债权，150.70 万股直接用于抵偿经营类普通债权，59.30 万股登记至公司管理人的证券账户，用于最终抵偿经营类普通债权。

本次权益变动前后，公司股权结构变化如表 13-5 所示。

表 13-5 抚顺特钢股东权益变动

日期：2018 年 12 月 31 日

股东名称	本次权益变动前		本次权益变动后	
	持股数量（股）	持股比例	持股数量（股）	持股比例
东北特钢	496 876 444	38.22%	576 876 444	29.25%
中国银行抚顺分行	0	0	122 924 644	6.23%
其他转股债权人	0	0	469 175 356	23.79%
其他 A 股股东	803 123 556	61.78%	803 123 556	40.72%
总股本	1 300 000 000	100%	1 972 100 000	100%[①]

注：①与各项持股比例合计数存在误差是由保留小数点后位数造成。

从表 13-5 可以看出，控股股东持股股数总共增加了 8 000 万股，即抚顺特钢一次性出售的股份。中国银行抚顺分行及其他债权人（主要是各银行）接受了股权清偿债务成为公司的新晋股东。具体债务重组过程可用图 13-2 表示。

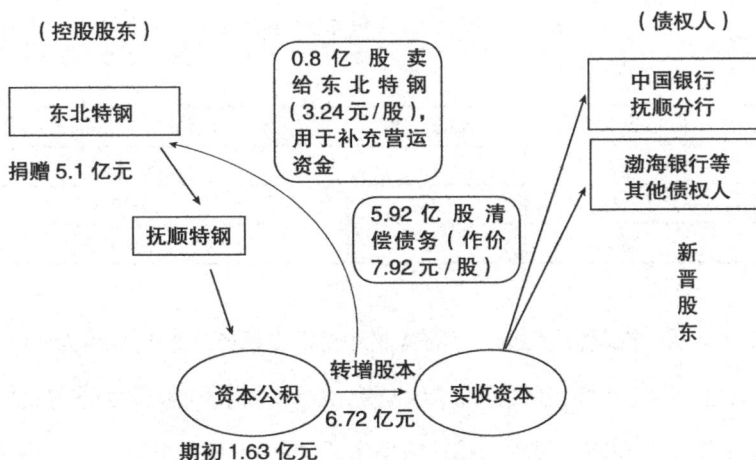

图 13-2 抚顺特钢债务重组示意

债务重组完成前后抚顺特钢的利润表（部分）如表 13-6 所示。

表 13-6 利润表（部分）

2018 年 1—12 月

单位：万元

项目	本期发生额	上期发生额
一、营业收入	584 773	498 430
二、营业成本	612 310	624 959
三、营业利润	−26 093	−124 891
加：营业外收入	288 107	103
减：营业外支出	1 304	5 663
四、利润总额	260 733	−130 451
减：所得税费用	2	3 307
五、净利润	260 731	−133 759

从表 13-6 可以看出，抚顺特钢在 2018 年成功实现扭亏为盈。但公司的营业利润仍然是负值，表明主营业务经营状况仍未好转。企业利润主要来自营业外收入。我们可以通过报表附注进一步了解营业外收入的具体项目，如表 13-7 所示。

表 13-7 抚顺特钢 2018 年度营业外收入

单位：万元

项目	本期发生额	上期发生额	计入当期非经常性损益的金额
债务重组利得	287 690		287 690
政府补助	417	103	417
合计	288 107	103	288 107

表 13-7 显示，抚顺特钢 2018 年的营业外收入中债务重组利得约为 28.77 亿元，即债务重组过程中得到豁免的债务。2018 年，抚顺特钢通过控股股东东北特钢捐赠 5.1 亿元实施资本公积转增股本，成功清偿了近 70 亿元的债务，轻松达到了四两拨千斤的效果，有效地避免了破产清算的局面。

第十四章　企业预算管理

凡事预则立，不预则废。预算管理不是财务部门自娱自乐的行为，而是基于企业战略目标对企业全局进行的规划。全面预算是对企业蓝图的描绘，预算管理的关键在于预算的执行，建立有效的预算考核和评价机制是企业预算得以实施的重要保障。

一、预算管理的起点：企业战略目标

1. 预算管理的原理

预算管理是优化企业的资源配置，实现企业战略目标的重要管理措施。预算管理是指企业在战略目标的指导下，对未来的经营活动和相应财务结果进行充分、全面的预测和筹划，并通过对执行过程的监控，将实际完成情况与预算目标不断对照和分析，从而及时指导经营活动的改善和调整，以帮助管理者更加有效地管理企业和最大限度地实现战略目标。预算管理的原理如图 14–1 所示。

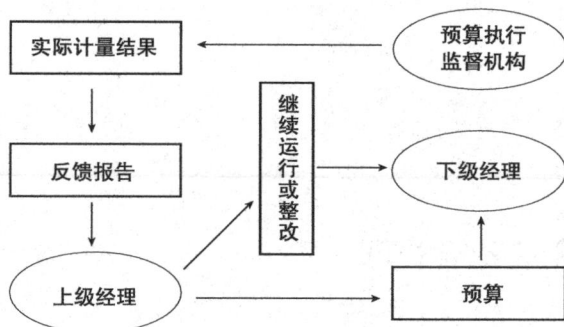

图 14-1 预算管理的原理

从图 14-1 中可以看出，预算管理实际上是以预算为标准的管理控制系统，上级经理通过该预算为下级经理确定业绩标准，然后由下级经理执行预算。为了保证下级经理执行预算达到预算规定的目标，预算执行监督机构（如会计部门）必须对下级经理执行预算的进度或结果进行计量，即"预算实际执行过程的计量"；然后将实际与预算进行比较，编制反馈报告并送达上级经理，上级经理根据例外管理的原则，决定是否干预下级经理的执行或是使其继续运行；最终使下级经理达成预算。这是预算管理的基本原理。

预算管理的作用主要表现为以下两点。

①预算管理作为一个系统是管理者对整个企业或者上级对下级的经营活动进行计划和控制的基本手段。换句话说，预算管理是总揽全局的管理活动，涉及技术、人事、生产、销售、供应等所有部门的计划和控制，而不仅仅是财务部门的"闭门造车"行为。只有通过预算管理，管理者才能对企业整体进行把握和掌控，才能保证企业盈利目标的实现。

②预算管理是实现企业整合的基本手段。20 世纪杜邦化学公司和通用汽车公司之所以引进预算，其主要目的之一就是解决由工厂式企业转变为公司式企业而产生的分散化问题。工厂管理主要解决效率问题，也就是投入产出问题；而公司至少由几家工厂组成，在管理上不仅要解决效率问题，还要解决工厂之间以及各工厂与公司总部之间的目标一致问题，即所谓整合。一个企业，特别是大型企业的总经理唯有通过预算才有可能将企业的各层级、各单位、各部门以及各成员与企业总体目标

连接起来，从而达到整合的目的。

2. 预算管理的起点：企业战略目标

　　企业进行预算管理，要以公司战略为起点，根据企业发展战略，确定企业具体的预算目标，再将目标层层分解，进行预算编制，执行预算，并对预算执行情况进行考评。在整个预算执行和考评过程中不断通过信息反馈与分析修正预算，促进企业战略目标的实现。具体过程如图 14-2 所示。

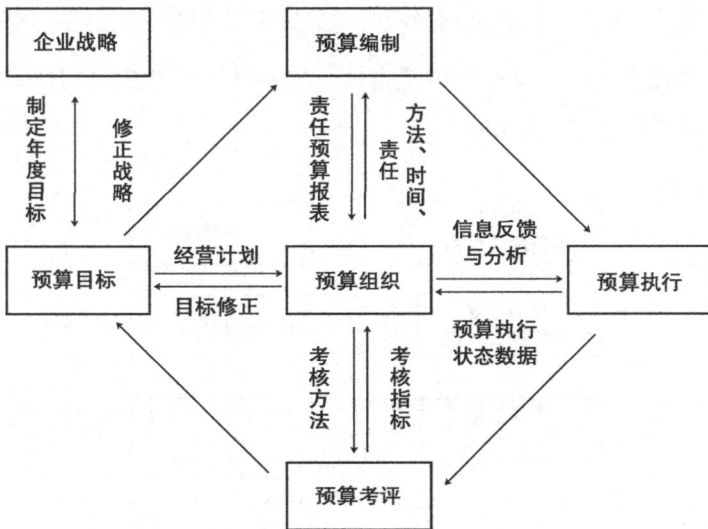

图 14-2 企业预算组织

　　企业进行预算管理时，应坚持的基本原则如下。

　　①量入为出，综合平衡。预算要量力而行，完全超出企业的能力、不着边际的预算是难以实现的。

　　②目标控制，分级实施。预算实施的过程就是目标层层分解的过程，所谓"不积跬步，无以至千里"，各级部门的预算执行就是促成企业战略"千里之行"完成的"跬步"。

　　③权责明确，严格管理。预算的核心在于制定和执行，明确各部门各环节的权责利，严格管理预算的执行过程，加强对预算执行过程的检查、分析和考核，确保

预算目标的最终实现。

④注重效益，防范风险。风险始终是企业要关注的，也是企业预算管理过程中需要考量的因素。将风险控制在企业可承受的范围内，是预算与战略目标实现的重要保障。

二、预算管理的过程

企业的预算管理是从董事会到普通员工全员参与的过程，在这一过程中，企业需要调动所有的资源和人力。图 14-3 是以一个集团公司为例，解释预算管理中相关职能部门在预算管理中的作用。

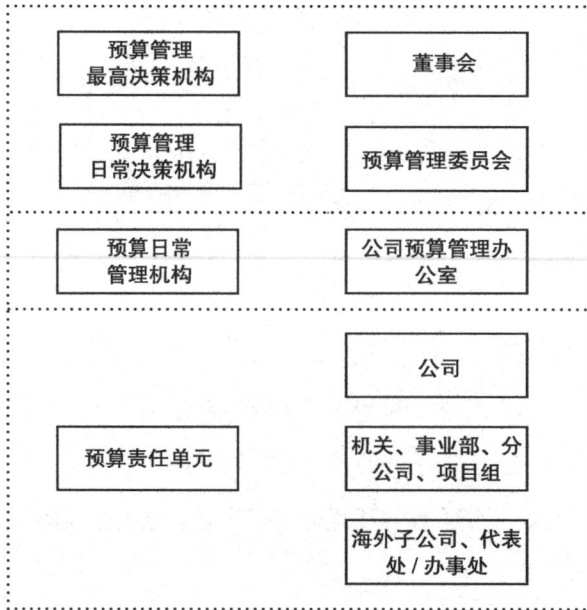

图 14-3 企业预算管理组织机构

各组织机构及预算管理部门在企业预算组织中的具体职能和作用如图 14-4所示。

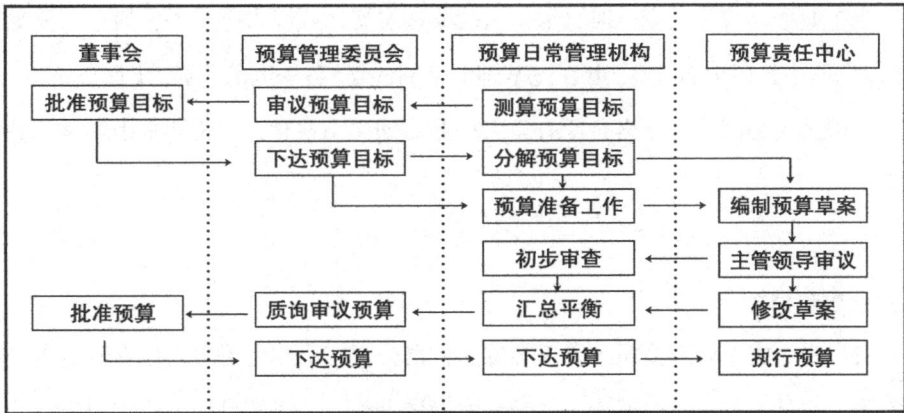

图 14-4 企业预算管理机构职能

三、企业全面预算：一个案例剖析

全面预算是以企业战略为指南，确定企业的销售目标，以企业的销售预算为出发点，系统地确定企业资本预算、财务预算、筹资预算，最终形成企业总预算的过程。图 14-5 是企业全面预算的具体内容。

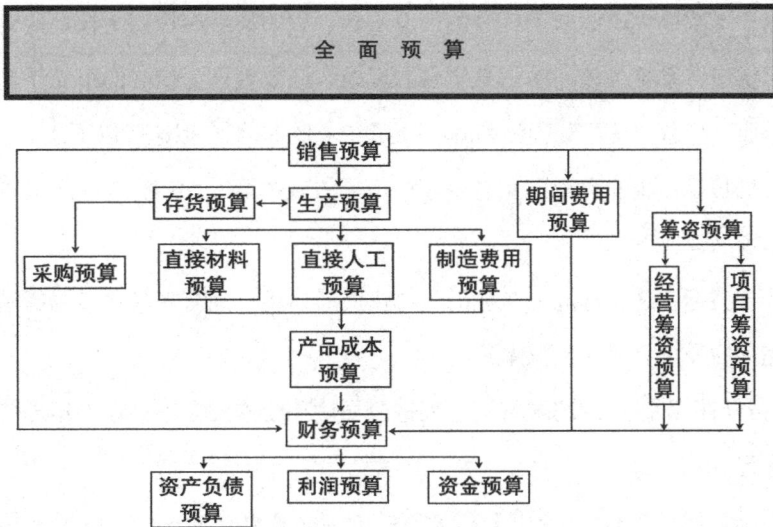

图 14-5 企业全面预算

当企业战略有重大变化时，如引入战略投资者，或谋求上市等，通常需要编制 3~5 年期的中长期全面预算，并在此基础上编制各年、各季度的预算。下面以杭帛（中国）有限公司为例，介绍当企业有重大战略规划和调整时，中长期全面预算的编制过程。

1. 企业战略目标

杭帛（中国）有限公司（以下简称"杭帛公司"）致力于中高档女装时尚产业的发展，立足专业化、规模化、国际化的发展道路。公司的目标是成为中国女装产业的领袖企业。

公司创立于 2003 年，公司主要从事中高档女装的自主加工（Original Equipment Manufacturer，OEM）及染整业务。公司的长期性主营业务主要定位在中高档女装的 OEM 加工与品牌运营。2018 年杭帛公司制定了公司未来 10 年的发展战略，按照发展规划，公司将在制造能力、产业整合、网络体系建设、价值链整合、国际合作、组织管理等方面取得突破性进展，从而保持竞争优势。公司通过建立产业园区，扩大生产能力，创造国际品牌合作的新模式，建立高效的供应链管理系统和女装运营价值网络，形成以生产制造为核心的产业平台、以销售终端控制为核心的营销网络平台、以供应链系统为核心的信息平台、以组织绩效管理为核心的组织平台的国际性女装企业，打造"杭帛"国际品牌。公司在未来 10 年内拟达成以下战略目标。

①市场目标：企业在中国女装中高档市场占有率第一；拥有 3~5 个具有全国知名度的市场品牌。

②管理目标：建立起高效快捷的生产供应链体系；拥有规模化市场营销网络；建立起完善的公司治理和组织体系。

③财务目标：以合理的融资结构促进公司治理结构的完善；在 5 年内使公司市场价值达到 30 亿元。

④国际目标：拥有 30 家以上高素质的国际品牌合作商；与国际渠道衔接，实现杭帛服装的国际销售。

如能顺利实现上述战略目标，杭帛公司将成为中国女装产业的领袖企业。为了实现未来战略发展目标，杭帛公司将采取"三步走"的战略实施步骤。第一步，建立完善的女装产业基地；第二步，建设高效的女装运营价值网络；第三步，建设灵活的女装价值体系。

2. 销售预算

销售或营业预算是预算期内销售各种产品或者提供各种劳务可能实现的销售量或者业务量及其收入的预算，主要依据年度目标利润、预测的市场销量及提供的产品结构以及市场价格编制。

杭帛公司的主要业务包括 OEM 加工和品牌运营。2019 年通过产业园区的建设，杭帛公司将形成年产 2 000 万件的 OEM 生产能力。根据公司发展战略，公司 OEM 生产将形成简单加工和品牌合作加工两大部分。其中简单加工为公司目前业务的拓展，而品牌合作加工为新的商业运行模式。因此，销售收入的预测分为传统简单型 OEM 和品牌合作两个部分进行。在对公司 2013—2018 年 OEM 单位平均销售价格趋势分析的基础上，编制表 14-1 所示的销售预算。

表 14-1 杭帛公司 2019—2023 年销售预算

项目	2019 年		2020 年		2021 年		2022 年		2023 年	
运营模式	加工	品牌	加工	品牌	加工	品牌	加工	品牌	加工	品牌
销售量（万套）	1 000	100	1 100	300	1 200	500	1 200	700	1 200	800
销售单价（元）	72	79	83	91	96	106	112	123	130	143
销售收入（万元）	72 000	7 900	91 300	27 300	115 200	53 000	134 400	86 100	15 6000	114 400
合计（万元）	79 900		118 600		168 200		220 500		270 400	

在编制销售预算的同时，公司应根据销售收现情况编制现金收入预算。

杭帛公司 2017 年应收账款占主营业务收入百分比为 26.70%，2018 年应收账款占主营业务收入百分比为 25.55%。因此假设当年实现的销售收入中 25% 形成应收账款，每年实现的现金收入为当年销售收入的 75% 以及上年度期末应收账款金额合计数。杭帛公司编制的现金收入预算如表 14-2 所示。

表 14-2　杭帛公司 2019—2023 年现金收入预算

单位：万元

项目	2019 年	2020 年	2021 年	2022 年	2023 年
本年主营业务收入	79 900	118 600	168 200	220 500	270 400
期末应收账款	19 975	29 650	42 050	55 125	67 600
预计现金收入	59 925	88 950	126 150	165 375	202 800
上年应收账款	13 635	19 975	29 650	42 050	55 125
现金收入合计	73 560	108 925	155 800	207 425	257 925

现金收入预算是销售预算的"副产品"，也是最后进行财务预算时编制现金预算的依据。

3. 筹资预算

根据产业园区发展规划，杭帛时尚产业园计划总投资 3 亿元。公司拟以自有资金投资 0.3 亿元，向外部融资 2.7 亿元。杭帛公司编制的资金需求及筹资预算如表 14-3 所示。

表 14-3　杭帛公司资金需求及筹资预算

筹措渠道	方式	金额（万元）	说明
战略投资	股权资金	20 000	正在寻求战略投资伙伴
银行借款	债权资金	7 000	在项目运营期内逐年借入，年利率为 4.2%
企业自筹	自有资金	3 000	已投入项目前期工作
合 计		30 000	

其中，股权融资 2 亿元，出让股份 25%，其中股本 1 亿元，股本溢价 1 亿元。

4. 生产预算

生产预算主要是在销售预算的基础上，依据各种产品的生产能力、各项材料及人工的消耗定额及其物价水平、期初期末存货及其销售状况编制的。编制生产预算时，要考虑仓储能力、仓储成本、资金占用成本等因素，使期末保持合理的经济存量。

根据上述销售预算，结合公司 2013—2018 年 OEM 产品成本构成的趋势分析，预测杭帛公司 2019—2023 年 OEM 产品单位平均成本，并编制表 14-4 所示的生产预算。

表 14-4 杭帛（中国）有限公司 2019—2023 年生产预算

成本构成	2019 年		2020 年		2021 年		2022 年		2023 年	
	金额元/件	比例	金额元/件	比例	金额元/件	比例	金额元/件	比例	金额元/件	比例
直接材料	33.6	70.00%	38.5	70.00%	44.1	70.00%	50.4	70.00%	57.4	70.00%
直接人工	4.8	10.00%	5.5	10.00%	6.3	10.00%	7.2	10.00%	8.2	10.00%
制造费用	4.8	10.00%	5.5	10.00%	6.3	10.00%	7.2	10.00%	8.2	10.00%
外加工费	4.8	10.00%	5.5	10.00%	6.3	10.00%	7.2	10.00%	8.2	10.00%
单位成本	48	100%	55	100%	63	100%	72	100%	82	100%
销售量（万套）	1 100		1 400		1 700		1 900		2 000	
总成本（万元）	52 800		77 000		107 100		136 800		164 000	

其中：

①直接人工是直接制造产品人员的工资、福利费以及"五险一金"之和；

②制造费用包括新增投资形成的固定资产原值折旧。

进行生产预算时，应根据公司采购及付款情况编制现金支出预算。

杭帛公司 2017 年应付账款占主营业务成本百分比为 18.99%，2018 年应付账款占主营业务成本百分比为 14.17%，因此假设当年发生的主营业务成本中 20% 形成应付账款，每年发生的现金支出为当年主营业务成本的 80% 以及上年度期末应付账款金额合计数。杭帛公司编制的预计现金支出如表 14-5 所示。

表 14-5 杭帛公司 2019—2023 年预计现金支出

单位：万元

项目	2019 年	2020 年	2021 年	2022 年	2023 年
本年主营业务成本	52 800	77 000	107 100	136 800	164 000
期末应付账款	10 560	15 400	21 420	27 360	32 800
预计现金支出	42 240	61 600	85 680	109 440	131 200
上年应付账款	3 655	10 560	15 400	21 420	27 360
现金支出合计	45 895	72 160	101 080	130 860	158 560

5. 期间费用预算

期间费用预算是预算期内经营活动必要的管理费用、销售费用、财务费用等预算。在编制期间费用预算时应当区分变动费用与固定费用、可控费用与不可控费用，根据以前年度实际费用水平和预算期内的变化因素，结合费用开支标准及合理控制成本、费用的要求，分项目、分责任中心进行编制。

根据上述资料，剔除发展趋势中的不确定因素，进行保守估计，杭帛公司管理费用以当年主营业务收入的 7% 估算；销售费用以当年主营业务收入的 10% 估算，随销售量的增加，销售费用所占销售收入的比例会逐渐下降；财务费用以当年银行借款总额乘以 4.2% 的贷款利率估算。根据公司财务规划，银行借款规模将控制在 3 亿元。具体计算见表 14-6。

表 14-6 杭帛公司 2019—2023 年期间费用预算

单位：万元

项目	2019 年	2020 年	2021 年	2022 年	2023 年
管理费用	5 593	8 302	11 774	15 435	18 928
销售费用	7 990	11 860	16 820	22 050	27 040

项目	2019 年	2020 年	2021 年	2022 年	2023 年
财务费用	1 260	1 260	1 260	1 260	1 260
合计	14 843	21 422	29 854	38 745	47 228

6. 财务预算

财务预算主要以利润预算、现金预算及预计资产负债表的形式来反映。

（1）利润预算

利润预算是按照利润表的内容和格式编制的反映预算期内利润目标的预算报表，应根据销售预算、营业成本预算、期间费用预算、其他专项预算等有关资料分析编制。

根据上述预算信息公司编制的 2019—2023 年的利润预算如表 14-7 所示。

表 14-7 杭帛（中国）2019—2023 年利润预算

单位：万元

项目	2019 年	2020 年	2021 年	2022 年	2023 年
一、主营业务收入	79 900	118 600	168 200	220 500	270 400
减：主营业务成本	52 800	77 000	107 100	136 800	164 000
主营业务税金及附加					
二、主营业务利润	27 100	41 600	61 100	83 700	106 400
加：其他业务利润					
减：销售费用	7 990	11 860	16 820	22 050	27 040
管理费用	5 593	8 302	11 774	15 435	18 928
财务费用	1 260	1 260	1 260	1 260	1 260
三、营业利润	12 257	20 178	31 246	44 955	59 172
四、利润总额	12 257	20 178	31 246	44 955	59 172
减：所得税	2 022.40	3 329.37	5 155.60	7 417.58	9 763.38
五、净利润	10 234.60	16 848.63	26 090.40	37 537.42	49 408.62

（2）现金预算

现金预算是按照现金流量表主要项目内容编制的反映企业预算期内主要现金收支结果的预算。它以业务预算、资本预算和筹资预算为基础，是其他预算有关现金收支的汇总。杭帛公司编制的现金预算如表 14-8 所示。

表 14-8 杭帛公司 2019—2023 年现金预算

单位：万元

项目	2019 年	2020 年	2021 年	2022 年	2023 年
期初现金余额	6 000	11 119	2 035	15 994	41 636
加：销货现金收入	73 560	108 925	155 800	207 425	257 925
可供使用现金	79 560	120 124	157 835	223 419	299 561
减各项支出：					
生产发生的现金支出	45 895	72 160	101 080	130 860	158 560
营业及管理费用	11 875	17 138	23 883	30 996	37 782
支付的各项税费	2 022	3 329	5 156	7 418	9 763
购建固定资产及其他长期资产	12 410	10 770	2 000	2 000	2 000
股利	2 559	4 212	6 522	9 389	12 352
支出合计	74 761	107 609	138 641	180 663	220 457
现金多余或不足	4 799	12 515	19 194	42 756	79 104
吸收投资	20 000				
向银行借款	2 000	2 000	2 000	2 000	1 000
还银行借款	15 000	12 000	5 000	3 000	2 000
借款利息（年利率 4%）	600	480	200	120	80
期末现金余额	11 119	2 035	15 994	41 636	78 024

注：①假设期间费用当年现金支付比例为 80%，当年所得税以现金全额支付；

②从 2019 年起，按当年实现净利润的 25% 支付战略投资者资本回报。

（3）预计资产负债表

预计资产负债表是按照资产负债表的内容和格式编制的综合反映各分、子公司预计期末财务状况的预算报表，应根据预算期初实际的资产负债表和销售预算、生产预算、采购预算、资本预算、筹资预算等有关资料分析编制。杭帛公司编制的预计资产负债表如表 14-9 所示。

表 14-9 杭帛公司 2019—2023 年预计资产负债表

单位：万元

项目	2019 年	2020 年	2021 年	2022 年	2023 年
资 产					
货币资金	11 119	2 035	15 994	41 636	78 024
应收账款	39 975	49 650	57 050	65 125	69 600
存货	6 292	4 846	6 074	5 465	6 098
土地	8 851	8 851	8 851	8 851	8 851
房屋与设备	37 966	46 736	46 736	46 736	46 736
减：累计折旧	1 898	2 337	2 337	2 337	2 337
资产总额	102 305	109 781	132 368	165 476	206 972
负债及所有者权益					
短期借款	10 000	5 000	5 000	4 000	4 000
应付账款	10 560	15 400	21 420	27 360	32 800
长期借款	20 000	15 000	12 000	12 000	11 000
普通股	50 000	50 000	50 000	50 000	50 000
未分配利润	11 745	24 381	43 948	72 116	109 172
权益总额	102 305	109 781	132 368	165 476	206 972
期末现金余额	11 119	2 035	15 994	41 636	78 024

以上是企业中长期预算的编制过程，年度预算的编制过程与之类似，需要在此基础上按季度进行编制，并确保预算得以有效执行。

四、企业预算中存在的问题

每个企业、每位管理者都知道预算的重要性，但并非每个企业的预算管理都能有效地进行。弄清楚企业预算中存在的问题，对症下药，使预算不再停留在形式上，真正发挥引导企业方向和指导企业具体管理行为的重要制度，能帮助管理者减轻不少负担。

1. 当前企业预算管理中存在的主要问题

（1）预算编制缺乏整体性和指导性

企业财务预算没有紧紧围绕企业的战略要求和发展规划，以业务预算、资本预算为基础进行编制，没有对预算编制实现有效的协调与组织。因此编制的预算缺乏整体性和方向性，很难成为企业战略实现和经营目标实现的总体指南。

（2）预算执行不力，流于形式

"重编制、轻执行、弱控制、软考核"已经成为目前企业预算管理中存在的突出问题。预算在业务环节执行过程中监控力不足，导致预算管理流于形式。例如预算刚性弱化，无法起到约束业务活动开展的作用；再如某些企业随意调整预算，预算外开支不按规定程序履行审批手续，业务部门现场把关不严等现象。

（3）预算管理未在企业内部得到充分沟通与协调

全面预算管理是一项全员参与、全面覆盖和全程跟踪的系统工程，企业的所有经济活动、生产经营建设的各个环节均是预算管理的范畴。企业所有基层单位、各部门、每位员工都在预算管理中有其责任、权利和义务。

但是，许多企业将预算看作财务部门的事情，其他部门之间、上下级之间，在预算编制、控制、分析过程中缺乏有效的协调，割裂了财务预算与业务预算之间内在的联系，使预算管理成为财务部门自娱自乐的行为。

而财务部门对其他生产、经营部门的情况并不十分了解，最终使预算编制停留在采用简单的财务指标的比较分析上，只能揭示表面现象，没有深入剖析深层次原因。

（4）预算的业绩考核与激励机制不规范

缺乏有效的预算的考核与激励机制，不能完整、准确地反映基层单位、部门以及岗位个人的工作业绩和努力程度，是导致预算不能有效发挥管理作用的重要因素。主要表现为考核制度与方法不完善，考核不能形成制度，考核标准随意性强，考核过程不透明、不公开。被考核单位与部门往往会过多地强调客观因素对绩效的不利影响，有时会降低考核结果的可信度；考核结果没有配套的奖励措施，缺乏有效的激励机制，使得考核往往流于形式。

2. 改进预算管理的对策

（1）推行杠杆管理，建立预算指标模型，健全标准成本体系

通过选定同行业标杆企业或者根据企业历史水平，结合实际情况，合理确定企业的预算目标，建立健全定额标准成本，实现准确的经营预期，促使企业保持行业竞争优势，培植核心竞争力。

（2）建立以战略为导向的预算编制体制

预算管理是面向企业未来的一种管理，预算目标的制定要紧紧依托企业发展战略。战略是规划的基础，预算是数字化的规划，是企业各项计划的综合反映。预算作为企业战略的具体化，应对企业战略起到全方位的支持作用。

企业预算编制应打破固定的、僵化的预算编制模式，采取上下结合、横向协调的 W 型沟通机制，采用滚动预算、零基预算、弹性预算以及作业成本法等灵活方式；建立预算管理的预警机制，实现预算内事项、超预算事项、预算外事项和反常事项预警功能。

编制预算时，将有关事权和财权通过制度和责任的细化层层下放到各执行单位，由执行单位掌握，而监督和处置的权力则集中于预算管理最高机构，充分体现"权力共享前提下的分权"的哲学思想，促进企业资源有效配置、实现企业目标。在全面预算管理中要突出重点，尽量抓大放小。

（3）完善预算监控和考评机制

预算涵盖了预测、平衡、执行、分析、评价、奖惩等环节，是完整的管理过程，是实现企业发展目标的重要手段。完善企业预算组织制度，层层负责，审批、执行与监督相分离，实现有效约束与有效制衡。

在预算考评中兼顾预算的刚柔结合。由于预算本身就带有一定的假设前提，故在强化预算刚性的同时，不排除在预算执行过程中的预算调整。要求有严格的权限与流程，调整应遵循的原则是不能偏离企业发展战略和年度预算目标，调整方案应当能够实现经济上的最优化。

预算考核要做到：一是长短期目标相结合，防止企业经营者的短期行为；二是过程与结果相结合，防止只注重结果而不择手段；三是年度与日常考核相结合，实现业务均衡与企业平稳发展；四是执行与考核部门相分离，提高考核部门的独立性与权威性；五是预算指标的设置要切合实际，能引导与激励企业和员工向更好的方面发展。

总之，预算管理是事关企业全局的管理工作，应当融入企业经济活动的各个方面，企业应当构建科学、合理、实用的预算管理体系。预算管理是帮助管理层既能把控全局又能着眼管理细节的重要手段。

第十五章　企业纳税与避税管理

"你说逃税，我说避税。"弗里德曼指出："许多亿万富豪都在设法避税。"要知道，非法逃税与合法避税之间有清晰的界限，避税不等于偷税、漏税。纳税筹划的前提是遵守国家的税收法规，纳税筹划的目标在于合理避税。

一、合理避税就是创造利润

合理避税的实质就是为企业创造利润。了解国家税收优惠政策，积极为企业创造享受优惠税率的条件。有效的纳税筹划能帮助企业合理避税，或推迟缴纳税费，提高企业资金的流动性。

纳税筹划是一项理性涉税行为，是指在我国法律允许的条件下，事先筹划企业的各项活动，如经营、投资、理财、组织等，以此来减少企业的税收负担，从而使企业获得更多的收益，达到企业税后利润最大化。

企业纳税筹划方法包括减少计税基础、降低适用税率、采用税收优惠、延迟纳税时间等。企业可通过选择不同的会计核算方法，达到节税的目的，增强资金的流动性，获得资金的时间价值。

纳税筹划虽是在合理合法的范围内节税，但某些企业的税务人员可能会因操作不当造成实质性违法行为，使企业存在极高的纳税风险。因此，涉税企业应当充分关注纳税筹划可能面临的风险，设立风险预警机制，最大限度地将风险限制在可控的范围内。

二、企业该交哪些税

首先让我们来看看企业应该交哪些税。对于企业来说，需要缴纳的税费主要有以下几种。

1.增值税

增值税是商品流通企业和制造业企业以及提供加工、维修、修配劳务等企业缴纳的基本税种，主要是对企业在生产经营过程中产品增值的部分征税。我国增值税纳税人分为两类。

（1）小规模纳税人

小规模纳税人的主要判断标准是销售规模不大、不能建立规范的会计核算，因此小规模纳税人不能正确采用进项税额抵扣的方法来核算应交增值税。

小规模纳税人采用简易计税方法缴纳增值税，征收率为3%和5%，并且进项税额不能抵扣销项税额。

（2）一般纳税人

一般纳税人的主要判断标准是年销售额较大，财务制度健全，有专职财会人员，能提供准确的会计核算资料，能正确核算企业进项税额和销项税额。

我国进行增值税税率改革后，一般纳税人的增值税税率如下。

①销售货物、劳务、有形动产租赁服务或者进口货物，税率为13%。

②销售交通运输、邮政、基础电信、建筑、不动产租赁服务，销售不动产，转让土地使用权，销售或者进口下列货物，税率为9%。

a.粮食等农产品、食用植物油、食用盐。

b.自来水、暖气、冷气、热水、煤气、石油液化气、天然气、二甲醚、沼气、居民用煤炭制品。

c.图书、报纸、杂志、音像制品、电子出版物。

d.饲料、化肥、农药、农机、农膜。

e.国务院规定的其他货物。

③纳税人销售服务、无形资产，税率为6%。

为鼓励企业出口，纳税人出口货物，或跨境销售国务院规定范围内的服务、无形资产，税率为零。

一般纳税人增值税进项税额可以抵扣销项税额。因此企业应交增值税的计算公式如下。

企业应交增值税额 = 销项税额 – 进项税额

增值税是对企业销售货物或提供劳务、服务征税，企业只要销售产品或提供劳务、服务都应缴纳增值税。如果企业将产品用于职工福利，需不需要缴纳增值税呢？

山东一家生产食用油的企业年末的时候发现存货积压较多，决定向每位职工发放两桶食用油，作为职工福利，认为这样既不用销售，也可避免缴纳增值税。这家企业的做法对吗？

按我国现行税法规定，企业将自产产品用于职工福利的行为应当视同销售行为，同样需要缴纳增值税。如果企业不缴纳增值税，被税务机关查出，这种行为就属于偷税漏税的行为。

2. 消费税

消费税主要针对生产和销售应税消费品的企业征收。根据我国税法规定，消费税的征收范围包括：烟，酒，高档化妆品，贵重首饰及珠宝玉石，鞭炮、焰火，成品油，小汽车，摩托车，高尔夫球及球具，高档手表，游艇，木制一次性筷子，实木地板，电池，涂料等税目。

消费税采取从价定率和从量定额两种方法进行征收。

从价定率：企业应纳消费税 = 销售额 × 适用税率

从量定额：企业应纳消费税 = 销售数量 × 单位税额

如果企业生产和销售上述应税消费品，就还需要缴纳消费税。

3. 附加税费

增值税和消费税都是企业在销售商品或提供劳务、服务过程中产生的，因此称为流转税。在这两种税的基础上，企业还需要缴纳附加税费：城市维护建设税和教育费附加。这两种税的计算方法为：

城市维护建设税 =（纳税人实际缴纳的增值税 + 消费税）× 7%（城区税率为 7%）

教育费附加 =（纳税人实际缴纳的增值税 + 消费税）× 3%

根据不同地方的具体规定，企业可能还需缴纳地方教育附加税等费用。

4. 土地增值税

土地增值税是指转让国有土地使用权、地上的建筑物及其附着物并取得收入的单位和个人，以转让所取得的收入（包括货币收入、实物收入和其他收入）为计税依据向国家缴纳的一种税，不包括以继承、赠予方式无偿转让房地产的行为。表15–1是土地增值税税率表。

表15–1 土地增值税税率表

级别	计税依据（增值额）	税率	速算扣除数
1	土地增值额未超过扣除项目金额 50% 的部分	30%	0
2	土地增值额超过扣除项目金额 50% 未超过 100% 的部分	40%	5%
3	土地增值额超过扣除项目金额 100% 未超过 200% 的部分	50%	15%
4	土地增值额超过扣除项目金额 200% 的部分	60%	35%

5. 企业所得税

企业所得税是对所有实行独立经济核算的企业或其他组织取得的所得征收的税。企业所得税不分企业性质，国有企业、集体企业、私营企业、外资企业、联营企业、股份制企业及有生产经营所得和其他所得的其他组织等都需缴纳企业所得税。

一般情况下，企业所得税的税率为 25%。

应纳企业所得税 = 应纳税所得额 × 适用税率

需要特别说明的是，企业应纳税所得额并不等于企业的利润总额。企业利润总额是按会计制度计算出来的利润，但会计制度中确认的收入和费用并不一定符合税法扣减的规定，应纳税所得额就是按税法规定调整后得到的纳税基础。了解税法的相关规定对于企业遵纪守法具有重要意义。

除上述企业应承担的主要税种，企业还应承担的税负有印花税、房产税、城镇土地使用税、车船税等，我们不一一介绍。接下来重点分析纳税筹划问题。

三、一般企业纳税筹划案例分析

进行纳税筹划对企业而言是一项系统工程，需要全面了解我国税法并及时掌握其变化和动态。总体而言，企业纳税筹划可以从以下几个方面进行。

1. 收入筹划

企业收入的纳税筹划的关键在于主营业务收入确认的时点问题。国税函〔2008〕875 号文规定，除企业所得税法及实施条例另有规定外，企业销售收入的确认，必须遵循权责发生制原则和实质重于形式原则。销售商品需要安装和检验的，在购买方接受商品以及安装和检验完毕时确认收入。如果安装程序比较简单，可在发出商品时确认收入。

因此，收入筹划应结合销售结算模式，利用会计和税收上的规定合理规划，尽量递延收入确认时点。

2. 固定资产计提折旧筹划

固定资产的计价与折旧对企业应纳税所得额有很大影响,其纳税筹划的关键点在于通过折旧方法进行避税。使用年限对固定资产折旧起着决定性作用,而使用年限则是人工进行预计的经验值。

《中华人民共和国企业所得税法》(以下简称《企业所得税法》)第三十二条规定,企业的固定资产由于技术进步等原因,确需加速折旧的,可以缩短折旧年限或者采取加速折旧的方法。《中华人民共和国企业所得税法实施条例》(以下简称《企业所得税法实施条例》)第九十八条规定采取缩短折旧年限方法的,最低折旧年限不得低于规定折旧年限的 60%;采用加速折旧方法的,可以采取双倍余额递减法或者年数总和法。

【案例】H 公司是一家高新技术企业,2018 年决定对技术进步、产品更新换代较快的机器设备和电子设备类固定资产缩短折旧年限,将机器设备类固定资产的折旧年限从 8 年缩短至 6 年,将电子设备类固定资产的折旧年限从 4 年缩短至 2 年。实施加速折旧并缩短折旧年限后,2018 年预计可多提折旧 220 万元,少缴纳企业所得税 55 万元。

所以采用缩短资产折旧年限的方法能够增加当期的成本费用,从而减少当期收益,也就是把企业前期的会计纯收益转移到后期,从而延期缴纳企业所得税。

融资租赁也能帮助企业合理避税。在融资租赁期内,租赁物的折旧由承租人计提。因此,折旧等费用也可作为制造费用等在税前扣除,使融资租赁承租人在减轻设备使用费负担的同时也随之获得减轻税收负担的优惠。由此可知,融资租赁是国家鼓励企业更新固定资产等设备所实行的经济杠杆,对企业的财务管理具有积极影响。

3. 员工工资薪金筹划

企业的员工工资和部分福利是可以在应纳税额计算时进行扣除的,其中,合理的工资部分允许全部扣除,员工福利在一定额度内可以扣除。就员工福利部分而言,职工福利费、职工教育经费和工会经费分别在工资额度的14%、2.5%和2%以内可以税前扣除。为了加强企业对职工的培训、教育，税法还允许职工教育经费的超出部分可以在以后的会计年度内结转。因此，企业可以在税法要求的范围内提高员工的福利水平和教育程度，在降低企业税负的同时，提高员工的职业素质及归属感。

工资薪金纳税筹划要把握好税法关于"合理的工资薪金支出"的标准，把提供劳动而支付给职工的支出尽可能纳入工资薪金支出范畴，增加税前扣除，减少应纳所得额。根据销售人员的销售业绩给予一定的提成或奖励，是行业内普遍存在的一种营销策略，企业可将销售奖励或提成全部作为企业工资薪金支出申报税前扣除。

4. 广告费、宣传费及业务招待费筹划

税法规定，企业在经营过程中产生的广告费、宣传费及业务招待费在销售收入的一定比例内可以税前扣除。其中，广告费、宣传费在销售收入15%以内的部分允许全额扣除，超出部分可以进行结转。业务招待费允许在销售收入的5‰与业务招待费总额的60%两者中按较低者进行扣除。

H公司2018年全年销售收入净额为17 828万元，年利润总额为1 535万元，公司2018年实际发生业务招待费120万元，广告和业务宣传费180万元，假设公司的应纳税所得额没有其他调整事项。相关费用的税前扣除标准如下。

①业务招待费。

按销售收入的5‰计算 =17 828 × 0.5‰ = 89.14（万元）

按业务招待费总额的60%计算 =120 × 60%=72（万元）

该企业可以税前扣除的业务招待费为72万元，需纳税调增48万元。

②广告和业务宣传费的税前扣除标准 =17 828 × 15%=2 674.2（万元）

企业当期发生的广告和业务宣传费180万元可以全额扣除。

【点评】针对上述情况，企业可以根据纳税调整的不同规定用足、用好税收政策。例如，一般情况下，用于赠送的外购礼品应作为业务招待费，但如果礼品印有企业标记，对企业的形象、产品有宣传作用，也可以作为业务宣传费。由于业务宣

传费的扣除限额一般高于业务招待费的扣除限额，因此这样可以降低企业税负。

【费用控制小窍门】业务招待费最佳控制系数常常运用于企业预算管理中，企业根据业务部门收入任务下达情况，提出业务招待费的预算控制目标。由于业务招待费列支金额是其实际发生额的60%，其上限是销售收入的5‰，二者的关系是小于或等于，在小于或等于的情况下纳税调增数额最低。因此业务招待费控制系数为0.008 333 3。

例如，某公司对分公司下达的营业收入任务是5 000万元，在编制分公司成本项目预算时，业务招待费支出上限计算如下。

5 000 × 0.008 333 3 = 41.67（万元）

按照此标准进行预算控制，可避免分公司预算编制偏差导致的总公司在企业所得汇算清缴过程中业务招待费项目的纳税调增，增加总公司税负率。

5. 研发费用筹划

研究开发费用简称研发费用，是指纳税人在一个纳税年度内的生产经营中发生的用于研究开发新工艺、新产品、新技术的各项费用。研究开发费在会计的处理上可据实列支。但在税收的处理上，依据《企业所得税法实施条例》第九十五条规定，企业为开发新技术、新产品、新工艺所发生的研究开发费用，未形成无形资产计入当期损益的，在按照规定据实扣除时，需按研究开发费用的50%加计扣除；已形成无形资产的，则按照无形资产成本的150%摊销。

H公司目前正在推动新一代高性能、超薄彩电产业的发展，需要更新LED新技术，有两个方案可供选择。

方案一：从国外购买该技术，需花费1 000万元，购买后可以直接投入生产应用，合同约定的年限为10年。

方案二：公司引进先进的零部件，其余零件由技术中心研究开发，估计引进先进零部件的费用约为500万元，自行研发的零件需费用约200万，开发期1年。

选择方案一时，公司购买该项技术支出的1 000万元将构成无形资产，只能在受益期内（10年）平均摊销，每年能够在所得税税前列支的摊销额为100万元，假设该公司适用的企业所得税税率为25%，节税回报为25万元。

在方案二下，公司开发新技术、新产品、新工艺发生的研究开发费用，可以在计算应纳所得税时加计（150%）扣除，即完工的无形资产总额为700万元，在受益期内按原值的150%共1050万元平均摊销，每年能够在所得税税前列支的摊销额为105万元，假设该公司适用的企业所得税税率为25%，节税回报为26.25万元。两种方案中方案二优于方案一，而且还使企业节省了300万元的开发费用。

6. 充分利用公益、救济性捐助支出的扣除额

我国《企业所得税法》第九条规定：企业发生的公益性捐赠支出，在年度利润总额12%以内的部分，准予在计算应纳税所得额时扣除。

企业通过公益、救济性捐助能够获得多重效益，既能提高知名度、达到宣传目的，同时还可以减少部分纳税额度。因此，企业可以通过一些营销策划活动与捐赠活动相结合的方式进行统一安排。例如，企业可以通过向福利性、非营利性机构，为农村义务教育以及青少年活动场所进行捐赠等。

【案例】某企业当年实现利润2 000万元，对外进行公益性捐赠240万元。此240万元能从税前全额扣除吗？

对于公益性捐赠全额扣除，需要将捐赠数额推算到企业实现利润之前，找到公益性捐赠能全额扣除的计算基数。假如某企业当年利润为2 000万元，税前全额扣除的捐赠数额并非240（2 000×12%）万元，因此该2 000万元不能作为公益性捐赠税前扣除的计算基数。

【捐赠控制小窍门】捐赠数额列支后会冲减利润总额，根据税法对公益性捐赠税前扣除的规定，企业公益性捐赠数额÷（捐赠前利润总额−公益性捐赠数额）应控制在12%以内，即公益性捐赠数额在捐赠前利润总额10.71%以内方可全额税前扣除。

因此上述企业中捐赠金额应控制在2 000×10.71%=214.2（万元）以内。

7. 利用坏账准备避税

企业会计制度规定，企业期末应根据资产可实现情况对资产计提减值准备。例如，可以对应收账款计提坏账准备，对存货计提跌价准备，对固定资产、在建工程和无形资产计提减值准备等，这些减值准备都形成了企业的费用，会导致企业利润总额减少，但在缴纳所得税时是不允许抵扣的。只有应收账款的坏账准备除外，但也不是能够全额抵扣。按规定，企业的坏账准备在年末应收款项余额的5‰以内的部分可以抵税。注意：超过部分不能从税前扣除！

因此，如果一家公司今年年末应收账款总额为1 000万元，那么可以计提5万元的坏账准备，且可以抵减公司的应纳税所得额，若该公司适用的企业所得税税率为25%，该坏账准备可使公司少交企业所得税1.25万元。

8. 转让定价避税筹划

转让定价避税筹划是利用地区税率差异降低企业税负的一种方法，也是跨国企业广泛采取的国际避税的一种重要手段。其主要原因是各国间的税率存在一定的差异。通常情况下，集团公司通过将产品以较低的内部转让定价从高税率国家子公司销售（或称转让）给低税率国家子公司，这样在高税率国家子公司所需缴纳的所得税就会减少。或者从低税率国家将产品以较高的内部转让定价销售或转让给高税率国家子公司和分配费用，使国际关联公司的整体税收负担减轻。

例如美国某公司在本国的所得税税率为35%，该公司在深圳高新技术开发区设立子公司，适用我国企业所得税税率为15%。该美国公司生产完工一批成本为2 000万美元的产品，正常定价为2 800万美元，然后由深圳子公司以3 000万美元价格销售。现在该美国公司将这批产品以2 100万美元的价格卖给深圳子公司，深圳子公司最后以3 000万美元的价格将其全部售出。

如果按正常价格销售，则该母、子公司合并应缴纳企业所得税费用为：

（2 800–2 000）×35%+（3 000–2 800）×15%=310（万美元）

如果通过转让定价后销售，则该母、子公司合并应缴纳企业所得税计算如下。

（2 100–2 000）×35%+（3 000–2 100）×15%=170（万美元）

这样可以节省 140 万美元的企业所得税。

9. 利用税收优惠政策

在《企业所得税法》中，国家对公共基础项目的建设进行重点扶持，给予大量优惠政策。从公共基础设施建设项目获得第一笔生产经营收入的纳税年度开始，到第三年都可以免交企业所得税，在第四年到第六年，可以减半缴纳企业所得税。从事基础设施建设的企业可以在国家税收政策的扶持下，认真核算自己新投资项目的投入，为企业发展获取更多资源。

在《企业所得税法》中，国家对研制节能节水等高新技术设备的产业也给予了政策优惠，这些企业可以享受 15% 的优惠税率。

四、房地产企业纳税筹划

房地产行业一般规模较大，人员较多，由于商品房销售价格高，纳税筹划对企业而言显得十分重要。

1. 借款利息费用的抵扣

我国的房地产企业在进行房屋开发的过程中，通常都会通过借款的方式进行工程建造，会产生大量的借款利息。企业内部在计算土地增值税时，缴纳的税收费用很容易受到利息费用扣除方法的影响。

房地产企业内部借款利息在计算土地增值税时有两种扣除税率——5% 或 10%。

企业在预算房地产项目开发费用过程中，如果单纯依靠借款，而且借款的年利率超过 5% 时，应对利息费用进行支出记录，便于在房地产转让时计算分摊利息。除此之外，还需要注意保存好银行贷款结算等证明资料，并将利息作为单独扣除的费用。

2. 利用普通住宅的税收优惠政策

房地产企业的土地增值税实施的是表 15-1 中的四级超率累进税率，该税率存在着极其明显的税率跳跃极限点，房价较高的住宅（所谓豪宅）和普通住宅之间的土地增值税差异较大。房地产的销售增值率越高，所对应的土地增值税就会越高；而相对来说普通住宅的增值率较低，所对应的土地增值税亦较低，而且普通住宅的增值率如果低于 20% 就会有免交土地增值税的优惠政策。所以房地产企业在进行项目开发时，可多开发一些普通住宅，并且尽量将房屋的增值率保持在 20% 以下，以减少企业的土地增值税，使得企业利润达到最大化。

对于精装修的房地产项目，可以将房屋的装修工作独立进行操作，通过适当提高装修费用来平衡房地产的定价，降低土地增值税的税收成本。最后，能促进土地增值税纳税筹划工作的方式主要是将不同消费程度的车位、车库的实际收入和普通居民的销售状况进行明确划分，在实际操作中分别对待，销售给不同的居民，便于房地产企业对土地增值税进行清算。

3. 合理利用清算时间筹划，推迟缴纳土地增值税

我国的房地产土地增值税实行的是先缴纳后清算的方式，所以，房地产企业可以合理利用清算时间来进行房地产土地增值税的纳税筹划。

根据权责发生制原则，企业确认税费的时间和实际预交、补交税费的时间并不一致。与企业所得税"必须在当月或每年度中的期限内申报"不同的是，土地增值税只有在达到以下条件时才需清缴：①项目全部竣工、完成销售至少 85%；②整体转让未竣工决算项目；③直接转让土地使用权等。

对于预提的土地增值税，在会计核算上，在"应交税费——应交土地增值税"科目中核算。房地产企业为了少交企业所得税，一般都会主动、积极地在当期计提与项目竣工结算进度相配比的土地增值税，在利润表"税金及附加"项目中反映，这样会减少当期利润，从而企业所得税也相应减少。

房地产企业进行税收筹划有几种办法。首先，是尽量避免触发刚性的主动申报

清算义务。例如，在项目规划时即预设超过 15% 的可售建筑面积用于自留运营，或在销售环节采用多种多样的非直接销售方式，处置高于 15% 总可售建筑面积的物业的所有权等。其次，是在"项目全部完成销售"前至少保留一套房屋不销售，进而适用"主管税务机关可要求纳税人进行土地增值税清算"的规则。再次，对同一清算项目分块、分层、分期多次申办预售许可证，使相关项目"取得销售（预售）许可证满 3 年"的起算时点大大延后。延迟交税能使资金留在企业周转，也是重要的"税务筹划"手段。

五、科技型企业纳税筹划

2017 年钱总的公司缴纳企业所得税 100 万元（企业所得税税率为 25%）。公司产品的外观及技术获得了多项专利。如何能合理进行税收筹划呢？专家的建议是尽快申请高新技术企业认证，以获得税收优惠。去年公司实现应纳税所得额为 480 万元，并获得了高新技术企业认证，按 25% 的企业所得税税率，公司本来该缴纳 120 万元的企业所得税，因高新技术企业按 15% 的税率征收企业所得税，实际只需缴纳 72 万元企业所得税，一下子为公司节省了 48 万元的税费支出。

根据税法规定，对高新技术企业实行所得税税率优惠政策，高新技术企业享受 15% 的优惠税率。除此之外，高新技术企业还可享受各种优惠补贴：①可以每两年推荐一位本公司的高层次人才申请奖励补贴；②申报各类型政府专项资金；③优先获得办公及工业用地，很多地方政府还可以免费用地；④高新技术企业产品优先纳入政府采购体系；⑤企业固定资产可以采用加速折旧政策。此外，高新技术企业可以优先获批各大银行的贷款。

在研发费用加计扣除方面，企业为开发新技术、新产品、新工艺发生的研发费用，未形成无形资产计入当期损益的，在按照规定据实扣除的基础上，按照企业研发费用的 50% 加计扣除；形成无形资产的，按照无形资产成本的 150% 摊销。

高新技术企业在进行纳税筹划时应注意以下几个方面。

1. 合理划分研究环节与开发环节

高新技术企业必须要将研究阶段支出与开发阶段支出区分开来，从而为加计扣除税收筹划予以强有力的制度性保障。同时，《企业所得税法》已经明确提出，企业要注重开发新技术、新产品以及新工艺等方面的研发费用。

不同行业的高新技术企业，研发项目的研究环节与开发环节具有较大的差异，要结合企业发展的实际情况，明确两个阶段的定量划分指标。研发项目所需时间比较长，企业可以广泛应用完工百分比法，从而有效提升会计信息的科学性与准确性，进而推动企业纳税筹划工作的顺利进行。

2. 研发费用加计扣除范围

①人员人工费用，包括直接从事研发活动人员的工资薪金、基本养老保险费、基本医疗保险费、失业保险费、工伤保险费、生育保险费和住房公积金，以及外聘研发人员的劳务费用。

②直接投入费用，包括研发活动直接消耗的材料、燃料和动力费用，用于中间试验和产品试制的模具、工艺装备开发及制造费，不构成固定资产的样品、样机及一般测试手段购置费，试制产品的检验费，用于研发活动的仪器、设备的运行、维护、调整、检验、维修等费用，以及通过经营租赁方式租入的用于研发活动的仪器、设备租赁费。

③折旧费用，包括用于研发活动的仪器、设备的折旧费。

④无形资产摊销，包括用于研发活动的软件、专利权、非专利技术（包括许可证、专有技术、设计和计算方法等）的摊销费用。

⑤新产品设计费、新工艺规程制定费、新药研制的临床试验费、勘探开发技术的现场试验费。

⑥其他相关费用，包括与研发活动直接相关的其他费用，如技术图书资料费、资料翻译费、专家咨询费、高新科技研发保险费，研发成果的检索、分析、评议、论证、鉴定、评审、评估、验收费用，知识产权的申请费、注册费、代理费，差旅费、

会议费等。此项费用总额不得超过可加计扣除研发费用总额的 10%。

3. 科技型中小企业税收优惠

除高新技术企业以外，科技型中小企业也可享受税收优惠。研发费用可加计扣除。研发费用加计扣除等优惠项目目前已全面实现无备案流程。

科技型中小企业是指在中国境内（不包括港、澳、台地区）注册的居民企业，职工总数不超过 500 人、年销售收入不超过 2 亿元、资产总额不超过 2 亿元，据科技型中小企业评价指标进行综合评价所得分值不低于 60 分，且科技人员指标得分不得为 0 分。

根据 2017 年新出台的规定，对于科技型中小企业发生的研发费用给予 75% 的加计扣除。即企业所得税 =（利润 − 研发费用 ×75%）× 适用税率

【总结】节税就是创造利润，推迟交税就是无偿占用政府的资金。但这一切都需要满足合法这一重要前提。实时把握税收政策的动态，寻找可以避税的各种渠道，就不会让千辛万苦创造的利润白白流走了。

第十六章　企业内部控制

内部控制是现代企业治理的重要制度，也是防止和发现舞弊的重要措施。内部控制制度的建立由规范的内部环境、严谨的风险评估、有效的控制活动、良好的信息与沟通以及内部监督五要素组成。良好的内部控制制度有利于保障企业资产完整、不受侵害，帮助企业实现其经营目标。

一、内部控制：现代公司治理的核心

某煤矿公司煤矿属高瓦斯矿井，开采深度大，受矿压大，地温高，地质情况复杂。2016 年初发生一起安全事件。公司某矿井安全检查员发现一段工作面有塌方隐患，曾就此问题向其所在部门的领导反映，但由于当时公司领导忙于处理雪灾问题，并未给予答复。后来矿井发生小规模塌方，所幸并无人员伤亡。为加强安全管理，公司临时停产，进行了煤矿综采工作面搬迁和巷修工作。你认为该公司内部控制存在哪些问题？

【分析】该公司内部控制至少存在两方面的缺陷。

①缺乏必要的风险评估。该公司对出现安全问题可能给公司带来的风险不够重视，未能及时对其采取措施。在塌方发生后进行修复的成本更高，使公司遭受损失。

②公司在信息与沟通方面存在缺陷。有效的沟通应当在公司内部以全方位的方式进行，包括管理者与普通员工的沟通，也包括公司与外部各方的有效沟通。该公

司员工在发现问题后向其所在部门的领导反映，但并未得到任何答复，说明内部沟通出现了问题。

煤炭生产企业是容易存在重大安全隐患的企业，安全是确保企业正常运营及盈利的前提条件。本案例中的事件虽然未造成严重后果，但显示出了企业内部控制存在的问题。

公司治理是目前全球的热门话题，美国于 2002 年 7 月颁布了《萨班斯——奥克斯利法案》，该法案针对公众公司会计改革与公司治理提出一揽子改革方案，其目的在于保护投资者。我国近 10 年来开始加强对上市公司的公司治理结构的监管，目前已向各类公司全面推进。中小公司如果要做大、做强，并获得资本市场融资资格，必须建立完善的公司治理结构。

公司治理的作用在于通过合理的组织架构使公司的决策、经营、控制达到最优，减少武断、舞弊、失误等行为给公司带来的损失。其中，内部控制是公司治理的重要组成内容之一。

内部牵制制度的建立基于以下两个假设。

①两个或两个以上的人或部门，无意识地犯同样错误的可能性很小。

②两个或两个以上的人或部门，有意识地合伙舞弊的可能性大大低于一个人或部门舞弊的可能性。

因此，内部牵制制度的主要特点是任何个人或部门都不能单独控制任何一项或一部分业务，权力需要进行组织上的责任分工，每项业务的执行通过与其他个人或部门的参与实现交叉检查控制。这些制度在当前企业管理中仍广泛使用，如会计、出纳的岗位分离，"管钱不管账，管账不管钱"的基本思想都源于内部牵制制度。

随着管理理论和相关理论与实践的发展，企业内部控制理论也得到了重大推进。内部控制的最基本功能就是防范舞弊行为，保护企业的资产完整、不受侵害。内部控制如何防范舞弊行为？这需要从舞弊行为的主要特征谈起。

二、员工舞弊与内部控制

2017年6月，江苏省某集团公司对下属分公司进行全面审计，在对下属A公司进行审计时，审计人员向出纳兼会计陈某催要当月的银行对账单。这时正好有人到陈某处报支费用。审计人员发现陈某抽屉里放着许多发票，审计人员认为陈某不将发票及时入账严重违反了公司的会计制度，而且陈某始终未提供银行对账单给审计人员。同时，财务科长也含糊其词。审计人员的疑虑越来越深。随着审计人员取证、函证及进一步调查发现，A公司银行账户仅剩下1.6万余元。账上短款高达100多万元。在不到两年的时间里，陈某采取擅自开现金支票提取公司银行存款，不入账、少入账以及制作假对账单等方法，挪用公款超过263万元，用于私人购买彩票和借给亲友经商等，直至审计人员查出时，尚有超过127万元未归还。

企业财务人员的舞弊行为通常会给企业带来重大资金损失，这是企业舞弊防范的重点。内部控制的一个重要作用就是防止和发现舞弊。防范舞弊首先需要了解舞弊产生的原因。

美国学者对舞弊行为进行了分析，归纳出舞弊普遍存在的三方面特征，即舞弊三角理论（The Fraud Triangle）。

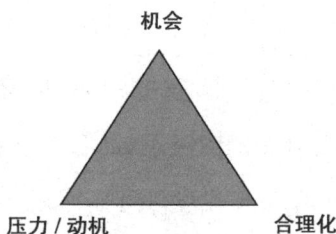

图16-1 舞弊三角理论

1. 压力 / 动机（pressure/ incentive）

压力或动机是舞弊者的根本性行为动机。舞弊的压力大体上可分为两类：一是经济压力，二是工作压力。前者主要来自舞弊者个人的需求或家庭需求，如改善个

256

人生活或追求奢侈的生活方式等；后者主要来自企业内部，如在业绩考核与薪酬挂钩的情况下，工作压力会进一步增加。因为有压力，所以产生了舞弊的动机。

2. 机会（opportunity）

机会是指实施舞弊且不被发现或能逃避惩罚的可能性。如果舞弊者知道舞弊一定会被发现且会受到严厉惩罚，那绝不会进行舞弊。由于企业内部管理不可避免地存在漏洞，监管部门和企业通常不可能对所有经济业务的发生过程进行全面监督，事后审计也通常局限于抽样审计，所以发现舞弊成为小概率事件，且对舞弊的惩戒与处罚力度有限，这使舞弊成为可能。

通常情况下，如果企业缺乏防范舞弊行为的内部控制制度，缺乏相关惩罚措施，内部审计和监管制度不健全等都会为舞弊行为提供机会。

3. 合理化（rationalization）

舞弊者在面临压力、获得机会后，实施舞弊还要一个合理化的借口，即舞弊者需要找到某个理由，使舞弊行为与其本人的道德观念、行为准则相吻合，以寻求心理上的平衡。例如：我只是暂时借用这笔资金，以后有钱了再归还；大家都这样，我这样也很正常；等等。

当压力、机会和合理化3个重要因素归在一起时，舞弊就很有可能发生。在舞弊行为中，3个因素中的每一个都是必要的并且是相互关联的。

【分析】了解了舞弊者的行为动机，我们就能知道内部控制的重要性，其根本作用在于减少舞弊发生的机会，尽可能堵住管理上的漏洞。

三、内部控制整体框架

内部控制是为确保实现企业目标而采取和实施的各种程序和政策。内部控制系统涉及企业财务、运营、法律法规的遵守，以及识别可能阻碍企业实现其战略目标的各种风险因素并采取相应的预防措施。内部控制和风险管理是出色的公司治理中极为重要的组成部分，也是董事长和总经理最应关注的核心问题。

1985 年，美国多个专业组织共同赞助成立了"反对虚假财务报告委员会"，它是一个专门研究内部控制问题的委员会，即 COSO（the Committee of Sponsoring Organizations of the Treadway Commission），也被称为发起组织委员会。1992 年 9 月，COSO 发布了《内部控制——整体框架》的研究报告，提出了内部控制整体框架的概念，并不断对内部控制的概念进行改进和完善，成为迄今为止对内部控制最为全面的论述。

图 16-2 是 COSO 关于《内部控制——整体框架》（Internal Control — Integrated Framework，IC-IF）的立方图。其中立方体的顶面列示了内部控制的目标，正面列示了内部控制的基本要素。

图 16-2 内部控制——整体框架

从图 16-2 可以看出，企业内部控制的目标有 4 个：经营管理合法合规；财务报告可靠，资产安全完整；营运的效率效果；实现企业的战略目标。

企业的战略目标各有差异，在不同发展阶段企业的发展战略可能各不相同。初创企业的发展战略可能是"营业收入与营业利润翻番"，成长期企业的发展战略可能是"股票上市"，成熟期企业的发展战略可能是"成为行业领跑者"。企业战略只是美好愿景，还需要生产、运营、物流、财务、管理等各部门脚踏实地地细致工作才能实现，否则战略永远只是"水中月、镜中花"，看起来美好，却难以达成。没有哪个行业能够轻轻松松地赚钱，内部控制制度就是确保各部门高效运行、将公司的发展战略落到实处的管理制度。

总体而言，内部控制的目标是合理保证企业经营管理合法合规、资产安全、财务报告及相关信息真实完整，提高经营效率和效果，最终促进企业实现其发展战略。

接下来我们一起来看看内部控制的五要素。

四、控制环境：构建良好的治理结构与企业文化

控制环境是企业内部控制存在的土壤，也是其他内部控制组成部分的基础，为企业内部控制提供了基本规则和构架。控制环境因素包括：管理层与员工的诚信度、道德观和能力；管理哲学和经营风格；管理层授权和职责分工、人员组织和发展方式；董事会对内部控制的重视程度。控制环境决定了企业内部控制的基调，影响企业员工的控制意识。

控制环境反映了治理层和管理层对内部控制及其重要性的态度、认识和措施。建立良好的控制环境能使企业的内部控制运行获得事半功倍的效果。控制环境的核心表现在治理结构和企业文化的建设两个方面。

1. 构建良好的治理结构

公司治理结构是一种联系并规范股东、董事会、高级管理人员的权利和义务分配，以及与此有关的聘选、监督等问题的制度框架；简单地说，就是如何在公司内部划分权力。良好的公司治理结构，可解决公司各方利益分配的问题，对公司能否高效运转、是否具有竞争力，起到决定性的作用。

现代公司治理结构一般采用"三权分立"制度，即决策权、经营管理权、监督权分属于股东会、董事会或执行董事、监事会。现代公司治理结构如图 16-3 所示。

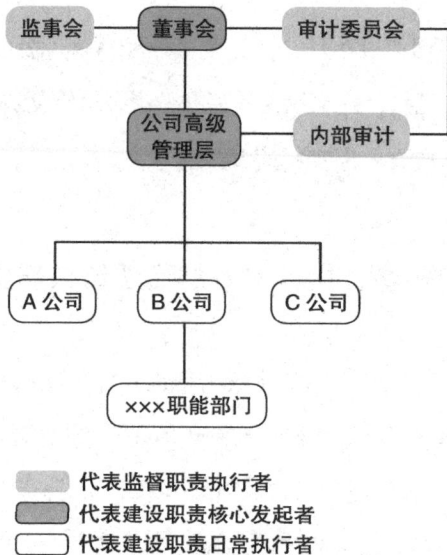

图 16-3 现代公司治理结构

根据图 16-3 所示，公司各机构的作用如下。

①董事会即公司的治理层，负责内部控制的建立、健全和有效实施，以及公司重大事项的决策。

②公司的高级管理层，负责组织、领导公司内部控制的日常运行，负责公司日常的经营，执行董事会的决议。公司应当成立专门的机构或者指定适当的机构具体负责组织协调内部控制制度的建立、实施及日常工作。

③监事会对董事会建立与实施内部控制的情况以及公司日常经营情况进行监督。公司审计委员会负责审查公司内部控制，监督内部控制有效实施和内部控制自我评价情况。

公司各职能部门执行公司高级管理层的经营任务，负责部门内的内部控制的建设与维护，并进行自我监督。

这样，通过权力的制衡，三大机构各司其职，又相互制约，保证公司顺利运行。

2. 营造诚信的企业文化

诚信的企业文化使员工忠于职守，能营造良好的氛围，使员工能积极参与到公司的设计和运行工作中来。企业文化的建设包括培养员工的道德价值、能力和责任等，从而形成正确的企业文化导向。

【案例】2003年3月，美国南方保健CFO威廉·欧文斯向司法部门投案自首，承认公司财务造假。按照《萨班斯——奥克斯利法案》的要求，他们要宣誓向美国证监会提交的公司财务资料真实可靠。宣誓后，欧文斯寝食不安，在良心谴责下选择自首。

南方保健的CEO理查德·斯克鲁西是南方保健的缔造者，被誉为变革美国理疗业的灵魂人物。他创造性地提出将理疗和恢复性治疗等手术辅助环节从医院中独立出来运作的构想，并探索出一套低成本、高疗效的诊所运营模式。在他的带领下，南方保健成为全美最大的保健服务商，截至2002年，南方保健在全球拥有1 229家诊所，203家外科手术中心和117家疗养院。

斯克鲁西是个开拓进取的创业者，但他独断专行、刚愎自用。在南方保健，他实行独裁式的强权管理。董事们只能"懂事"，不敢"管事"，公司的重大决策全由斯克鲁西一人决定。而且，南方保健曾多次诈骗联邦医疗保险金。例如，南方保健向美国医保服务中心提交理疗服务成本报告中有相当数量的服务种类是其从未对医保病人开放的，公司将一部分非医保病人发生的支出计到医保病人的头上，以骗取老年人医疗保险金和国民医疗补助金的补偿；在南方保健上报的理疗服务中，有50%的理疗服务缺乏指定医师的诊疗记录。

南方保健的控制环境存在两个方面的严重问题。①公司治理结构形同虚设，不能有效发挥作用。曾与斯克鲁西共事过的董事和高管人员对其敬畏有加，他们认为"在南方保健，你根本分不清CEO的职能和董事会的职能有何区别"。②公司缺乏诚信的文化建设和文化环境。因此，公司最后破产也在意料之中了。

【点评】不讲诚信的企业可能能靠投机取巧赢得一时之利益，但如同昙花一现。百年老店，传承下来靠的就是诚信。孔子曾经讲过治国之道："道千乘之国，敬事而信，节用而爱人，使民以时。"意思是，要治理好一个大诸侯国其实并不难，只要做到以下三点就行了：认真地做事，讲信用；节省开支，爱护人民；用人应当把握时间。诚信原则是首要原则。其实，企业就是一个"王国"，总经理就是"国王"，企业越大，内部控制和管理就越难。显然，中国文化中早就包含企业治理的精髓了。

五、风险评估：量化企业的风险水平

风险评估就是量化未来不利因素的可能性大小，确认和分析企业为实现其战略目标的相关风险的过程。风险评估是形成内部控制活动的基础。风险评估包括 3 个方面。

1. 评估舞弊风险

评估舞弊风险主要通过对企业财务报表的分析进行判断。企业财务报表实际是对企业经营行为的逻辑严谨的描述和展示。报表中的逻辑关系是否合理能揭示企业是否存在舞弊风险。

2001 年银广夏事件成为我国上市公司财务舞弊的焦点事件。银广夏的财务报表中存在诸多疑点。首先，公司声称有大量出口德国的业务，根据我国鼓励出口的税收优惠政策，出口企业可以获得出口退税，出口退税应作为政府补贴在公司报表中列示，但银广夏财务报表中出口退税为 0。其次，2000 年，公司主营业务收入大幅度增长，生产用电的电费反而下降。公司营业收入增长，通常意味着产量同时增长，用电量也应同时增长，银广夏也对外发布了公司新增生产能力的公告，但用电量下降难以得到合理解释。最后，公司 2000 年生产卵磷脂的投入产出比较 1999 年大幅度下降。对于一个正常经营的企业来说，产品的生产技术应日趋成熟，投入产出比也应逐年提升，而银广夏却与之相反。显然，银广夏财务报表中存在的这些问题都很能从逻辑上进行解释。财务造假被揭露是迟早的事情。

财务舞弊会使企业面临严重的监管和处罚措施，各行业的舞弊风险表现出不同的特征。例如，建筑行业长期合同涉及收入和成本的重大估计，可能导致重大错报风险；银行监管机构对商业银行的资本充足率有专门规定，不能满足这一监管要求的商业银行可能有操纵财务报表的动机和压力。

2. 识别外部风险

企业识别外部风险，应当关注下列因素。

①经济形势、产业政策、融资环境、市场竞争、资源供给等经济因素。我们在第一章中对经济形势的分析及行业状况的分析就是在帮助企业识别外部风险。

②法律法规、监管要求等法律因素。某些法律法规或监管要求可能对企业经营活动有重大影响，如不遵守将导致停业等严重后果；某些法律法规或监管要求（如环保法规等）规定了企业某些方面的责任和义务；国家对某些行业的企业有特殊的监管要求（如对银行、保险等行业的特殊监管要求）。此外，新的税收法规的实施以及其他新出台的法律法规（如新出台的有关产品责任、劳动安全或环境保护的法律法规等）带给企业的影响、上市公司面临的资本市场监管要求都是企业在经营中应特别关注的。

③技术进步、工艺改进等科学技术因素。技术进步会对高新技术企业的存续产生重大的影响。电子数码技术的出现使生产传统相纸的柯达公司破产，互联网技术和网络平台的发展使诸多实体店受到巨大冲击，大量实体书店难以为继均是一些典型的案例。

④自然环境因素及其他有关外部风险因素。自然灾害、环境状况等自然环境对交通运输业、采掘业等会产生较大的影响，如 2008 年的雪灾使许多生产企业遭受冰冻灾害，这些意外情况都给企业带来较大的风险。管理者应当了解的影响企业经营的其他外部因素主要包括：当前的宏观经济状况以及未来的发展趋势；利率和资金供求状况；目前国内或本地区的经济状况（如经济增长率、通货膨胀、失业率、利率等）会对企业的经营活动产生怎样的影响；企业的经营活动是否受到外币汇率波动或全球市场力量的影响。

【提示】行业状况、法律环境与监管环境以及其他外部因素对企业的风险影响程度因企业所处行业、规模以及其他因素（如在市场中的地位）的不同而不同。例如：对从事计算机硬件制造的企业，要关心市场和竞争以及技术进步的情况；对金融机构，则需要关心宏观经济走势以及货币、财政等方面的宏观经济政策；对化工等产生污染的行业，需要关注国家相关环保法规。管理者应当将关注的重点放在对企业的经营活动可能产生重要影响的关键外部因素以及与前期相比发生的重大变化上。

3. 识别内部风险

内部风险是与企业发展目标和战略相关的企业的经营风险。对于企业内部风险的识别需要站在行业高度进行判断。

管理者应了解行业发展及其可能导致的企业不具备足以应对行业变化的人力资源和业务专长等风险，具体包括：①所处行业的市场供求与竞争；②生产经营的季节性和周期性；③产品生产技术的变化；④能源供应与成本；⑤行业的关键指标和统计数据。

结合行业状况，判断企业特征，管理者应该能回答以下问题。

①企业所处行业的总体发展趋势怎样？

②企业处于哪一发展阶段，是处于起步、快速成长阶段，还是成熟、产生现金流入阶段或衰退阶段？

③企业所处市场的需求、市场容量和价格竞争如何？主要客户和供应商有无重大变化或流失？

④行业是否受经济周期波动的影响，企业有无计划采取什么行动使波动产生的影响最小化？

⑤行业受技术发展影响的程度如何？是否开发了新的技术？

⑥能源消耗在成本中所占比重如何？能源价格的变化对成本的影响如何？

⑦企业最重要的竞争者有哪些？他们各自所占的市场份额是多少？本企业的主要竞争优势是什么？

⑧企业业务增长率和财务业绩与行业的平均水平及主要竞争者相比如何？存在重大差异的原因是什么？

⑨竞争者是否采取了某些行动，如并购活动、降低销售价格、开发新技术等，从而对企业的经营活动产生什么影响？

容易导致企业经营风险增加的具体事项有以下几项。

①开发新产品或提供新服务，可能导致企业产品责任增加等风险。

②业务扩张，可能导致企业对市场需求的估计不准确等风险。

③本期及未来的融资条件，可能导致企业由于无法满足融资条件而失去融资机会等风险。

④信息技术的运用，可能导致企业信息系统与业务流程难以融合等风险。

此外，组织机构、经营方式、资产管理、业务流程等管理因素方面存在的问题也可能导致企业的内部风险增加。

4. 企业风险的评价

企业应当采用定性与定量相结合的方法，按照风险发生的可能性及其影响程度等，对识别的风险进行分析和排序，确定关注重点和优先控制的风险。

企业进行风险分析，应当充分吸收专业人员，组成风险分析团队，按照严格、规范的程序开展工作，确保风险分析结果的准确性。对企业风险的评价同样应站在行业高度进行判断和分析。

下面我们以钢铁行业为例对企业的风险进行初步评价。当前我国钢铁企业面临着严峻的态势和困难。钢铁生产总量供大于求，产能过剩，钢铁产品结构与需求出现差异。钢铁企业的风险主要分为3个领域，分别为财务风险、产品风险、市场风险。我们结合当前钢铁企业的行业现状选取有代表性并具有可行性的7个风险指标，如图16-4所示。

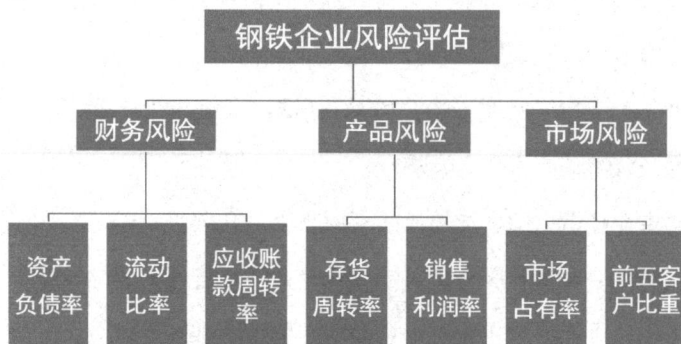

图 16-4　钢铁企业风险评价指标体系

接下来，我们依据钢铁行业的行业特征及相关指标行业平均值进行风险区间的划分，据此判断钢铁企业风险在某一时期所处的状态。但是，钢铁企业风险的测定是一个多种因素综合判断过程，在这些指标中，由于量纲不同，不能按同样的标准进行分析。因此，必须消除量纲的影响。在消除钢铁企业风险预警指标量纲差别的过程中，根据研究指标的特点应该合理选择符合实际的方法。多级模糊综合评价方法能够较好地处理多因素、模糊性及主观判断等问题。我们采用多级模糊综合评价方法对钢铁企业风险进行判断，得出如表 16-1 所示的风险权重。

表 16-1　钢铁企业风险指标权重表

风险类别	风险指标	风险指标权重	风险类别权重
财务风险	资产负债率	0.92	0.25
	流动比率	0.32	
	应收账款周转率	0.17	
产品风险	存货周转率	0.31	0.46
	销售利润率	0.94	
市场风险	市场占有率	0.89	0.84
	前五客户比重	0.44	

根据以上确定的风险指标赋值以及相对应的指标权重来计算钢铁企业风险系数。企业风险系数的大小代表了企业当年的风险大小，企业风险系数通过定量的分析将企业的风险更直观地表达出来。

【提示】企业风险评价是一个动态的过程，当企业采取一定措施改善了资本结构、提高了经营效率后，企业风险就会自然下降。

六、控制活动：让管理理念落到实处

控制活动是企业根据风险评估结果所采用的相应的控制措施，其目的在于确保管理层的指令得以执行，将风险控制在可承受的范围之内。企业的控制活动通常包括与授权、业绩评价、信息处理、实物控制和职责分离等相关的活动。

1.不相容职务分离控制

某公司财务科主管会计张某与出纳吴某，两人经过两年交往于2018年元旦结婚，在结婚典礼上经理举杯祝贺："祝你们夫妻在今后的会计和出纳工作中配合得更好，为公司财务工作作出更大的贡献。"

【点评】该公司经理缺乏内部控制意识，会计与出纳是不相容职务，不能由有亲属关系的人分别担任。

凡是业务流程中所涉及的不相容职务，企业都需要实施相应的分离措施，形成各司其职、相互制约的工作机制。职责分离，主要包括企业将交易授权、交易记录以及资产保管等职责分配给不同员工，以防范同一员工在履行多项职责时可能发生的舞弊或错误。

企业不相容职务主要有：钱账分离、物账分离。前者包括现金、银行存款的管理，后者主要体现在仓库的实物管理和账务管理。

不相容职务分离控制要求企业全面、系统地分析、梳理业务流程中所涉及的不相容职务，实施相应的分离措施，形成各司其职、各负其责、相互制约的工作机制。

小型企业通常难以实施适当的职责分离，但同样应采取相应的控制活动来有效实现控制目标。

2. 授权审批控制

授权审批控制包括一般授权和特别授权，要求企业根据一般授权和特别授权的规定，明确各岗位办理业务和事项的权限范围、审批程序和相应责任。

一般授权是指管理层制定的要求组织内部遵守并普遍适用于某类交易或活动的政策。

特别授权是指管理层针对特定类别的交易或活动逐一设置的授权。

企业应对业务进行详细分类管理，区分一般授权和特别授权。特别授权项目必须要有总经理和相关高层管理人员审批方可执行。其目的在于明确权限、审批程序和相应责任。

通常情况下，对于日常重复性项目实行一般授权，对于重大决策项目和突发项目都应该实行特别授权。此外，企业对于重大的业务和事项，应当实行集体决策审批或者联签制度，任何个人不得单独进行决策或者擅自改变集体决策。

3. 会计系统控制

会计系统控制能有效地防范内部错误和舞弊。会计系统控制要求企业规范会计工作的开展，包括会计凭证、会计账簿和财务会计报告的管理和控制。

会计系统控制要求企业严格执行国家统一的会计准则制度，加强会计基础工作，明确会计凭证、会计账簿和财务会计报告的处理程序，保证会计资料真实完整。

企业应当依法设置会计机构，配备会计从业人员。会计机构负责人应当具备会计师以上专业技术职务资格或从事会计工作3年以上经历。

4. 财产保护控制

财产保护体现在两个方面：一是财产的日常管理，包括财产记录和实物保管；二是定期清查，包括定期盘点和账实核对。

财产保护控制还需要加强对重要财产接触的限制，如未经授权的人员不得接触财产。财产处置行为通常需要通过特别授权后才能进行。

财产保护控制要求企业建立财产日常管理制度和定期清查制度，采取财产记录、实物保管、定期盘点、账实核对等措施，确保财产安全。企业应当严格限制未经授权的人员接触和处置财产。

某矿业公司在接受内部控制审计期间，一天早上史总刚来到办公室没多久，正在计算机前处理事务，审计师推开门一句话不说径直走到他的计算机面前，直接将计算机进行了重启。史总丈二和尚摸不着头脑，还未反应过来，审计师说：史总，您公司的内部控制存在缺陷。作为总经理，您的计算机上保存了大量重要的企业管理信息及商业机密，可是我重启后可随时进入您的计算机。计算机不设密码是一个明显的内部控制缺陷。

史总解释说：我是总经理，没谁敢来我的办公室。可是俗话说：不怕贼偷，就怕贼惦记。完善的内部控制不能在管理上有丝毫漏洞。

【提醒】财务保护控制不仅包括实物控制，还包括对访问计算机程序和数据文件的授权设置。

5. 预算控制

实施全面预算管理制度，可以明确各责任单位在预算管理中的职责、权限，并通过预算加强对各项支出的约束，以强化内部控制。

预算控制要求企业实施全面预算管理制度，明确各责任单位在预算管理中的职责、权限，规范预算的编制、审定、下达和执行程序，强化预算约束。本书第十四章对预算控制有详细论述。

6. 运营分析控制

运营分析控制要求企业建立运营情况分析制度，经理层应当综合运用生产、购销、投资、筹资、财务等方面的信息，通过因素分析、对比分析、趋势分析等方法，定期开展运营情况分析，发现存在的问题（如导致成本上升的因素到底是原材料上涨还是人工费用上涨，或是废品率高），及时查明原因并加以改进。对成本控制的详细分析见第十二章。

7. 绩效考评控制

绩效考评控制要求企业建立和实施绩效考评制度，科学设置考核指标体系，对企业内部各责任单位和全体员工的业绩进行定期考核和客观评价，将考评结果作为确定员工薪酬以及职务晋升、评优、降级、调岗、辞退等的依据。通过绩效考评调动员工工作的积极性，促进企业业绩的提升。

管理者应当了解与业绩评价有关的控制活动，主要包括分析评价实际业绩与预算（或预测、前期业绩）的差异，综合分析财务数据与经营数据的内在关系，将内部数据与外部信息来源相比较，评价职能部门、分支机构或项目活动的业绩，以及对发现的异常差异或关系采取必要的调查与纠正措施。

七、信息和沟通：内控成败的"放大器"

1. 建立信息与沟通制度

如本章第一节提到的某煤矿公司 2018 年初发生的一起安全事件，表明该公司在信息与沟通方面存在重大的内部控制缺陷。如果安全检查员反映的信息能及时得到领导的重视，就可以避免塌方的发生及造成相应的损失。对于企业而言，重要信息应当及时传递给董事会、监事会和经理层。

及时、准确地收集、传递相关的信息，确保信息在企业内部、企业与外部之间畅通无阻并能得到有效的反馈是信息与沟通控制的关键。信息与沟通控制主要包括以下内容。

明确内部控制相关信息的收集、处理和传递程序，确保信息得到及时处理。前述煤矿公司的一个重大内部控制缺陷就是员工关于安全风险的信息未得到有效反馈和处理。

除企业内部各单位间的信息沟通外，企业还应建立与外部投资者、债权人、客户、供应商、中介机构和监管部门等有关方面间的信息沟通和反馈制度，以便及时发现问题、及时解决。

①内部信息的沟通：可以通过财务会计资料、经营管理资料、调研报告、专项信息、内部刊物、办公网络等渠道沟通。

②外部信息的沟通：可以通过行业协会组织、社会中介机构、业务往来单位、市场调查、来信来访、网络媒体以及有关监管部门等渠道沟通。

【提示】企业还应规范舞弊案件的举报、调查、处理、报告和补救程序，应当建立举报投诉制度和举报人保护制度，设置举报专线，明确举报投诉处理程序、办理时限和办理要求，确保举报、投诉成为企业有效掌握信息的重要途径。

2. 信息技术及信息共享

利用信息技术能更好地促进信息的集成与共享，扩大信息在企业内部的传递和影响。因此，信息系统开发与维护、文件储存与保管、网络安全等控制都是企业应该完善的内部控制制度。企业应对信息技术采取一般控制和应用控制。

信息技术一般控制通常包括数据中心和网络运行控制，系统软件的购置、修改及维护控制，接触或访问权限控制，应用系统的购置、开发及维护控制。

信息技术应用控制是指主要在业务流程层次运行的人工或自动化程序，与用于生成、记录、处理、报告交易或其他财务数据的程序相关，通常包括检查数据计算准确性，审核账户和试算平衡表，设置对输入数据和数字序号的自动检查，以及对例外报告进行人工干预。

在信息技术的控制中应特别关注以下风险。

①在未得到授权情况下访问数据，可能导致数据的毁损或对数据不恰当的修改，包括记录未经授权或不存在的交易，或不正确地记录了交易。

②信息技术人员可能获得超出其履行职责以外的数据访问权限，破坏了系统应有的职责分工。

【点评】"飓风起于萍末。"在当前信息化时代，信息与沟通如同放大器，企业的负面消息一经媒体报道则迅速扩大甚至难以控制，会对企业造成不可估计的负面影响。内部信息和外部信息的及时沟通与处理能避免各类不利事件的发生，使企业的风险降低。

八、内部监督：定期评价内部控制的有效性

仅仅建立制度是不够的，还需要对制度的执行情况进行监督。内部监督的目的就是定期评价内部控制的有效性，发现内部控制缺陷，并及时加以改进。

内部监督分为日常监督和专项监督。日常监督是指企业对建立与实施内部控制的情况进行常规、持续的监督检查；专项监督是指在企业发展战略、组织结构、经营活动、业务流程、关键岗位员工等发生较大调整或变化的情况下，对内部控制的某一或者某些方面进行有针对性的监督检查。

通过监督检查可以发现企业内部控制存在的缺陷。一是内控设计方面是否存在缺陷，如未对重大资产进行特别授权管理等。二是内控制度的执行是否存在缺陷，即内控制度在各个部门的贯彻情况，包括人员配备与分工等。

通过监督检查定期对内部控制的有效性进行自我评价，并整合实时和独立的评估；对监督过程中发现的内部控制缺陷，应当及时提出整改方案，并向管理层报告，寻找改进措施。

企业内部控制整体框架及各要素构建结构如图 16–5 所示。

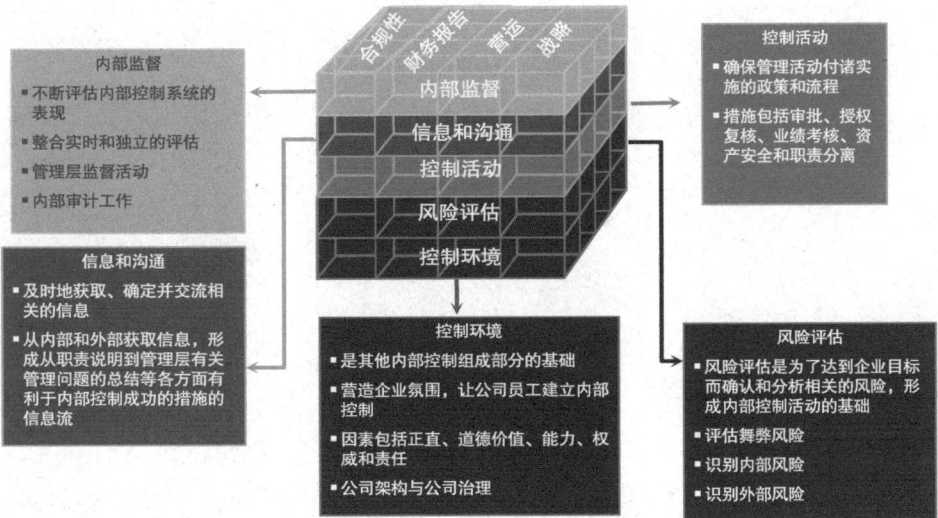

内部监督

- 不断评估内部控制系统的表现
- 整合实时和独立的评估
- 管理层监督活动
- 内部审计工作

信息和沟通

- 及时地获取、确定并交流相关的信息
- 从内部和外部获取信息，形成从职责说明到管理层有关管理问题的总结等各方面有利于内部控制成功的措施的信息流

控制活动

- 确保管理活动付诸实施的政策和流程
- 措施包括审批、授权复核、业绩考核、资产安全和职责分离

控制环境

- 是其他内部控制组成部分的基础
- 营造企业氛围，让公司员工建立内部控制
- 因素包括正直、道德价值、能力、权威和责任
- 公司架构与公司治理

风险评估

- 风险评估是为了达到企业目标而确认和分析相关的风险，形成内部控制活动的基础
- 评估舞弊风险
- 识别内部风险
- 识别外部风险

图 16-5 企业内部控制整体框架及各要素构建结构

内部控制制度是现代企业制度的核心。以内部控制规范和其他监管要求为准绳，以风险管理为导向，以企业发展战略为目标，整合现有管理制度与资源，构建完整的企业内部控制体系，帮助企业家"抓大放小"，构建企业的核心价值和企业精神，是企业家从技术性企业家向思想型企业家转型的重要制度保障。